評伝 江川太郎左衛門

～幕末・海防に奔走した韮山代官の軌跡～

加来耕三
Kouzou KAKU

時事通信社

はじめに

「韮山塾《にらやまじゅく》」

という、むかし伊豆《いず》にあった蘭学の私塾が、因縁からいえば今日の静岡県立韮山高等学校の前身ということになっている。

宗教に教祖が必要なように、学校にも優れた校祖がいる方が望ましいのかもしれない。その点、韮山高等学校は公立高校でありながら、贅沢《ぜいたく》にも校祖をもっていた。奇妙な因縁といってよい。

江戸期もいよいよこれから幕末本番というべき、ペリー来航の頃、江戸湾の前衛をなす伊豆・相模《さがみ》・駿河《するが》・武蔵《むさし》の代官をつとめていた江川太郎左衛門《えがわたろうざえもん》が、その校祖であった。

それより以前、天保十年（一八三九）の五月に、幕府へ提出した建議書の中で、

「国を守るには、農兵を採用するしかない」

という思い切ったことを、この人物は特徴のある大きな瞳を輝かせて断じていた。

その物言いはあくまでも幕府を守るためのものであったが、歴史の皮肉は、彼の思惑、心情を超えて国民皆兵――明治維新への方向を明確に打ち出し、時勢をそちらへ向けて進ませることとなった。

太郎左衛門は一見、時代の流れの中に身を浮かばせて、手足を多少バタつかせただけの人物に見えな

くはない。少なくとも、小説的に波瀾《はらん》に富んだ人物とはいい難い。が、彼は異常なほどに、時代の流れそのものを、懸命に堰《せ》き止めようとした。欧米列強から、日本を守るために。幕臣ゆえに――。

――安政二年（一八五五）正月十六日、江川太郎左衛門は死ぬ。

妙ないい方になるが、この人物が巨人であったという証明は、彼が自分の歴史的役割を演じきったときに、この世を去ったという事実が物語っているかもしれない。

太郎左衛門は日本の進むべき方向を見事にまとめ、整理し、建白して幕府に提示した。その一方で、有為な次代の人材を多数、育成することにも成功している。長州藩士・桂小五郎《かつらこごろう》（のちの木戸孝允《きどたかよし》）もその一人であった。

歴史は彼が死ぬのを待っていたように、明治維新へ向かって加速する。

太郎左衛門が亡くなった年の七月、幕府は長崎海軍伝習所の設立を決定。ここから勝海舟《かつかいしゅう》、榎本武揚《えのもとたけあき》らが巣立ち、海舟の門からは土佐脱藩郷士・坂本龍馬《さかもとりょうま》が出た。

韮山反射炉で造られた十八ポンド鉄製砲が試射されたのは、それから二年後のことであり、太郎左衛門の主宰した韮山塾の系譜からは、実に多くの陸海軍技術者が明治日本で活躍している。

戊辰《ぼしん》戦争の一翼を担った薩摩《さつま》藩兵の原点も、高島流砲術＝韮山塾であったといえる。

日本は、「攘夷《じょうい》」という沸騰する土俗情念に「尊皇」という行動性を与えられ、集団化し、その火は日本国を焼きつくさんばかりに燃え広がって、ついには万古不滅に思われた幕府を揺さぶり、瓦解《がかい》させた。

攘夷——この固陋《ころう》な感情や理論＝対外敵愾心《てきがいしん》が、日本列島の津々浦々に澎湃《ほうはい》として起こったおり、開明派と称する人々は愚劣、蛮行と、この情念を決めつけた。

だが、冷静な開明主義者だけでは、明治維新を成立させることはできなかったのである。世界史上類のない文明開化へ方針をとった明治日本は、さしずめ化学変化の不思議さに似ているのかもしれない。攘夷がある沸点で突然、欧米列強追随に転換してしまった。

ふと思う。幕府には開明主義者がことのほか多かった。だが、幕府中心の開明国家は誕生していない。なぜか。清朝が中華民国に一変できなかったのと同様、開明主義というものは、国家と社会を一新するだけのエネルギーをもっていなかったからだ。

幕末の攘夷熱は、思想として固陋なものであった。しかし、このエネルギーなくして、日本の武家階級は消滅しなかったに違いない。つづく、明治の開明社会もできあがらなかったのではないか。さらにいえば、天皇という、それまで忘れられていた神聖無権力な存在を担ぎ出し、一大幻想によって幕藩体制を一瞬に否定し去る論法も、一君万民という四民平等の思想も、出所はこの攘夷という、思想というよりはエネルギー塊のようなもの、あればこそではなかったか。

太郎左衛門はどうやら、このエネルギーの増幅に気がついていたように思われてならない。

文久三年（一八六三）六月、長州藩に奇兵隊が誕生した。

「奇」とは「正」に対する言葉であり、この場合、武士の正規軍に対する「奇」であり、非正規部隊の意であった。あらゆる階層から兵を募る——この高杉晋作《たかすぎしんさく》が考え出した苦し紛れの戦法は、太郎左衛門の農兵論に、攘夷のエネルギーをふりかけた結果、といえなくもなかった。

足軽よし、陪臣よし、門番中間《ちゅうげん》のたぐいよし、町人も百姓も、誰でもが参加できる。この途方もない階級無差別の軍隊に求められたのは、攘夷の「志」だけであった。

奇兵隊の誕生は、革命そのものであったといってよい。

封建制の秩序と安定は、身分に等級をつけることによって成り立っていた。たとえば、百姓・町人に大小の刀は差せないし、姓も名乗れない。ところが奇兵隊は、すべて許すという。

武士は身分が高い上士になればなるほど、臆病《おくびょう》で弱く、生命《いのち》惜しみをし、戦場ではすぐに遁走したがった。使いものにならない。その弱さを補完すべく奇兵隊は生まれたが、この補助者たちはやがて、徳川幕藩体制という巨大な石垣の隙間《すきま》をつたい、爆裂して、やがて封建天下を崩してしまった。

江川太郎左衛門の農兵論を懸命に押しとどめ、決して認めなかった幕府の思い、彼を目の敵とした宿敵・鳥居耀蔵《とりいようぞう》の心中も、あながち的外れとはいえなかったかもしれない。

本書は伊豆韮山の代官にして、多大な功績を幕末に残した江川太郎左衛門の生涯を辿ることで、これまで明らかとされてこなかった幕末の発火点を明確にし、明治維新のスタートがどこにあったのか、を考えてみることを目的とした。

詳しくは、目次を参照いただきたい。

本書を執筆するにあたって、多くの先学諸氏の研究成果を随分と参考にさせていただいたが、本文では引用ごとにその出典を明記し、全体として拝読させていただいた文献は、巻末に一覧とした。この場を借りて、お礼を申し述べる次第です。
また最後になりましたが、編集を担当された時事通信出版局の荻野昌史氏・植松美穂氏に、あわせてお礼を申し上げます。

平成二十一年十月吉日　東京・練馬の桜台にて

加来　耕三

目次

写真協力　㈲ホソヤプランニング
装丁　鈴木美里

評伝　江川太郎左衛門

江川太郎左衛門

序章

不可思議の郷

北条早雲（早雲寺蔵）

火山の国・伊豆

伊豆韮山の人・江川太郎左衛門《えがわたろうざえもん》（英龍《ひでたつ》・坦庵《たんなん》）のことを書きたいと思う。

彼の生まれ育った韮山は、火山で成り立つ伊豆半島（静岡県）のつけねに、今も存在している。この半島は東の房総半島（千葉県）に比べれば、少し見劣りがした。

その小ぶりな半島の八牧郷《やまきのごう》（現・伊豆の国市韮山町）へ、太郎左衛門の先祖は鎌倉時代、執権・北条時頼《ほうじょうときより》の治世には、すでに来住していたという。大和国の宇野庄（現・奈良県五条市）から、移り住んだと伝えられる。このおり、ときの当主・九代親信《ちかのぶ》とともに移ってきた、十三騎の同族・郎党たちが、のちに「金谷十三軒」と呼称されるようになった。

「鎌倉以来の名家」

と、江川家がいわれる所以はこのようなところにもあった。

十三軒を統《す》べる主人は、当初、かつて暮らしていた土地の名をとって「宇野」を姓とし、二十一代の当主・英信《ひでのぶ》のときに、江川姓に改めたという。ちなみに、われらが太郎左衛門（英龍）は、三十六代の当主ということになる。

それにしても、と思う。なぜ、江川一族は「伊豆」に移り住んだのだろうか。

「伊豆はいいところですよ」

と、この地に暮らす人々は口を揃える。確かに土地が温暖で、なによりも温泉が湧いていた。

しかし、南へ突き出した半島そのもので一国をなしてきた伊豆は、過去においてはとても豊潤の地とは呼べなかった。『扶桑略記《ふそうりゃっき》』などによれば、天武天皇の九年（六八〇）七月に、駿河国の二郡を分けて伊豆国が置かれ、大宝元年（七〇一）に大宝律令により、田方（後世、太郎左衛門の生まれた郡）・那賀・賀茂の三郡からなる伊豆国が成立したという。

「火山の国」

「湯の国」

と呼ばれたこの半島は、大半が山脈で骨太く覆われ、海に山脚を浸して、駿河湾という大きな湾を東から抱いている。内陸は地味が豊かではなく、取り柄が少ない。印象としては、富士山の火山帯がそのまま山脈をなし、余勢が海に落ちたようでもある。

なるほど、駿河湾の方から望めば、伊豆半島は海中からそのまま、山々が湧きあがり、突き出したごとく、イヅ（巖）という躍動感のある語音に納得がいった。

韮山の南方に、箱根大山塊が盛りあがっている。なかでも筆者は、天城《あまぎ》の連山が好きだ。半島ではほかにも、西に達磨山《だるまやま》、南に長九郎山《ちょうくろうやま》、婆娑羅山《ばさらやま》などが、もつれあうようにひしめいており、思う以上に平地が少ない。

天城山脈から発する狩野《かの》川の流域は農耕の地だが、地味はどうであろう。あまり、肥えているとはいえまい。そのためかどうか、伊豆は関東八州の中には加えられず、東海十五ヵ国に数えられてきた。北方を箱根の山塊でさえぎられてきたせいで、人も物も往来には不便であった。

――この地理は、何事かを隠喩《いんゆ》していた。

伊豆は古代・中世において、その不便さを中央の都に利用され、「流人《るにん》の国」として活用されている。安房国《あわ》（現・千葉県南部）などとともに、遠流国《おんるこく》に指定されていた。奈良時代には藤原広嗣《ふじわらのひろつぐ》の乱や橘奈良麻呂《たちばなのならまろ》の乱、恵美押勝《えみのおしかつ》（藤原仲麻呂《なかまろ》）の乱など、国家に反逆した謀叛《むほん》人の関係者が、続々と伊豆へ流されている。

平安時代でも承和《じょうわ》の変の橘逸勢《たちばなのはやなり》や応天門の変の伴善男《とものよしお》、保元《ほうげん》の乱の源為朝《みなもとのためよし》などが流された（逸勢は途中の遠江《とおとうみ》で死去）。

一説に、江川（以前は宇野）の一族が大和国を捨てたのは、保元の乱が原因であった、との淡い伝承がある。六代の親治《ちかはる》が崇徳《すとく》上皇の召呼に応じて戦死し、有治《ありはる》―俊治《としはる》を経て、九代の親信にいたって伊豆に辿りついたという。もし、それが本当ならば、この乱はのちの江川太郎左衛門をも貫く、大きな宿命を歴史に感じさせる乱であったといえそうだ。

「むさの世」を創った保元の乱

「日本国の乱逆《らんげき》といふ事はをこりて、後むさの世になりけるなり」（『愚管抄《ぐかんしょう》』）
保元元年（一一五六）に勃発《ぼっぱつ》した保元の乱をふり返って、のちに比叡山の天台座主《ざす》となった慈円《じえん》が、茫然《ぼうぜん》自失しつつもらした嘆恨《たんこん》であった。

意味はわかりやすい。保元の乱が起きたばかりに、これを境としてわが国は反逆や謀叛が当たり前のようになり、すっかりむさ（武者）の天下になってしまった、実に嘆かわしいことだ、と慈円は語ったわけだ。が、この保元の乱こそが、武士の世を招来させたことは間違いない。

もしも、この乱が起きなければ、おそらく武士の時代の到来はもっと遅れ、日本史の形はまったく異なったものとなり、鎌倉―室町とつづき、乱世を生き残って成立した徳川幕府――その代官としての江川太郎左衛門の活躍をも――あるいは捻《ね》じ曲げられてしまったかもしれない。第一、江川一族が伊豆の韮山へ移り住むこともなかったろう。

奈良朝から平安時代にかけて、日本は公地公民の制度を政治の根幹としてきたが、長い泰平《たいへい》はいつしか、この国家の基本を、建前にすりかえてしまった。

中央の貴族や大寺院・大神社などは、己れの特権を活かして、「荘園」という名目の私領をつくり、増やすことに熱中した。

そのために、中央での出世を諦《あきら》めた官僚たちは、積極的に地方の役人として天下《あまくだ》り、官権を利用して公民を使役し、原野を開墾したり公地を詐取して、果ては婚姻政策をもって、その勢力を拡大した。

そうして得た領地（荘園）を奪われないように、中央にあって朝廷の権力外にあり、それでいて勢力のある公卿《くぎょう》や神社仏閣に、名目上、土地を寄進し、自らはその管理人となって謙《へりくだ》った。

無論、この仕組みは私的なものである。

寄進とはいえ、名義料的年貢を納入することで、国家の正規の課税や課役をまぬがれるのであるから、その分、私領の人々の個人的利益たるや計り知れないほど大きかったはずだ。

こうして全国に、無数の在地地主（のちの武士）が誕生した。

彼らは土地の買収・横領・強奪の過程で、当然のことのように武力を保有するようになり、のちの南北朝時代の武将・北畠親房《きたばたけちかふさ》をして、

「公地・公民は全体の百分の一になった」（『神皇正統記《じんのうしょうとうき》』）

と嘆かせるまでに増長した。

他方、王朝政治を独占してきた藤原氏の摂関政治にかわって、退位した天皇（上皇）が院庁を開き、

〝治天《じてん》の君《きみ》〟

と呼ばれ、朝廷の政治権力を掌握するシステムが、いつの間にか生まれ、定着した。

上皇は地方の在地領主が、貴族を媒介して寄進してきた〝荘園〟を、自らの院領荘園にまとめて、〝院〟独自の経済基盤をもつにいたった。

——それにしても、馬鹿げたことをやったものだ。

院政の肥大化は相対的に、天皇の権限を弱めてしまう。このアンバランスがつづけば、旧来の政治体制を動揺させ、矛盾は摩擦を頻繁に生み出すことになる。それが理解できなかったところに、中世前半の王朝人たちの愚かさがあった。

現実に適した、新しい政治の仕組み——人々はこれを希求したが、社会的ニーズだけでは革命は起こ

らない。そこに確固たる〝意志〟が加わってこそ、時代は一つの峠を越える。

武家政権を最初に築いた平清盛《たいらのきよもり》は、己れの才覚と徳望をもって、まさしく地方領主の利益保護を代表する人物として、歴史の表舞台＝権力の座へと駆けのぼっていった。

手先から主人へ

久寿《きゅうじゅ》二年（一一五五）七月、第七十六代・近衛《このえ》天皇が崩御した（十七歳）。

このとき、次期皇位をめぐって、先の帝《みかど》・崇徳と、院政を執っていた先々代の鳥羽《とば》が対立。紛糾した朝議は結局、雅仁《まさひと》親王（崇徳の弟・のちの後白河《ごしらかわ》天皇）を皇位につけた。

やがて平清盛と組み、源氏の棟梁《とうりょう》となる源頼朝《よりとも》をして「大天狗《てんぐ》」といわしめた人物であるが、この苦肉の決定は、一面、次の院政を目指していた崇徳に、その実現不可能を宣言するに等しかった。

ここで、藤原摂関家がしっかりしていれば、あるいは時代はもう少し歪《いびつ》な形を脱したかもしれない。

ところが現実は逆で、藤原摂関家の内部確執が混乱をより深め、一挙に火を噴いたのが保元の乱と思えばよい。

保元元年（一一五六）七月二日、鳥羽法皇が五十四歳で崩御すると、三日後、勅によって検非違使《けびいし》（主に平安京内の警察・司法を管轄した職）らが召集され、都の武士の取り締まりと、併せて禁中警固にあたった。

これは崇徳上皇のクーデターを警戒してのことであったというが、真相は明白に天皇方（後白河帝）によって仕組まれたものであり、追い詰められた上皇方はかえって窮鼠猫《きゅうそ》を噛《か》むように、開戦に及んだものの、合戦は数時間のうちに終息をみた。

「死罪はとどまりて久《ひさし》く成《なり》たれど、かうほどの事なればにや、をこなはれにける」（『愚管抄』）

弘仁元年（八一〇）九月の〝薬子《くすこ》の変〟以来、途絶えて久しく行なわれなかった死刑が、この乱のために復活し、七月二十八・三十の両日、上皇方の源氏・平家の将士が斬罪《ざんざい》に処せられた。天皇方を選択した清盛は、己れを頼ってきた上皇方の伯父・平忠正《ただまさ》を、冷酷にもいちはやく斬首にする。

これは、同じ天皇方の源義朝《よしとも》（頼朝の父）の手で、反対派にまわっていたその父・為義をはじめとする源氏の主勢力を、処刑させようと仕向けたものといわれている。

源氏と平家——いずれも天皇家から出た在地地主＝武士の棟梁として、各々に基盤を築いていたが、清盛は武士の棟梁に二派は必要ない、と考えていたようだ。ここぞとばかりに、源氏の主兵力を削減している。

こうして迎えた乱後の論功行賞では、合戦中の勲功が抜群であったにもかかわらず、義朝は右馬《う》権《まのごんの》頭《かみ》への任官と昇殿を許されたにとどまり、さほどの武功のなかった清盛の播磨《はりま》守補任と、その弟たちまで賞されたのとは、きわめて対照的な結果となった。

そもそも、保元の乱の主導権を握っていたのは王朝公家たちであったはず。ところが、天皇家および摂関家の内部分裂抗争を解決したのは、公家たちからは走狗《そうく》として、使役されてきたにすぎない武士たちの、軍事力であった。

武士は保元の乱で、自分たちのもっている実力の大きさを知り、たまげ、胸をはって自信をもつようになる。これまで王朝人から犬だ、地下《じげ》よ、と蔑《さげす》まれ、こきつかわれてきた身が、王朝の争いに決着をつける力をもっていることに、気がついたのだから無理もない。

この自信がやがて三年後、平治の乱を生み、こちらは武家側の内部対立の決着をつけるべく戦われ、結果として武門の唯一の棟梁として平清盛が勝利し、平安政権を確立した。一方の源義朝は敗北し、源氏は歴史の表舞台から消える。

いずれにせよ、慈円のいった通り、「むさの世」となってしまった。

ここで興味をひくのは、つづく武士の本格的な時代＝鎌倉幕府の成立を、伊豆の韮山が担った不思議にあった。

流人・源頼朝

人の一生は、実に興味深い。

史上、不朽の名を残した人物を仮に、〝英雄〟というならば、伝えられる歴史上の人物の中には、築かれたイメージと大きくかけ離れた実体をもつ英雄も少なくなかった。

たとえば、二進《にっち》も三進《さっち》もいかない危機に直面して、生か死か、と追い詰められた挙句、本人は悲鳴をあげながら、もがき、あがいた結果が〝偶然〟にも、大事業につながってしまった、という人物が結構、存在した。つまり、窮鼠猫を噛んだのである。

この言葉が悪ければ、〝火事場の馬鹿力〟を発揮した、といい直してもよい。この計算外の威力は、現代を生きるわれわれにとって、人生を考えるうえで、大いに参考となるのではあるまいか。

——ここに、格好のモデルケースがある。

窮鼠猫を噛んだにしろ、火事場の馬鹿力を発揮したにしても、なした業績は凄《すさ》まじい。なにしろ、日本の政治の主役を公家から武家へ——しかも、わずか十余年で切り換えたのだから。今から八百年余前の建久三年（一一九二）、朝廷より「征夷大将軍」の官職を得て、鎌倉に幕府を開いた武家の棟梁・源頼朝（一一四七～九九）こそ、その人であった。

久安三年（一一四七）、武士の一方の棟梁であった源義朝の三男に生まれた頼朝は、とにかく、運に恵まれない半生を歩んでいた。

歴史小説風にいえば、〝数奇な運命にもてあそばれ〟ということになるのだろうか。

彼が生まれ育った時代、源氏と平家に代表される武士は、前述のごとく平安貴族の公家たちにとっては、犬や馬のような——とるに足りない存在であった。

ところが、保元の乱（一一五六）の勃発によって、直接、武力をもつ武士の存在価値が急騰した。滑稽《こっけい》であったのは、その乱で戦火の中を駆けずりまわった武士も、その武士を操っていたはずの公家も、乱が終わってみてはじめて、事の大きさに気がついた点であろう。

固定観念というのは、恐ろしいものである。

頼朝は、源氏の嫡流家に生まれ育ち、母が熱田大宮司・藤原季範《すえのり》の娘であったことから、嫡子相続が定着していなかったこの時代、次期、源氏の棟梁と目されていた。

ところが、頼朝が十三歳のときに発生した源平の争い＝平治の乱（一一五九）で、父の義朝は好敵手の平清盛に敗れ去る。しかも、東国に逃れようとした義朝は、尾張国野間で家臣の長田《おさだ》忠致《ただむね》に裏切られ、謀殺されてしまった。

頼朝の長兄・義平《よしひら》は、清盛をつけ狙ったが、逆に捕らえられて刑死。次兄の朝長《ともなが》も矢傷がもとで、この世を去っている。頼朝も逃亡の途中に、平頼盛《よりもり》（清盛の異母弟）の郎党に捕らえられ、京都へ護送される悲運に遭遇した。本来であれば、ここで彼の人生は短く終わっていたであろう。

のちの遺恨を考え、清盛は頼朝を処刑してしかるべきであった。

ところが、その頼朝を不憫《ふびん》に思った清盛の義母（忠盛《ただもり》の後妻）・池禅尼《いけのぜんに》が助命懇願したため、頼朝は死一等を減ぜられ、伊豆の蛭ヶ小島《ひるこじま》（現・静岡県伊豆の国市四日町）へ流されることとなる。

——頼朝、十四歳のときであった。

「蛭ヶ小島」は田方平野に、狩野川が氾濫《はんらん》してできた、いくつかの湿地帯の一つ。

余聞ながら、はるか後年、江戸時代も後期となった寛政二年（一七九〇）に、秋山《あきやま》文蔵（富南）が伊豆の地理・風俗・歴史などを網羅した『豆州志稿』を編纂《へんさん》したおり、その後援者をつとめたときの韮山代官・江川英毅《ひでたけ》（太郎左衛門英龍の父）は、これまであやふやであった頼朝の配流の地を、このおり確定し、「蛭島碑彰」を建てている。

おそらくこの「蛭《ひる》」（池や沼・水田に棲《す》み、人畜の血を吸うもの）は、「蒜《さん》」（のびる・にんにく）の転字であり、韮《にら》（細長い葉が球根から群がり生え、その葉を食する）とも、本来は同義ではなかったろうか。

つまり、野蒜《のびる》のとれる地といった意味合いになる。

ついでながら、頼朝の暮らした蛭ヶ小島は狩野川の中洲の一つであり、伝承では中洲＝支流を「江川」といい、その内側を江中、中と称したという。北が内中・金谷である。「江川」姓の由来かと思われるが、読者諸氏はいかがであろうか。

政子、走る

それはさておき、多くの評伝や小説の類は、以来、頼朝が平家への復讐《ふくしゅう》を誓い、堪忍自重の流人生活を送りつつ、時節の到来を待ちつづけた、と述べてきた。

だが、これは後世の理屈――結果からの推測にすぎない。歴史は結果＝後ろからしか眺められないが、結果によって原因を求めるのは、明らかな誤りである。

ここにも、歴史学と歴史小説の差異はあった。

歴史を検証した場合、存外、事件の原因とされていたことが、まったく違っていたなどという事実は、結構あり得るのである。好例がこの頼朝であろう。

彼が伊豆に流されたのは、十四歳のときであった。当時、平家の隆盛はいよいよ本格化しはじめたばかりである。まだまだ昇り坂がつづき、「平家にあらずんば人にあらず」といわれる時代がくるのは、さらに数年、のちのことであった。

この段階で、頼朝が早々と平家討伐を考えるなどという道理はあり得まい。なにしろ彼は、一兵すらも持っていなかったのであるから。それで平家打倒の企てができた、と考えるのはあまりに小説的ではあるまいか。

おそらく頼朝の胸奥は、とにかく平家――とりわけ清盛――の心証を害すまい、おとなしくしてさえいれば、やがては荘園の一つぐらいは返してもらえるかもしれない――その程度の、期待を抱いていたのではなかったろうか。

「深沈にして大度あり、喜怒、色にあらわさず」

などといわれた頼朝だが、これは、巨大な勢威を誇りはじめた平家に対し、用心深く猫を被《かぶ》っていただけのことであろう。おそらく頼朝には、父祖の仇を討つ気などはなく、ただただ、平穏な生涯を送れることのみを、望んでいたはずだ。

にもかかわらず、彼は平家討伐の兵を挙げる。この間を埋めるものは何か。一言でいえば、追い詰められての自棄糞《やけくそ》――前述の窮鼠猫を嚙んだ結果にほかならなかった。

二十年もの間、おとなしく読経三昧《ざんまい》に日々を送っていた頼朝には、たった一つ、趣味といっていいかどうか、陰に隠れてこっそりと楽しんでいたことがあった。近隣の豪族の娘に、ちょっかいを出すことである。唯一の楽しみであった、といえるかもしれない。

彼は貴公子然とした風貌《ふうぼう》をもっており、自らが女性《にょしょう》にもてる、との自負が強かった。日々の単調な生活に、ほとほと嫌気もさしていたのだろう。伊豆の豪族たちの監視の目をかいくぐって、まずは源氏累代の家人・伊東祐親《いとうすけちか》の娘に手を出した。二人は相思相愛であり、やがて子供が生まれた。

しかし、このことを知った祐親は、案に反して烈火のごとく怒り、三歳になる己れの孫を殺害し、娘を急ぎ他家へ嫁がせ、頼朝をすら殺そうとした。そこには、主筋＝源氏を敬う一片の情もなかった。あったのは、平家の全盛期に源氏の流人と関わって、どのような災難がわが身にふりかかってくるか知れぬ、といった恐怖心だけであったようだ。

「貴人の血は冷たい」

というが、あるいはそうかもしれない。

頼朝はこの一件で、己れの行ないを反省したかといえば、さにあらず。これに懲りずに、恐る恐るではあるものの、幾人もの娘に手をつけた。こういうのを〝好色〟という。

そしてついには、代々、伊豆国田方郡北条（現・伊豆の国市寺家の守山北嶺周辺）に住まう、北条時政《ほうじょうときまさ》の娘・政子《まさこ》と関係をもってしまった。しかも政子との間に、長女（大姫）までなしてしまう。ここでの時政の行動も、伊東祐親となんら変わるところはなかった。

平家の耳に、このことが入るのを恐れた時政は、政子を伊豆で平家の荘園を束ねていた、山木判官兼隆《やまきほうがんかねたか》に嫁がせようと事を急いだ。

頼朝が配流された当初、伊豆は源頼政《よりまさ》の知行国であったが、やがて平時忠《ときただ》のものとなり、彼は目代《もくだい》・平兼隆《かねたか》を派遣して、この地を監督させていた。

兼隆が住んだ山木館から、彼は山木判官と呼ばれたわけだが、この山木館は乗念寺西方の丘にあり、今日、韮山町山木として定着している。

自棄糞の決起

ついでながら、頼朝という人は、このおりも以前と同様、何一つ、自ら行動を起こしてはいない。

もし、政子が兼隆との祝言の挙式までしながら、頼朝のもとへ走り込むといった、大胆な行為をとらなければ、おそらく十中八九、時代は大きな転換を迫られることもなく、のちの鎌倉幕府の創業もなかったに違いない。

政子が頼朝のもとへ走ったために、兼隆は面目をつぶされ、当然のことながら、機会を選んで頼朝を殺害してしまおうと、手ぐすねを引くこととなった。

頼朝は日々、己れが攻め滅ぼされる姿に脅《おび》えていたであろう。

そうしたところへ、京の源頼政（平家政権下で唯一、源氏として生き残っていた人物。従三位に叙せられたことから、〝源三位《げんざんみ》〟とも称された）が、後白河天皇の第三皇子である以仁王《もちひとおう》を奉じて、平家討伐を画策するという、大事件が伝えられた。

もっともこの企ては、あっさりと露顕し、以仁王、頼政一族はことごとく謀殺されたのだが、ここで問題なのは、事件の発覚直前、以仁王は全国の源氏へ、もちろん、頼朝にも、「令旨《りょうじ》」を送っていたことであった。

――誤解のないように、読者には念を押しておくが、頼朝はこの時点でも、挙兵する意志はまったくもっていない。

ところが、親平家派と思い込んでいた頼政に裏切られた平家のショックは大きく、その反動が、目をかけてやった〝源三位〟ですら裏切ったのだから、諸国の源氏はなおのこと信用できない、との論法に矛先を向けた。

この際、目障りな源氏の息の根を止めてしまおう、と源氏討伐の命令が全国へ伝えられた。

「そんな馬鹿な……」

京に在った乳母の甥《おい》・三善康信《みよしやすのぶ》からの連絡で知った頼朝は、絶句したはずだ。

康信は奥州への逃亡をすすめたが、他人には病的なまでの警戒心をもっている頼朝は、藤原氏を恃《たの》むことに決心がつかず、さりとて、全国に身の置き場のないことは熟知しており、どうしたものか、と思い悩んだ。

なによりも急務は、頼朝誅伐《ちゅうばつ》には必ず、私怨《しえん》ある山木兼隆が向かってくる、ということであった。

逃げるもままならず、さりとて座していては死は明らかである。さしもの臆病者の頼朝も、必死の勇猛心を奮い起こした。

「まず、山木を討たねば安心できぬ」

頼朝はここで舅《しゅうと》の北条時政を頼り、百人ばかりの兵をもって山木の館を奇襲した。治承四年（一一八〇）八月十七日のことである。

と同時に、頼朝は平家専制に不満をもつ坂東の在地地主（豪族）に、平家追討への参加＝大義名分を明らかにした檄《げき》を飛ばした。

なるほど名分はよかった。が、頼朝の旗揚げに参加する者は、ほとんどいなかったのが現実である。相模秦野の波多野義常《はたのよしつね》、懐島の大庭景親《おおばかげちか》など、比較的昵懇《じっこん》の人々ですら、顔色を変え、返答すらせずに沈黙してしまう。

鎌倉山内の首藤経俊《すどうつねとし》などは、

「貧すれば鈍するとか、永年の流人暮らしで佐殿《すけどの》（頼朝）もおかしくなったようだ。分際をわきまえぬにも程がある。平家に謀叛して取って代わろうなど、わしが裏山と富士山を比べるようなもの。鼠《ねずみ》に猫が獲《と》れるというのか」

大笑いして、荷担を拒絶している。

頼朝は自棄糞の奇襲戦＝不意打ちで、どうにか山木判官を討ったものの、合流する者もほとんどなく、次の石橋山の合戦では、大庭景親率いる三千余騎に、簡単に討ち負かされ、命からがら房総半島へと逃げ延びた。

鎌倉幕府創業秘話

おそらくこのままいけば、頼朝の小勢力は鎮圧されたに相違ない。

そうしたところへ、二万騎を従えて到着したのが平《たいらの》上総介広常《かずさのすけひろつね》であった。

失意の頼朝だけに、広常にすれば大軍を率いてきたのだから、感謝されるだろうと思っていたが、頼朝は案に相違して、広常の遅参を責め、目通りも許さず、

「不審である。後陣にて沙汰を待て」

と厳命した。

広常はこの頼朝の態度に、かえって恐れ入ってしまった。

さすがに源氏の嫡流だけのことはある、と彼は惚《ほ》れ込んだわけだ。が、史実は、それほど大それたものではない。敗れてなお警戒心の強くなっていた頼朝が、単に広常の心境を疑い、会うのを恐れただけのことではなかったろうか。あるいは、不貞腐《ふてくさ》れて自暴自棄となっていたのかも。

ともあれ、運とは不思議なもので、一度、好転の兆しがみえると、次々に良くなっていくこともあるようだ。

広常の参加で、坂東の豪族たちは時勢の転換を読み、遅れじとばかりに頼朝の軍に参加した。

武蔵を経て相模に入り、鎌倉にいたったとき、頼朝は総勢四万を従える、凱旋《がいせん》将軍のようであったと

いう。ときに、三十四歳。

軍事の天才児である異母弟の源義経《よしつね》や、従兄弟の木曾《きそ》義仲《よしなか》の大活躍で、平家を連破した源氏は、寿永二年（一一八二）七月、平家を京から駆逐し、翌三年二月には一の谷、さらに翌年二月には屋島の合戦に勝利。ついに、平家を討滅するにいたった。

頼朝は、一連の源氏勢の活躍を鎌倉で静観しつづけ、やがて、最大の功労者である義経を攻め滅ぼし、源氏の勢力圏を已れのものとして、征夷大将軍となった。四十六歳のときである。

その頼朝が、相模川の橋供養に臨んでの帰途、落馬したのが原因とされる死は、それから七年後のことであった。英雄には往々にして、知られざる真相が隠れているものである。

ついでながら、頼朝の挙兵第一戦には、北条時政―宗時《むねとき》・工藤茂光《くどうしげみつ》・天野遠景《あまのとおかげ》・宇佐美助茂《うさみすけしげ》・加藤景廉《かとうかげかど》・新田四郎《にったしろう》など、伊豆の武士が当然のごとく参戦していた。

江川家では源平争乱の中、親信―治信《はるのぶ》父子が各地に転戦し、〝江川〟の庄一円を賜ったという。が、頼朝は本拠地を韮山から鎌倉へ移してしまった。

鎌倉に幕府が誕生すると、伊豆は再びもとの静けさに戻る。

鎌倉末期、南北朝の抗争のおりは、江川国頼《くにより》が後醍醐《ごだいご》帝を奉じて、六波羅《ろくはら》に向かい、桂川の戦いにも軍功をあげたという。

もっとも、農業生産力が低く、往来に不便な伊豆は、次の室町の世となってもドングリの背比べ、小粒な国人《こくじん》・地侍《じざむらい》がひしめく、そんな〝地方〟でありつづけた。

二人の「関東公方」

そのわりには、と筆者は訝《いぶか》しげに思いつづけてきた。なんの変哲もない土地でありながら、伊豆の韮山にはときおり――それこそ江川太郎左衛門の出現もその一つだが――分不相応のものが、現われた。先の源頼朝しかり、室町幕府における伊豆公方《くぼう》も、またしかりであった。

中世の日本は、小さな島国とはいいながら、東西の長さをいささか持て余していたようだ。鎌倉幕府にかわって、京都に政権を樹立させた室町幕府は、この位置から日本全国の武士は統御できない、と悟った。そこで、東日本を足利《あしかが》将軍家にかわって総攬《そうらん》すべき、出先機関として「鎌倉府」を設置した。初代将軍・足利尊氏《たかうじ》の嫡子である義詮《よしあきら》が一度つとめてのち、義詮の弟・基氏《もとうじ》が「関東公方」（鎌倉公方・鎌倉御所）として、その支配をまかされた。

関東公方の執事（補佐役）は「関東執事」と呼ばれ、やがて「関東管領《かんれい》」と呼ばれるようになる。当初、畠山国清《はたけやまくにきよ》と南宗継《みなみむねつぐ》が任じられたが、このうち国清は伊豆・武蔵の守護をも兼任。ところが彼は、鎌倉幕府崩壊後の南北朝争乱において、南朝追討に失敗。執事を罷免され、国清の没落後、改めて伊豆を支配したのが、上杉《うえすぎ》氏であった。

尊氏の伯父にあたる上杉憲房《のりふさ》は、元弘三年（正慶二＝一三三三）に奈古谷《なごや》郷（現・韮山町）の地頭職となり、その息子・憲顕《のりあき》が関東管領に任命され、以後、この職は上杉氏の世襲するところとなった。

上杉氏は扇谷《おおぎがやつ》・犬懸《いぬかけ》・山内《やまのうち》・詫間《たくま》の四家に分かれ、かつての保元の乱のおりの天皇家、摂関家と同様、互いに勢力争いをはじめる。

応永十六年（一四〇九）、足利持氏《もちうじ》が鎌倉公方となった。このとき、十二歳。

二年後、犬懸上杉氏の氏憲《うじのり》（禅秀《ぜんしゅう》）が関東管領となるが、両者の折り合いは悪く、持氏は山内上杉氏の憲基《のりもと》（前関東管領・憲定《のりさだ》の子）を改めて関東管領に任命した。そのため、氏憲が謀叛。この戦乱の中で、関東分国のうち、上杉氏の守護国であった上野と伊豆の、欠所処分権が鎌倉公方から上杉氏へ移ってしまう。

そこへ、くじ引きで決まった六代将軍・義教《よしのり》と持氏が衝突。永享《えいきょう》の乱と呼ばれる抗争が起こり、敗れた持氏は自刃して、関東公方はいったんここに滅ぶ。

ところが、鎌倉府に連なる御家人の要請で、持氏の末子・足利成氏《しげうじ》が鎌倉へ入ったものの、関東管領となっていた上杉憲忠《のりただ》（憲基の養子である憲実《のりざね》の子）と合わず、成氏が憲忠を謀殺したため、鎌倉公方と関東管領の間は、全面対決となった。これを、享徳《きょうとく》の乱という。

結果、成氏は康正元年（一四五五）、下総国古河《こが》（現・茨城県古河市）に根拠地を移したが、長禄元年（一四五七）、幕府は成氏の勢力を押えるべく、八代将軍・義政《よしまさ》の弟である足利政知《まさとも》（一四三五〜九一）を東《あずま》へ下らせた。

もっとも、この頃、成氏の勢威は安房・上総・下総・常陸・下野に及び、あまりにもその勢いが大きく、政知は関東にすら入れぬまま、東海の伊豆にある韮山平野の堀越《ほりこし》（現・伊豆の国市四日町）にとど

まって、自らも公方を称した。こちらを、

「伊豆公方」（堀越公方）

という。

だが、こちらの公方は関東には無力。では、東海十五ヵ国に睨《にら》みが利いたかといえば、とんでもない。せいぜい、伊豆一国に政令が及ぶ程度の威望しかもっていなかった。

一応、「御所」と呼ばれる、神社仏閣に似たような、宗教的雰囲気の権威はもち、伊豆公方の政知は、伊豆の国人、土豪に嫌われぬよう気がねしつつ、三十年余、それでもこの地にありつづけた。

伊豆の人々は、困惑していたに違いない。否、あからさまに、迷惑だと視線を向けていたであろう。なぜならば、伊豆一国の守護職は、室町体制においていつしか、関東管領・山内上杉氏の顕定《あきさだ》となっており、彼は伊豆に在国していなかったにすぎなかった。

関東管領家＝上杉四家はこの頃、一族争いの真っ最中。その中でも勃興した山内上杉氏の顕定は、宿敵というべき扇谷上杉氏の定正《さだまさ》と連年、合戦をくり返していた。その戦費を調えるための租税が、法外に重く国人や土豪・地侍たちの上にのしかかっていたのである。

そのうえに、余所者《よそもの》の伊豆公方までも養わねばならない。

あまりの負担に悲鳴をあげて、隣接する駿河国へ、逃亡した伊豆の人々も少なくなかった。よくある話である。が、ここで重要なのは、このとき、隣接する駿河国下方荘《しもかた》（現・富士市）の興国寺《こうこくじ》城（現・沼津市）を駿河の守護・今川氏親《いまがわうじちか》から預かっていた地頭が、伊勢新九郎《いせしんくろう》であったことであろう。

北条早雲の密謀

後世にいう、戦国の幕を開けた男＝「北条早雲《ほうじょうそううん》」（一四三二〜一五一九）であった。

蛇足ながら、この人物だけではないが、歴史上にはときおり、本人が一度として名乗ってもいないのに、人名事典で別の名前が定着している人物がいた。

伊勢新九郎は長氏《ながうじ》と称し、のち早雲庵宗瑞《そうずい》とは自称したが、「北条」を冠にしたことは生涯に一度もなかった。二代の氏綱《うじつな》から、北条姓となっている。

はるか後年の、戦国武将「真田幸村《さなだゆきむら》」もしかり。彼は信繁《のぶしげ》が正しい諱《いみな》であるにもかかわらず、生涯名乗ったこともない名で、日本人に覚えられてしまった。これは明らかに、講談本の影響である。

それはさておき、この流民の派生する地味に魅力のない伊豆に、目をつけて、

「奪ってしまおう」

と平然と考え、実行に移したのが、後世にいう北条早雲であったことは間違いない。

彼の胸中を知れば、人々は仰天したに違いない。乱暴狼藉《ろうぜき》、無頼、無法といった語感を超え、物狂いの沙汰としか思われず、おそらく全身をふるわせて周囲は怖《お》じ気《け》づき、呆《あき》れたであろう。

まだ、「戦国」ははじまっていなかった。

早雲が箱根の坂を下り、小田原を実力で切り取ったのは、彼が六十四歳のときであった。日本史はこ

の一挙によって、戦国時代に突入する。

別ないい方をすれば、これ以降の世の中は、〝下剋上《げこくじょう》〟となったわけだ。

それまでは、京都を灰燼《かいじん》に一変させた応仁・文明の乱が、やがて地方へ波及し、乱が常態となっても、父祖が守護や守護代であるとか、中央の公卿や室町将軍家の一門・支族であるとかの、身分や門地・出自が、世に際立つ拠《よ》りどころであった。

――その点、早雲の立場は微妙である。

この人物には、馬上天下に覇を唱える勇気と才覚はあった。しかし、彼には名門の出自がなかった。そのため早雲は、己れの野心を少しも露《あら》わにせず、駿河（現・静岡県中部）守護職の、今川氏親の地頭の一人として、治世のための基礎固めを黙々となし、今川家の安泰をはかるべく、その一環として東へ勢いを向けた形をとった。

「関東が、いずれは駿河の脅威となる」

早雲の読みは、やがて確信ともなった。

江戸城の原型を築いた太田道灌《おおたどうかん》を、暗殺した扇谷上杉氏の定正は、その後、関東管領である山内上杉氏の顕定と衝突をくり返し、関東を両分する勢いを示していた。

共倒れとなればよいが、いずれかが勝者となって関東の王となったとする。そうなれば、その者は関八州の強兵を率いて、西へ向かってくるに相違なかった。その先に、京の都があったからだ。

「機先を制さねばならぬ」

今川家中における、太田道灌のような二の舞はごめんだ、との思いも早雲にはあったであろう。

今はよい。主君氏親の信任は厚く、家中にも重きをなしている。が、そのうちには、己れの存在を心よく思わぬ者が出現するかもしれない。場合によっては、氏親と対立することもないとは断言できなかった。世はすでに、乱世である。主君と感情的に行き違ったとき、どうわが身を処するか。主君を倒すか、斬《き》られるのか、それとも第三の道を切り拓《ひら》くか。

——早雲はそこまで熟慮したうえで、箱根を越えた。

自らが新天地を求めることが、今川家の安泰をはかることになる。なおかつ家中の混乱を回避するには、まさに一石二鳥の妙案であった。だからこそこの行為は、

「われは、今川殿の代官なり」

と正当づけられたともいえる。一面、ハッタリではあったが。

今川氏は駿河一国の守護であり、むろん伊豆を勝手に奪うなどは明白な越権行為であって、許されるはずもない。が、それでも私人の略奪よりは、多少のいいわけにはなったろう。

なにしろ今川家は、三河（愛知県東半部）の吉良《きら》氏と並んで、室町幕府将軍足利家の一族である。混乱した伊豆を、今川家の被官の早雲をつかわして管理させるといえば、釈然とはしないものの、なんとなく筋が通っているようにも聞こえた。

老成人と侮る無れ

早雲は単独では行動できなかった。「今川殿の代官」の名目がいる。なにしろこの人物は、今日にいたってすら、出生地や素姓が皆目しれないのであるから。

彼については、室町幕府政所《まんどころ》執事・伊勢氏の一族とされながらも、出自には京都、大和、山城、備中といったいくつかの説があった。だが、早雲が駿河・今川義忠《よしただ》の内室・北川殿を頼った当時の境遇は、一介の牢人者でしかなかったろう。

早雲はそうした実にか細い境遇からスタートし、今川家の客将となり、やがて、伊豆・相模（神奈川県）両国を領有。子孫にいたっては、関東の大半を支配する戦国大名となった。

同時代、早雲をしのぐ成功者はまずいまい。この成功は、いかなる秘訣《ひけつ》によってもたらされたのであろうか。要因はいくつかあろう。だが、その根本は〝忍耐〟の一言に尽きたのではあるまいか。

孟子の言葉を借りれば、

「徳慧術知《とつけいじゅつち》ある者は恒《つね》に疢疾《ちんしつ》に存す」

となる。

〝徳慧〟は徳性の知慧、〝術知〟は心術の智巧。つまりは、徳行才智という成功者の条件であるが、これらは〝疢疾〟＝災厄困難の中でなければ磨かれず、発達・成長はしないとの意だ。

逆境における忍耐――言うは易《やす》く行なうに難いこの営みを、早雲は人生のほぼ半ば以上、持続させたことになる。群雄が割拠し、領地を獲得すべく鬩《せめ》ぎあう戦国乱世の前哨戦、京都を灰塵と化した応仁の乱（一四六七〜七七）――正しくは、応仁・文明の乱――が、ひとまず終息をみたとき、早雲はすでに四十代半ばとなっていた。

人間の寿命が五十年、あるかないかの時代である。普通であれば乱世の兆しにおののきつつ、隠遁《いんとん》生活を心がけてもおかしくない年齢であった。ところが早雲はこの頃から、野心を抱いて新天地・駿河へ向かうのである。これは尋常なことではあるまい。

早雲の生き方をみていると、筆者は『書経』の一筋を思い出す。

「老成人《ろうせいじん》と侮る無《なか》れ」

多くの、人生経験を積んだ老人を侮ってはならない。早雲の生涯を貫く凄《すご》みは、まさに、この言に尽きたのではあるまいか。

ある一日、親しい人々を集めて、早雲は次のようにいった。

「よくよく天下のことを考えてみるに、功名を挙げて富貴を取るには、いまが最もよい機会である。思うに、関八州の地勢は高爽《こうそう》。かつ、士も馬も精強で、古来、武士の地といわれてきた。しかも永享以来、定まった主もいない。もし、この地に割拠できれば、必ずや天下をうかがえよう。わしは諸君とともに東国へ下り、機会をみて事変を制し、功名を挙げたいと思うが、諸君はどうか」

このバイタリティー、若々しさはどうであろう。

今日の年齢に置き直せば、七十過ぎにも相当する。これほどの歳《とし》になって、住みなれた生活を捨て、新たな暮らし――非常に投機性の高いもの――へ、迷うことなく入っていける人はどれほどいるだろうか。

無論、早雲は無智でも粗野でもなく、行き当たりばったりの男ではなかった。徹底した計算のもと、決して希望的観測はもたない。早雲はこのとき、ともに東下してくれる六人の同志をもっていた。

「たとえどのようなことがあろうとも、この七人は仲違《なかたが》いすることなく、互いに援助しあって功名を挙げよう。武士の習慣通りに、この七人中の誰か一人が身を立て、国をもつようなことになれば、残る六人はいずれも家人となって尽力しよう。また、主君となった者は、残る六人を取り立てようではないか」(『名将言行録』より筆者の現代語訳による)

こうした遣《や》り取りが、それまでにも幾度となくくり返されていたに違いない。

あるいは、江川一族の伊豆移住時にも、同じような場面があったかもしれない。

お家騒動に働く

おそらく、早雲が七人の中では最年長者ではなかったろうか。体力は多少衰えていようとも、四十半ばの人生経験は豊富であり、加えて、早雲には切り札があった。

駿河の守護・今川治部大輔義忠《じぶだゆうよしただ》の妻・北川は、早雲の妹（叔母とも姉ともいう）で、その北川の産んだ龍王丸は甥にあたる。一同はとりあえず、この縁を頼って駿河へ腰を落ち着けたのである。

常日頃から仲間うちで、己れの〝徳慧〟や〝術知〟を示し、併せて、生活の保障をしてやれば、人はおのずとその人物についてくるもののようだ。

しかし、今川家の食客にはなれても、それだけでは先が知れている。否、ないに等しい。早雲はどうしたか――ただ、ひたすら〝何か〟が起こるのを待った。〝何か〟とは、己れの力量のほどを六人の仲間同様に、今川家中の人々に示し得るものであれば、何でもよかった。

ここで重要なのは、早雲は自ら何事かを惹起《ひきおこ》すといった、軽はずみな行動はしていないことだ。ただ、ひたすら待ったのである。

そして、七年の歳月がまたたく間に過ぎた。

文明八年（一四七六）正月、今川家の当主・義忠が、遠州潮見坂で一揆のために討死を遂げた。後継者の龍王丸が幼少であったため、にわかに家中が二つに割れて対立することとなった。

しかも、関東に絶大な力をもつ扇谷上杉家の定正が、この今川家の乱れに乗じて、駿河を手中におさめるべく、内乱鎮圧を名目に、家臣の上杉政憲《まさのり》、太田道灌を差し向けてきたのである。

待ち望んでいた局面がやってきた、といってよい。このとき、龍王丸は近習の者によってかくまわれており、早雲はそれを口実に、内訌《ないこう》する双方に働きかける。

「このように家中が二つに分かれて、相戦うことは今川家滅亡のもとである。もっとも主君に意趣があるわけではないので、謀叛人とはいえぬまでも、主家がこのために滅亡すれば、これほどの悪事はない。各々方がどうしても和解しないのであれば、京都のお指図を承って、伊豆御所と申し合わせ、いずれか一方を退治しよう。もし、和睦《わぼく》が調うのであれば、龍王丸殿の御在所を存じておるので、お迎えに参り御館におつれしたいが、いかがか――」

和睦は成立した。

龍王丸は駿府の館に帰って、元服すると新五郎氏親《うじちか》を名乗った。

早雲は、この一件での忠功を賞され、富士郡下方の庄を賜わって、興国寺を居城とした。このときから、先の六人は早雲の臣となったのである。

彼の説得は決して敵をつくらず、八方を丸くおさめる高等な交渉術であった。おかげでこの一件は、早雲のその後をみるうえで、きわめて多くの示唆をわれわれに提供してくれる。

まず、龍王丸の所在を早雲が知っていたという点である。多分、早雲は龍王丸の母と示し合わせて、内乱が勃発するや龍王丸を隠したのであろう。こうした措置＝対応策がすぐさまとれるためには、日々を無為に過ごしていては叶わない。早雲と六人の同志は、それとなく、今川家中の内情や人間関係などを日頃から探っていたはずだ。そして何事かが発生した場合、周囲の守護や守護代・豪族たちが、どのような行動をとるかを、おおよそつかんでいたかと思われる。

――一日の成功のために、日々の積み重ねがあった。

そういえば早雲は、今川家の人々に対しては必要以上に言葉を選び、交際の節度にも常日頃から気を配っていた。

用意周到な陰謀

なにぶんにも、味方は六人でしかなかった。

己れを合わせて七人では、一国はおろか一村すら治めることはできない。天下を狙うなどの言はスローガンだが、なろうことなら、少しでも大きな身代になりたかった。

それには兵力がいる。戦闘力をもたない早雲は、いつの日かチャンスがめぐりきたれば、今川家の兵力を借用する心算であった。否、今川家のみならず、管領の上杉家や近郊の豪族とも、できるかぎり広範な誼《よしみ》を通じて、いつの日にかに備えた。と同時に、領民を手なずけるのにも日々、工夫を怠ることはなかった。

早雲は興国寺に移ると、政令を発して領民の疾苦の状況を調査し、賦税を軽減するとともに農業を奨励した。そして蓄えてあった金銭についても、遠近の距離にかかわりなく、低利息で貸与している。

武士も領民も、月の一日と十五日には各々が、連れ立って早雲に謁するためにやってきたが、たびたび来謁する者には、その債務を免じてやったので、多くの人々が次々に城下に集まり、それで集落ができたという。

その一方で、早雲の目は韮山城の北条氏に向けられていた。

鎌倉幕府最後の執権・北条高時《たかとき》の流れを汲むこの城主家では、当主が亡くなって間髪を入れず、早雲に養子入りしてほしい、との依頼をもたらしたという（異説もある）。

どうであろう、話が少々、できすぎているような気がする。

おそらく、早雲の側が持ち前の忍耐力にものをいわせ、日頃から誼を通じて、北条家の家臣の主だった者たちを懐柔していたのであろう。そうでなければ、六十前後の養子など普通には考えられない。

早雲は関東で名門として知られる、北条氏の姓を手中にしたかったはずだ。

当時、すでに源平が交代で天下を取るといった信仰が、関東にも横溢《おういつ》しており、現・足利＝源氏を倒すには、北条＝平氏である必要があった。国をもたず兵力に乏しい早雲は、己れの才覚でそうしたハンディを埋める努力をせねばならなかったのである。

延徳三年（一四九一）四月三日、堀越公方の足利政知が没し、長子・茶々丸《ちゃちゃまる》が跡を継承した。

そして七月一日、その茶々丸が継母を殺害し、さらに継母が産んだ幼い弟まで殺すという事件を惹起す。かねてから伊豆を奪う計画であった早雲は、この事件の報に接すると、すぐさま、自身の新九郎という名を子の氏綱に譲り、自身は、

「病を患っているうえに、年齢もはや六十を超え、余命幾ばくもない。弓矢を捨てて世を安楽に過ごしたいものだ」

といって剃髪《ていはつ》し、早雲宗瑞と称した。つまり、世間に隠居したごとく見せかけたわけだ。

そうした準備を周到に行なってから、病気療養のため、かつ弘法大師《こうぼうだいし》の霊跡を巡礼すると称して、伊

豆の修善寺温泉に向け出発・逗留したのである。

この間、退屈をまぎらわせるために、との名目で山樵《きこり》を呼び、いろいろな話をさせて、ついには伊豆三郡の地理から、各々の郡に配置されている武士の身分にいたるまで、ことごとくを聞き出すと、大急ぎで駿河に帰ったという。

そして伊豆を奪うための策略――堀越公方を担ぐ実力者の管領・山内上杉氏に対抗するため、敵対関係にある扇谷上杉氏に情誼《じょうぎ》を通じ、これまでにも増して今川家との友好を深めて、〝いざ鎌倉〟に備えた。

山内上杉氏の動静は逐一、知れていたのであろう、合戦に出撃して堀越御所の警固の手薄なのをみるや、迅速果敢に手勢二百人と今川家からの援兵三百人の合計五百人を率い、清水浦から伊豆に押し渡って、堀越館を包囲すると、火を放って激しく攻めたてた。

茶々丸はこの戦いに敗れ、願成就院で自害して果てる。

民心収攬

伊豆の人々は、早雲の軍勢に恐れをなして逃げ隠れた。が、早雲は在所ごとに三ヶ条の禁令を発して、人心の鎮静化と掌握につとめたのであった。
一、空家に入って諸道具に手を掛けること。

一、金銭になる物を何であれ取ること。
一、国中の武士から土民にいたるまで、住居を捨てて立ち去ること。
これらに違背する者は、その耕作地を踏み荒らし、家を焼き払うと触れたのである。

他方、疾病に苦しむ村人は救済し、人望を高めることも忘れなかった。

結果、国中の諸豪の大半が早雲の指揮下に入った。

伊豆の人心は鎮まり、人々は早雲を慕うようになった。彼は豪族や土地の古老たちを集めると、次のように諭していう。

「国主にとって民はわが子で、領民からみれば国主は親である。これは昔から定まっている道である。世が末となるに従い、武家は欲が深くなり、年中、百姓の耕地を検地しては、ないものまでを有るといって奪うようになった。また、夫銭、棟別《むねべつ》、野山の使役など多くのものに課税してはこれをとった。自分はこうした民を、はなはだ哀れに思っている。自分はいま旅の身であり、この国に来て国君となったので、自分はそなたたちからみれば君、そなたたちはわが民である。君となり民となったのも、何かの縁であろう。自分はそなたたちが、裕福になることを願っている。これからは租税を五分の一減じるとともに、その他の諸々の税も免除することにする」

徒手空拳で、ついに伊豆一国を横領したのだから、尋常な感覚の者なら、このあたりで己れの野望の矛をおさめてもよかったはずである。

今日の八十歳を超えてなお、新規の事業に乗り出す経営者がいるか否か、そのように比較してみるといい。早雲は箱根の向こう側――小田原を欲していた。

ただし、事を短兵急には起こさない。用心深く準備し、相手の崩れるのをひたすら待った。見方をかえれば、自身の命数との勝負であったというべきか。

小田原には、大森式部少輔《しきぶしょうゆう》氏頼《うじより》という者がいた。氏頼は扇谷上杉家に属していて、はなはだ勢威があった。早雲はこの氏頼を安心させ、味方に引き入れたのちに謀略を駆使して討とうとはかったが、さすがに氏頼も早雲を警戒して乗ってこない。歳月は、流れた。

明応三年(一四九四)八月二十六日、氏頼が没してしまう。氏頼の跡は、その子・信濃守藤頼《ふじより》が継いだ。早雲はしきりと藤頼に、親交を結びたい旨を伝え、やがて、藤頼の油断したところで、鷹狩りにこと寄せて一気に小田原城を乗っ取った。

六十四歳にして箱根を越えた早雲は、その後さらに二十四年間を生きたが、さすがにこれ以上の領土拡大は考えなかった。なにしろわが子・氏綱は若すぎた(早雲が八十八歳でこの世を去ったとき、ようやく三十二歳だった)。攻めから守りに転じた早雲は、徹頭徹尾、領民をいつくしみ、今川家や扇谷上杉家との交際に気を配った。

二つの側面

早雲はかつて、次のようにいっている(拙著『現代語訳　名将言行録〈智将編〉』)。

「金銀を大切にするのは、自分から三代まででよい。三代には必ず上杉家が滅亡し、わが子孫が関東を併合することは疑いない。さすれば四代には、多くの領国からの収入があり、それをもって支配することになるから、金銀をさして蓄える必要はなくなる。したがって、自分から二代までは、侍扶持は二十歳までの者と、七十歳以後の者は、蓄えてある金銀をもって報酬に当てるべきである。（中略）上杉家をよくよくみていると、これからは家のよき規律も、一代のうちに次つぎと失っていき、ついにはまったくなくなってしまうかと思われる。（中略）とはいっても、かかる大身ともなれば、すぐには破滅はしないものだ。たとえば、腫れ物のごときもので、幾年も経なければ表面には出ない。（中略）そのごとく、上杉の良い規律が次第に衰え、完全に崩壊するのは、概ね、自分から三代ぐらい先だと思う。この両上杉家が仲違いをつづければ、わが子孫は居ながらにして繁栄することであろう」

果たせるかな、後世の歴史は早雲の言葉通りとなった。

ここで、明らかにしておかねばならないことがある。その遣り口《やくち》についてである。

早雲は一介の浪々の身から、ついには戦国大名の先駆けにまでなったわけだが、この奇跡的ともいえる成功の秘訣は、前にも述べた〝忍耐〟に徹することであった。が、それ以外の側面ももっていた。

それは信義と冷酷さという、およそ裏腹な二つの顔をこの人物は巧みに使い分けた点にあった。その意味で早雲は、戦国乱世で屈指の権謀術数家であったといってよい。

だが、人をおとしめて己れがのし上がるという荒技を、常に使っていれば、周囲の者は決してその人物には従わないものだ。いつ、こちらがやられるか知れないとなれば、危なくてしようがない。

にもかかわらず、早雲は占領地の民に慕われ、豪族たちの多くにも信を得た。また、飛躍する端緒ともなった今川家の人々にも、心底、信頼されている。信義を貫き完《まっと》うするため、七十を超えて早雲は、関東の合戦に出撃したりもしていた。この律儀さがあればこそ、この人物はこれまでになれたのである。

のちのことになるが、天下人・徳川家康《とくがわいえやす》は次のような感慨を述べている。

「武田信玄《たけだしんげん》は近頃、稀《まれ》にみる良将であった。だが父・信虎《のぶとら》を甲斐《かい》から追い出した災いが子にめぐり、勝頼《かつより》は猛将であったにもかかわらず、家運が傾いて譜代恩顧の臣までが離反し、はかなく滅亡してしまった。これは、親に対して当然もたねばならぬ恩義を失《なく》したのを、天道が憎み給うたがゆえである。

それに反して小田原では、（豊臣秀吉《とよとみひでよし》による）百日もの長期の包囲戦の間にも、反逆した者は、松田尾張（憲秀《のりひで》）のほかは一人としていなかった。また、落城後に氏直《うじなお》が高野山に入るおりにも、生命《いのち》を捨ててでも氏直に従いたいと願った者は多かった。これは北条早雲以来、代々、受け継がれた方針が正しく実行され、諸士もみな節義を守ったからにほかならない」

さすがに家康は、北条早雲をよく識《し》っていたといってよいであろう。

家康は、豊臣秀吉に敗れて高野山に入った北条氏直には、岳父に当たる人であった。右の家康の北条評には、身内贔屓《びいき》の心情がなかったといえば嘘になろう。が、これは早雲への讃歌であることは疑いない。

蛇足ながら、伊豆を攻めたおりの早雲は、堀越御所を陥し茶々丸を逐ったが、このあと彼は、誘降に応じない関戸吉信《せきとよしのぶ》を攻めて、兵はもとより女子供まで皆殺しにしている。

この関戸吉信攻めで女子供まで無残に殺害した早雲と、領民をいつくしんだ温厚の領主の顔は、決して一致し難いが、まぎれもなく、いずれもが早雲であった。

己れに靡《なび》く者には慈悲をもって接し、逆らう者には断固とした姿勢で臨む――これは乱世の鉄則でもあった。生き難い時代にあって、人は多面的な人格を備える必要があったようだ。少なくとも、そうでない誠実一途や、裏切り常ならないといった一辺倒では、人の上に立って乱世を生き抜くことはできなかった。

もし、北条早雲に学ぶべきものがあったとすれば、このあたりの機微ではあるまいか。

早雲と江川家

――話を伊豆に戻そう。

早雲が伊豆を目指したのには、実はもう一つ目的があった。彼もこの半島が物成りの少ない、痩せた土地であることは知っていた。それでもなお、この隣国を欲したのには、関東へ通じる回廊であるとともにもう一つ、駿河湾沿いの土肥《とい》でとれる砂金が欲しかったのである。

伊豆は金の産地であったのだ。

これは早雲の時代になって、ようやく価値をもつ土地の判断基準となった。

古来、日本はジパング＝〝黄金の国〟とヨーロッパの人々から錯覚されたように、地殻に黄金に恵まれた国であり、一方、戦国時代に来日した宣教師フランシスコ＝ザビエルが本国へ送った通信にいう、「銀の島」（Isles Plataraes）＝銀のたくさんとれる国でもあった。

ところが古代の日本人は、金銀の価値が皆目わからず、ようやく八世紀に入って、奈良の大仏を鋳造する頃になり、金が日本でもとれることに気がついた有様であった。

われわれの先祖は、どうやら砂金と金とは別もの、とそれまで考えていたようだ。

もっとも古代人は、金は銅に鍍金《ときん》して金銅仏に仕立てるために必要なもの、と考えており、後世の貨幣としての価値には気がつかなかった。すでにみた十二世紀の源平争乱の時代に、先手をとった平清盛が、日宋貿易を行なったおり、決済商品として金がクローズアップされたのが最初であろうか。

未熟な日本の経済は、まだ貨幣と呼べるものをわずかしかもたず、奈良朝で二種、平安朝で九種を鋳《い》たものの、公式の支払いは現物の絹や布で決済されていた。疋《ひき》（長さの単位）をもって数え、その名残りは通貨をもつようになってからも、〝疋〟と呼んで勘定しているところに如実であった。

北条早雲の暮らした室町の世、政府である幕府は、遺伝子的には前政権の鎌倉幕府を飛び越え、その前の平家政権の血を受け継いでいたようだ。貿易が大好きで、そのため武士たちも、米に勝るとも劣らない価値を金にもちはじめた。

余談ながら、西駿河の中央を流れる安倍川の上流、梅《うめ》ヶ島《しま》でも金はとれた。この北方、十枚《じゅうまい》峠、苅《かり》安《やす》峠を越えれば甲斐国にいたる。その砂金をふんだんに使って、早雲の死後しばらくして、戦国乱世に大きく覇を唱えたのが、武田信玄であった。

それはさておき、伊豆一国を横領した早雲が、根拠としたのが平野の東端の丘陵、すなわち韮山であった。

「ここに城を築け」

韮山はこの時期まで、蛭ヶ小島、北条、あるいは源頼朝の挙兵第一戦となった山木——そうした集落に比べて無名であった。近世では逆転し、源平の頃の歴史的集落は、室町の堀越も含めてことごとく、韮山に含まれた印象が強い。

その起こりが、早雲の築城であった。

このとき、韮山の地生《じば》えとなっていた江川氏の当主・左馬亮《さまのじょう》英住《ひですみ》（二十三代）が、真っ先に早雲に臣下の礼をとり、その伊豆一国の平定に尽力したと伝えられている。

英住はこのとき、おそらく世に知られた家伝の酒を持参したであろう。

「宗瑞（早雲）どのに馳走《ちそう》し参らせん」

彼はそういいながら、西は京都にまで聞こえた（東は下総結城まで）、江川家代々の丹精を捧げたに違いない。英住の二男・正秀《まさひで》が、さらに工夫して早雲に献じたところ、よほどこの酒、うまかったのであろう、戦国の梟雄《きょうゆう》はニコリ笑って、

「うむ、江川酒と称するがよいぞ」

と軽口をたたいた。

江川氏はこうした副業もあり、北条家家臣団の中では財力的に恵まれていたようだ。

ちなみに、早雲の登場とともに、歴史に忘れ去られた堀越公方・足利政知であるが、彼の二男・清晃《しようこう》が、やがて足利将軍家を継ぎ、十一代将軍・義澄《よしずみ》となる。この系統が、義晴《よしはる》―義輝《よしてる》―義昭《よしあき》（義輝の弟・十五代将軍）とつづく。

韮山城を拠点に小田原進出を果たした早雲、二代の氏綱―三代の氏康《うじやす》の代には、北条氏はついに関東を制覇するにいたった。

北条氏の四代目

――江川家は、戦国乱世を北条氏の拡張とともに生きた。

とくに名将氏康のおり、北条氏は空前の広がりをみせる。

織田《おだ》信長の家を別にすれば、その所領は日本最大規模であった。相模・伊豆・武蔵・上総・安房・上野の六ヵ国を完全に支配下に置き、常陸・下野・駿河の一部にも、その勢威は及んでいた。のちの石高制に換算して、二百八十万石もあったであろうか。

この頃、家康の身代は五ヵ国（実質は四ヵ国半）で、百万石程度でしかなかった。

江川家二十六代の英元《ひでもと》は、北条氏康の父・氏綱の部将として活躍、里見義弘《さとみよしひろ》と下総国鴻之台（現・千葉県市川市）に戦い、軍功を重ね、五千石取りとなっている。

肥前守に任ぜられた英元は、伊豆の〝旗頭〟にも選ばれたというから、かなりの人物であったのだろう。ちなみに、江川家の当主が通称に、「太郎左衛門」を用いたのは、この英元からである（本書では混乱を避けるため、とくにことわりのない場合は、太郎左衛門＝英龍として記述している）。

この〝中興の祖〟ともいうべき英元の子・英吉《ひでよし》は、北条氏政治世の中、伊豆韮山城主・北条氏規《うじのり》（氏康の四男・氏政《うじまさ》の弟）の騎下で小田原城攻囲戦のおり、秀吉の先鋒・織田信雄《のぶかつ》、細川忠興《ほそかわただおき》、福島正則《ふくしままさのり》ら三万五千の大軍を向こうにまわし、七千の味方とともに奮戦している。

ついでながら、主人の氏規は、かつて家康が今川家に人質生活を送っていたおり、同様に、北条氏からの人質として、ともに駿府に暮らした経歴をもっていた。この北条家の連枝＝氏規は、徳川家康が北条氏直（氏康の孫）と同盟したおり、その講和の使節をつとめた人物でもあった。

そのあたりが、縁であったのかもしれない。江川英長《ひでなが》（二十八代）は北条氏に属しながら、ひそかに徳川家康へ誼を通じていた。

「江川英長は寝返ってござる」

北条家の家人・笠原隼人《かさはらはやと》が氏政に讒言《ざんげん》するに及び、英長は隼人を討って家康のもとへ逐電した。

それにしても、膨張する秀吉（天下統一寸前）に対抗すべく、北条氏と軍事同盟を結びながら、時勢が見えず攻めかかられた北条氏。その征伐で先陣を承らなければならなかった家康の心中は、あまりにも悲惨であったといえよう。

北条・徳川の同盟には一つだけ、致命的な瑕瑾《かきん》が発足当初からあった。北条家の四代当主・氏政（氏康の子・氏直の父）が、あまりに暗愚でありすぎたことである。

この家は五代のうち、長氏（早雲）―氏綱―氏康と三代つづいて名将を出していた。

とくに三代目の氏康は、性格が地味であったものの、今川義元《よしもと》、武田信玄、上杉謙信《けんしん》といった強豪を相手に一歩も退《ひ》かず、巧みに外交と軍事のバランスをとって、俗に〝北条氏の関八州〟といわれた支配圏を守り抜いた。

一般に、武田信玄の上洛戦が遅れたのは、天才的戦術家で好敵手の上杉謙信が背後にあったからだといわれているが、実のところ信玄最大の難敵は、謙信ではなくこの氏康であった。

その証左に、信玄が上洛戦を決意したのは、元亀二年（一五七一）十月三日、氏康が五十七歳の生涯を閉じた翌年に入ってからであった。

氏康は死の直前、嫡子の氏政に遺言する。

「これまでの上杉家との同盟を破棄し、これからは信玄と同盟せよ。そして汝は関東の平和にのみ専念するのだ、よいか……」

遺言をみるかぎり、氏康はわが子の氏政をあまり高く評価していなかった様子がうかがえる。

――この父子には、有名なエピソードがあった。

氏康が氏政と朝食をともにしたおりのこと、氏政は飯に味噌汁をかけてかき込んだ。それ自体は別段、下品でもなんでもない。戦国時代の一般的な食事の形態であった。

ところが二口三口食べた氏政は、改めてもう一度、汁をかけ足して食ったのだ。これが氏康の目にとまった。氏康はつぶやく。

「北条の家も、私の代で終わるか……」

すなわち、食事は毎日しているにもかかわらず、一飯にかける汁の見積もりすらわからぬようでは、自分の跡を継いでも、先の見通しが立てられるわけがない。北条氏の命運は尽きるだろう、との論法であった。

小田原攻防戦

もっとも、氏政は先代以来の老臣たちに補佐され、どうにか家を保った。

だが、この凡庸な主（家康より三歳ばかり年長）は、隠居してから若い当主・氏直を後見した。

「阿呆《あほ》が阿呆ゥの後見をしておるわ」

三河あたりではそう陰口をたたかれたが、北条王国はすでに老い、戦国を生き抜く活力を失っていた。今風にいえば、大企業病にかかっていたといえる。

日本がなくなっても、北条家は不滅だ、と主君から一兵卒の足軽までが信じて疑わなかった。

大国の病いは己れの力に、胡座《あぐら》をかくところからはじまる。そして安定政権は、潑溂《はつらつ》とした冒険心ではなく、事なかれ主義の〝調和〟を求めていく。

そのくせ、五代＝九十五年つづいてきた小田原北条氏には、

「小田原誇り」

という厄介な風弊が、こびりついてしまった。

時世が秀吉の天下統一へ向かっているのに、氏政─氏直父子にはそれが皆目、理解できなかった。秀吉は家康が氏直の舅であることから、平和裡《り》に北条氏を屈服させるべく、くり返し上京を促したが、父子は聞く耳を持たない。

家康はきわめて、微妙な立場に置かれてしまう。背後に秀吉の視線を感じつつ、なんとかして北条氏を存続させたいとの一念から、起請文《きしょうもん》まで認《したた》め、北条氏の機嫌を損なわぬようつとめ、いよいよ切羽詰まると、上京がかなわぬのなら、氏直に嫁がせた二女の督姫《とく》を離縁してほしい、と迫った（彼女は氏直の死後、池田輝政《いけだてるまさ》へ再嫁している）。

その結果が、氏直の叔父・氏規の、形ばかりの上洛が実現したにすぎなかった。

家康は懸命に、それこそ厚い面の皮を朱にして、必死の思いで秀吉と氏政の調停に精を出した。無理もない。武力による北条征伐が実施されれば、いかに大国であろうとも、北条氏が天下人になりつつある秀吉に勝利できる根拠は、万に一つもなかった。

「北条氏を失うようなことにでもなれば、もはや秀吉の天下は動くまい……」

家康は心中、悲愴な叫び声をあげていたに違いなかった。

が、氏政─氏直父子は、家康の勧告・仲裁を無視し、結句、さしもの秀吉もその頑迷さに匙《さじ》を投げた。家康とすれば、秀吉の命に従わざるを得なかった。拒むことは、北条氏ともども滅亡の道を選択することになる。

このおり、なによりも滑稽であったのが、当事者の北条氏があくまで、秀吉と戦う覚悟を固めていたことであろう。もちろん、戦えば勝利する心算でいた。

その確信となったのが、

「われら北条は、かの上杉輝虎《てるとら》（謙信）にも敗れなんだ」

という、過去の栄光にあった。

永禄四年（一五六一）の、謙信の小田原進攻作戦は十一万五千の攻城軍であった。

「――わが北条には本城のほか、五十余の支城があるのだ。将士も領民も五代恩顧の者たちばかりじゃ。死力を尽くして、戦ってくれようぞ」

氏直は己れの圏内に、隈《くま》なく動員令を発した。総兵力は三万四千余――領民によって編成された農兵には、十五歳から七十歳の者までが徴発に応じている。もとより籠城《ろうじょう》戦を予定する北条方では、たとえ三十万の攻囲軍の来襲があろうとも戦い抜く決意を固めていた。

「軍勢も兵数が増すほどに、補給も困難になる。いずれは退却せざるを得なくなりましょう」

重臣たちの言葉に、氏直は大きく頷《うなず》いたというが、これを敵の秀吉が聞けば、多分、腹を抱えて大笑したに相違ない。

小田原落城と井桁に十六弁の菊の紋

先の九州征伐で、秀吉が駆り出した軍勢は、日本史上初の大規模遠征軍であった。三十七ヵ国三十万人――この大軍は馬だけで二万頭を数え、用意周到な秀吉は、馬一頭当たり一年分の飼料を九州へ送るように命令。同時に、従軍の将士には、一人に対し百日分の兵糧を準備させた。

この頃の日本人の感覚では、これほど大規模な兵站《へいたん》輸送は不可能に近かったといってよい。北条氏直はもちろん、無理だと信じていたであろうし、目の当たりにした家康ですら、これは〝幻戯《めくらまし》〟（手品）に違いない、と思ったほどである。

しかし、現実に遺漏なく進められた九州征伐の大輸送は、決して〝幻戯〟などではなかった。そして小田原征伐も、いよいよ満を持しての開戦となる。

まるで、津波が襲いかかるかのような勢いであった。北条氏の支城・伊豆山中城、韮山城が瞬時に攻囲され、箱根山を越えた秀吉軍は、小田原の本城を幾重にも包囲。秀吉は本陣を、石垣山に据えた。

そして前田利家《まえだとしいえ》、上杉景勝《かげかつ》らの別働隊は、関東北部の上野国に侵攻し、松井田《まついだ》、箕輪《みのわ》、厩橋《まやばし》などの北条氏の属城を抜き、次いで武蔵国に入ると忍《おし》城を囲み、鉢形、八王子の諸城を陥れた。

だが、小田原は怯《ひる》まない。

途中、氏直の老臣・松田憲秀《まつだのりひで》が内応する一幕があったものの、籠城戦に自信をもつ小田原城の守りは容易に崩れなかった。秀吉は従軍中の諸大名に、妻妾を国許から呼び寄せさせると、自身も愛妾の淀殿《よど》を呼び、商人や遊女までも小田原に集めた。持久戦に備えたのである。

北条方は一年もの間、籠城に耐えられるだけの準備をし、戦いに臨んだのであったが、よもや、このような仕打ちをされようとは、思ってもいなかったようだ。戦そのものの勝敗よりも、こうした物見遊山のような攻囲軍をみて、心理上の圧迫が加えられ、劣等感、羞恥心《しゅうち》、憤怒といったものが露わとなり、日増しに増幅されていった。

武州忍城・成田氏長《なりたうじなが》が単独降伏したのをはじめとし、支城は次々に陥落。七月五日、北条氏はついに小田原城を明け渡した。氏政とその弟の氏照《うじてる》（氏康の二男）は切腹、氏直は家康のとりなしによって、一命は助けられたものの高野山への追放となった（その後、天正十九年＝一五九一年にこの世を去っている）。

九十五年もの歳月を、関東に覇を唱えてきた地方政権にしては、実にあっけない幕切れであったといわねばなるまい。この開城のおり、秀吉の側近となっていた千利休《せんのりきゅう》は、伊豆韮山の江川屋敷を訪れ、邸内の「韮山竹」を用いて、「圓城寺」以下の花筒をつくったことは世に知られている。

江川家は英長の働きもあり、旧領五千石を安堵《あんど》されたというが、その形式は五千石を代官所が預かり、かわりに「物成《ものなり》米十分の一」を給せられることとなった。北条の遺臣たちが、英長の行動を「汚し」と憤ったゆえの処置と伝えられている。

物成は田畑からの収穫物をいい、本租のこと。つまり、年貢の中から十分の一に相当するものを、家禄として支払うことにしたわけだが、当初はそれで何の問題もなかったようだが、やがてこの徳川家の処置が幕藩体制の矛盾、歪《ゆが》みから江川家を苦しめることとなる。

もっとも、家康はそのことを知らない。彼は功臣に、あくまでも報いようとした。英長が大坂の陣で「江川酒」を献じたとき、二代将軍秀忠《ひでただ》とともに、上機嫌で盃《さかずき》を傾けた家康は、

「そうじゃ、この紋を使え」

思いついたように、井桁《いげた》に十六弁の菊の紋を、英長に下賜したという。

江川家ではそれまでの家紋である五三の桐に二ツ引を、このとき改めたと伝えられる（以前は、井桁に三ツ鱗《うろこ》であったとも）。

いずれにせよ、韮山を関東覇権の創業の地とした北条早雲の栄光も五代で消え、秀吉の命により、徳川家康がかわって関東へ入部すると、伊豆国は徳川領に組み込まれた。

早雲が目をつけた土肥などの金山は、家康の重臣で代官頭、郡代となった出頭人の大久保長安《おおくぼながやす》によって、やがて本格的な開発が行なわれ、産出量の低下した佐渡にかわって、江戸時代の初期、一時期は幕府財政を支えることとなる。

韮山は紆余《うよ》曲折の末、宝暦八年（一七五八）以来、江川氏一手の支配となった。

これは、少しのちの話——。

第一章

幕藩体制の矛盾

徳川斉昭（水府明徳会徳川博物館蔵）

徳川家康の遺言

豊臣秀吉の死後、慶長五年（一六〇〇）九月十五日に行なわれた、〝天下分け目〟の関ヶ原の戦いで、天下の覇権を握った徳川家康は、すでに自領となっていた江戸に、新たな政権を樹立した。伊豆韮山に流された源頼朝が、武家の世の組織体として、はじめて使用し、次代の室町足利氏も真似《まね》た前例を踏襲して、

「幕府」

を開いた。

事実上の政府であるにもかかわらず、武者の棟梁たちはいずれも、なんと謙虚な単語を選んだものか。この単語は中国の古典から採用されたもので、もとは前漢の武帝に仕えた、武将の衛青《えいせい》（紀元前一〇六年没）が、はるかに沙漠を越えて匈奴《きょうど》を討ったおり、その司令部を「幕府」と称したことに由来していた。すなわち、〝幕〟とは天幕のことである。

その後、将軍が異国へ遠征し、かの地で軍政を敷くことを「幕府」を開くと称した。この場合の幕府は、皇帝の命令が遠すぎて届かないため、将軍が代行した臨時の地方政権のようなものであった。

「君命を受けざる所あり」

と『孫子』にあるが、戦陣の指揮官が遠く本国の君主に、いちいち命令を求めず、臨機応変に処置す

ることができた領域といえようか。

その臨時の戦営を、日本にあって朝廷の権威の届かぬところ——と規定し、「幕府」と称したのは、韮山から挙兵した頼朝のもとへ、あとから合流した朝廷の官吏・大江広元《おおえのひろもと》あたりの知恵であったかと思われる。

——家康は、それも真似た。

この天下人はとにかく、もの学びの好きな人物であった。その死後、「神君」と称され、東照大権現と呼ばれたことは、一般に知られているが、この発想には前例があり、このおよそ天下人らしからぬ天下人——小心者で律儀を看板に乱世を生き抜いた家康は、死後においても、先輩の織田信長・豊臣秀吉を臆面もなく真似た。

彼には独創性というものがなく、常に見本、前例が存在している。

政治に関しては、自らが愛し抜いた故国・三河（現・愛知県東部）の気質《かたぎ》を手本とした。

「三河気質」

と一般に呼ばれるもので、信長・秀吉のもつ一種商人的な煌《きら》びやかさが、この地にはなかった。かわりに、極度に農民的な篤実《とくじつ》な性癖をもち、家康はこの気質こそが、己れに天下を取らせた原動力であった、との認識が強かった。

律儀で正直でまじめ、義理堅いといった、鎌倉の頃の、中世の色彩を色濃く残し、労を惜しまず、懸命に生命《いのち》懸《が》けで働くなどの長所と、半面では閉鎖的で陰湿な、決して冒険を好まないといった短所を、三河武士はもっていた。

徳川家康という人物がここから出たことは、日本史において屈指の重大事といってよい。

なぜならば、この家康の三河気質が徳川幕藩体制の骨格を創り、ついには幕府自壊の運命へと導いたからだ。最大の長所は、最大の短所につながった、というべきか。

家康はその死に臨んで、一つの遺言を残した。

「徳川の治世は、三河の頃のままを踏襲するように――」

三河松平郷の土豪から、ついに天下にその規模を広げた徳川家にあって、三河時代の家政は、番頭・手代を「老中」「若年寄」と呼んで行なっていたが、家康はこの機構をそのまま、日本の国政レベルに引き上げよ、といったわけだ。少なくとも、周囲がそのように受け取ったことは間違いない。

当然のことながら、中核をなす三河出身の譜代大名や、旗本・御家人にも「三河気質」の永遠なることを家康は期待した。実直で篤実の風をもち、真面目で忠犬のような素朴な心根。その根本に、家康は三河の自給自足＝〝米遣いの経済〟を据えた。経済史では、

「石高制」

と呼ばれるもので、この政治原理は、徳川将軍家や大名をはじめ、その家来である武士階級の身分を、各々の知行地からあがる米――農民から年貢として徴収する、土地の米の標準収穫量によって表示し、評価するもの――で、その量の多い少ないによって、身分の上下を決めた制度でもあった。

加賀藩前田家は百二万五千余石、赤穂藩浅野家五万三千石、といったような米のとれる量を示す表

高＝石（さらには俵・扶持《ふち》）を基準に、身分を定めたわけだ。

くり返すようだが、家康は自らの創始した徳川幕藩体制の、根本を農業＝米遣いの経済に置いた。これは彼の生き抜いた戦国乱世においては、きわめて当たり前の経済体制であったといえる。農民は合戦に脅え、ほとんど他国へ往来することはなく、戦国の武士も自領から合戦以外に離れることは少なかった。

ところが皮肉なことに、家康によって天下が統一され、乱世が遠のくと、山城を拠点としていた武士の生活は平城へ移り、大名たちも城下町を形成して、いつしか武士は完全な消費者となってしまう。また一方では、街道や海路は整備され、人々の往来は全国的に活発化した。

家康の目指した食生活

家康の食に関する興味深い挿話が、『駿河土産』に載っていた。

将軍職を息子の秀忠に譲り、表向きは駿府城に引退しながら、一方で「大御所」として君臨していた家康が、城内に仕える奥女中たちから苦情を受ける。

「浅漬けの香の物が、塩辛くて食べられませぬ」

というのである。犯人は賄い方の浄度房という者。最初のうちは注意したが、無視され、陰口をたたいても埒《らち》があかず、どうにも我慢できなくなって、奥女中たちは家康のもとへ直訴に及んだ。

「――もう少し、塩を控えてほしいのです」

家康は奥女中たちの不服を聞き、自らも香の物を食してみたが、なるほど塩辛い。確認したうえで、浄度房を召し、

「なんとかならぬか――」

と、もちかけた。すると浄度房は、

「ご免――」

といいながら、家康のそばへにじり寄り、声をひそめていった。

「大御所さま、拙僧はわざと塩辛く漬けているのでございます。と申しますのは、今のように辛く漬けても、漬け物に要する大根の数量はかなりのものでございます。もし、お女中方のいうように、塩加減すれば、ますます香の物は食され、大根も大量に必要となりますが、それでよろしいのですか」

吝嗇《りんしょく》で鳴る家康は、なるほど、と膝《ひざ》をたたき、

「よし、わかった。わしは女中らの不満を聞き忘れたことにいたす。今後とも、今まで通りでよろしくたのむ」

と、ニコリと笑って命じたという。

戦国時代にあっては、腹いっぱい食べられる、お腹を満たしてくれればそれで事足りた食事に、いつしか人々は〝美味《おい》しさ〟という、これまでになかった価値を求めるようになった。建前であった自給自足の制度は、いつしか全国的に流通しはじめた物資によって、崩れてしまったのである。

もしも、家康の念願した通りの生活をすれば、どうなったであろうか。

『むかしばなし』という書物に、美味しいものを食べることを拒絶した、仙台藩伊達《だて》家の家臣・菊田《きくた》喜《き》太夫《だゆう》という人の話が載っていた。

家禄高の低い喜太夫は、独身生活の頃、味のよい、美味しいものを好んで食べれば、その分、お金がかかると考え、とにかく倹約に徹することを思案した。

たとえば、食事に汁も香の物もない。

玄米にわずかばかりの味噌を添えて食した。まさに、戦国時代そのままの食卓であった。が、彼は泰平の時代、物流の行き渡る江戸中期に生活していた。その証拠に、自分の膳が寂しい、との自覚はあったのだ。

そのために、木製の魚を竹串に刺し、それを本物に見立てて、塗った味噌を舐《な》める工夫をしている。

喜太夫の吝嗇な食生活は、妻を迎えても変わらなかった。

「わしのような軽格な身代では、うまいものを食べてはやっていけぬ」

妻にもそのように戒め、魚類は皆目、口にしようとはしなかった。

そんなある日、喜太夫の留守中に訪問者があり、土産に一匹の鯛《たい》を持参してくれた。

妻は大喜び、今晩は夫と鯛が食べられると楽しみにしていたところが、帰宅した喜太夫は喜ぶどころか迷惑げに、

「いかぬいかぬ、このような贅沢《ぜいたく》は――」

そういって、垣根越しに隣の庭へ鯛を投げた。

これを見つけた隣家では大騒ぎとなり、鯛が舞い込んだのはめでたいことだ、と知り合い縁者を集めて祝いの宴《うたげ》を催した。それを伝え聞いた喜太夫は、さも心から嬉しそうに、

「ほれみろ、鯛を拾ったからとて酒を買い、酢や醬油を使って食し、ついでに米まで減らして祝っておる。味よきものを食すると、このように無益な費えが生じるのだ」

喜太夫の存在を家康が知れば、この天下人はわが同志を得たり、と喜んだに違いない。

「このままでは、三河の気風が失われる」

晩年の家康は、躍起となって吝嗇を説いた。

とくに、具体的に説いたのが麦飯の普及であった。

形の上で家督を嗣子・秀忠に譲り、駿河に隠居した家康は、鷹狩りのおり、あえて麦飯や焼き飯に焼き味噌を持参した。デモンストレーションである。効果は上々で、家康の麦飯は有名になった。

あるときのこと。鷹狩りに出かけた家康が、ときおり囲碁の相手を命じる瀧善左衛門《たきぜんざえもん》という商人の、家の前を通りかかった。供に連れていこうと立ち寄ると、おりしも瀧家は食事の最中《さいちゅう》。家康はどうやら、このときの食卓を目にしたようだ。

翌日、囲碁の相手に善左衛門がまかり出ると、家康はいつになく不機嫌で、

「その方の家の相続は、覚束《おぼつか》ないのォ」

と不意にいう。そして、

「白米の飯を食べるような心得では、先が思いやられる」

といった。善左衛門はそれを聞いて、これはしまった、と思い、とっさに、

「あれは白米ではなく、豆腐滓《かす》をかけた飯でございます」

といったところ、家康の機嫌が直ったという。

――同様に、こんな話もあった。駿府城で食事を終えた家康が、医師に、

「今日は気分も良く、第一、食事が進む」

と語った。すると医師は、

「それはご一段の御事、生命《いのち》は食にあると申しますから、なによりもってめでたいことでございます」

と喜びを言上した。すると家康はそれを聞きとがめ、

「生命は食にありという事、その方共はいかが心得ているのか。たとえば、生まれたばかりの子に乳を飲ませるにせよ、過不足なきよう、親共の心得なくしては叶《かな》うまい。総じて人は飲み食いが大事だという意味にして、いたずらに暴食暴飲に走りすぎるが、それはあやまりじゃ」

と諭したという（『駿河土産』）。こうしたエピソードは、信長や秀吉にはなかった。家康は押し寄せる美味で内容豊富な料理と、いつも孤独に、ただ一人で戦いつづけていたのである。

「いつもいつも美味なものばかり食していたのでは、美味なものではなくなる。半日の食事はできるだけ軽味のものがよく、美味なものは月に二、三度でよい」（『神祖御文』）

家康、南蛮料理に敗れる

だが、家康がいかに声を嗄《か》らして孤軍奮闘しても、時勢には勝ちようがなかった。家康本人によって乱世は終息し、泰平の世が出現した。物資の往来は整備されていく街道、海路を伝って活発化し、質量において人々の生活を、いやがうえにも向上させずにはおかなかった。とどめを刺したのが、南蛮渡来の品々であった、と筆者はみている。

煙草や菓子（金ぺい糖、カステラ、パン、ボーロ、ビスケット）、ぶどう酒のみならず、南瓜《かぼちゃ》、砂糖、胡《こ》椒《しょう》、唐辛子。その多くはポルトガル人によってもたらされ、高価な品々ではあったが、未知なる品や味は、またたく間に日本中を魅了した。贅沢は敵だ、と唱えつづけた家康ですら、その死後の財産分与をみると、多くの南蛮品に親しんでいたことが知れる。

余談ながら、砂糖が日本人の食に定着するのは、明治の終わりになってからで、それまでの〝甘味〟は蜂蜜・酒・麴・甘酒、柿露《かきのこ》・甘葛《あまずら》、などに拠っていた。

家康の晩年に流行したものの一つに焼酎がある。当初は「焼酒」と書いた。

これは中国大陸から渡ってきたが、蒸留法は南蛮の宣教師によるもので、「アラキ」（アラビア語のアラック）からきたともいわれ、酒好きに大いに珍重された。

本土以外では、琉球の名産・泡盛が江戸時代初期にブームであったようで、薩摩藩主家・島津《しまづ》氏を介して、家康もこれを飲んでいる。もっとも、彼は酒として泡盛を嗜《たしな》まず、もっぱら薬＝滋養強壮に用いていた。ともあれ、怒濤《どとう》のごとく押し寄せた南蛮の品々は、やがて日本流にアレンジされ、二十年にして京坂地方に到達。五十年を経て、家康の牙城ともいうべき江戸にももたらされた。してみれば、今日の日本料理の多くは、家康の政敵といえなくもない。

〝金遣い経済〟とドミピン

とともに、米を経済の中心にもってきたことの無謀さが、やがて歴代将軍のうえに――もとより、幕末の江川太郎左衛門のうえにも――覆い被さってくることとなる。

考えてみるとよい。米は年々、取れ高が高低した。豊作の年もあれば、不作の年もある。しかし一度定められた石高は、それに応じて上下してはくれない。

ここで堪忍自重すればよかったが、武士は元来、財政・算術に弱いもの。流通しはじめた物資を入手するため、当初、知行地からとれた米の半分を換金していたのが、やがてそれでは足りなくなり、来年とれるであろう米を当てにして、商人から金を借りるようになってしまった。が、この安易な借金は、不作がつづけば返済は不可能となり、それどころか借財は利息が利息を生んだ。

しかも、豊作となれば米の値段は下がり、不作となれば高騰する。世の中の農業生産高があがり、領内で食べる以外のもの＝余剰の農作物は、全国の流通に乗り、銭と取り換えられる仕組みが徐々にできた。世間の実態は、〝金遣いの経済〟に移行したにもかかわらず、〝米遣いの経済〟はそれについていけない。

「とりわけ参勤交代がのォ、やりきれぬわ」

三百諸侯に問えば、皆、口を揃えて愚痴《ぐち》ったに違いない。

国許は自給自足でしのげても、国許と江戸を往復するように定められた参勤交代（原則、毎年四月に一年ごとの参勤）は、そうはいかない。道中は〝金遣い経済〟＝通貨を用いての支出を強いられることとなった。

しかも家康は、自らの体制の基軸に〝常時戦場〟――士農工商の身分制度とともに、武士団の生き方も戦国時代そのままの、臨戦編成を基本に定めてしまった。平時の閑職である留守居役が、役料五千石もとるのは、戦時の城郭司令官を想定してのものであり、平時に重要な働きをする、たとえば江川家の当主、太郎左衛門英龍の父・英毅（三十五代）は、代官になって拝領した家禄は百俵十人扶持にすぎなかった。

この「俵」は、直接の知行地をもたずに切米《きりまい》で家禄を支給される形態をいった。現米を、幕府の米蔵から受け取るのである。こちらは春・夏・冬の三期に分けて支給された。

ちなみに、江川英毅の百俵は代官の平均的な年収であり、ほぼ百石取りの御家人と同等と考えて差し支えあるまい。一俵は四斗詰めの米俵であり、一石あたりの年貢は実収四斗であった（ただし、四公六民の場合）。一石は目方に直すと、百四十キロ。四斗俵は一俵、五十六キロである。

仮に現在の標準米十キロを五千円とすれば、一俵はその五・六倍となるので、二万八千円。百俵だから百倍して二百八十万円が、彼の年収となる。月給に直せば、二十三万三千余円となる。これには無論、ボーナスはついていない。

加えての、「十人扶持」とある。

一人扶持は一日玄米（精白していない米）五合の割で支給されるから、十人扶持で五升の支給となる（升は斗の十分の一、合の十倍、約一・八リットル）。月に置けば、三十日として三十倍、十五斗となる（一斗は一八・〇三九リットル）。大雑把《おおざっぱ》に、一斗が十四キロだとすれば、二百十キロとなり、先のごとく十キロの標準米が五千円だとすれば、十万五千円となった。

すなわち、これが一ヵ月の勤務手当となる。「役料」といい、これは代官の属僚の手当や役所の諸入費にあてられた。三期には分けず、毎月末に支給された。

蛇足ながら、武士を辱める言葉に、

「おい、このド三《さん》ピン」

というのがあった。ここでいう〝三ピン〟は「三両一人扶持」の略語。江戸時代を通じて、最低の武士の俸給がこれであったことに由来している。

一人扶持は、年間二百五十五キロ。米十キロを五千円とすれば、十二万七千五百円。これを本給の年三両（十四万円から十五万円）を加えて算出すると、年額で約二十七万円。一ヵ月で約二万二、三千円にしかならない。

彼ら「三両一人扶持」は三度の食事は主家持ちとはいえ、これではとても生活はしていけまい。内職に励んだであろうが、ときにならず者に侮辱されても、「なにをーッ、無礼者」とやり返す気力は湧かなかったかもしれない。

徳川幕府の実力

――話を、幕府へ戻そう。

江川英毅のように、その支配管理地が六万から七万石あった代官ですら、今日の月給に直せば、二十三万三千余円でしかない。これは、戦時における代官が、合戦そのものではなく、その後方にあって、兵糧調達の任を請け負っていたことに由来していた。

また、この戦時体制は、各大名を個別に独立させたため、今風にいえば、〝国税〟の徴収を忘れる、というとんでもない弊害も生んでいた。幕府は各大名家から、国税に相当するものを受け取っていなかったのである。

各々の大名領であがる収穫は、地方税として大名が徴収し、支出していた。

今からふり返れば、考えられない経済の未熟さであったといえよう。

そもそも、幕府の石高はいくらあったのだろうか。

大まかに分けて、幕府の財用は、朝廷に捧げる「御料所」（二万石、幕末になって四万石）と、公領たる幕府領＝天領、それに「御三家領」と「大名領」に区別された。

いずれも、その領内からとれる米で、各々の格式、身分が決められたわけだ。

文久元年（一八六一）というから、明治維新の七年前、この年の幕府勘定所の記録に拠れば、次のごとくであった。

幕府領……四百十四万三千五百五十九石
御三家領……百七十二万七千九百十八石
大名領…………二千九十万七百五十二石

これをみれば明らかなように、俗にいう〝徳川八百万石の実力〟というのは、いささかオーバーで、実際はその半分程度の収入であったことがしれる。

これに対して、文化十四年（一八一七）＝江川太郎左衛門が十七歳のおりの、幕府の予算をみてみると、

二百六十二万五千九百九十八石

となっていた。これは主として、幕府の行政費と人件費の総額とみてよい。

ちなみに、この年の全国生産高は、

二千九百六十五万七千二百三十石

であった。つまり、日本全国の米の、十分の一が幕府の経費にあてられていた、ということもいえそうだ。

さて、幕府領＝天領の約四百万石の収入＝年貢米を扱ったのが、郡代《ぐんだい》と代官であった（この名称は、大名家にもあった）。ちなみに、郡代は五万石以上の領地を、代官は五万石を棟梁として支配した、と考えればわかりやすいかもしれない。

土地は通常、上田《じょうでん》・中田・下田に分けられ、一反（三百坪、約九九二平方メートル）の収穫を上田は一石五斗、中田は一石三斗、下田は一石一斗と定め、収穫した。

もちろん、全部を取りあげたら農民は生きていけない。

先にも触れたごとく、幕政の初期にあっては「四分六《しぶろく》」で分け、農民の取り分が六、役人がもっていくのは四割であった。もちろん、年によって郡代・代官の判断で、豊作不作を考慮し、「三公七民」とすることもあった（標準年貢収納率を「三つ五分免」＝三割五分とする記録もある）。

が、郡代・代官の成績はとかく、収穫量の多さによって計られたので、勢い出世欲のある郡代・代官の中には、「苛斂誅求《かれんちゅうきゅう》」を農民に行なう者も少なくなかった。

江戸時代、郡代や代官の苛政、違法行為によって惹起された一揆は、五十三件にのぼっていた。五代将軍・徳川綱吉《つなよし》の治世二十九年間だけで、死罪や免職となった代官は三十四人。推して知るべし。郡代や代官は多くが三代ぐらいで失脚、転身するか一代で終わるのも決して少なくなかった。

農民と直に接し、権力を握っているわけだから、不正や私曲をやらない者の方が稀であったのかもしれない。少なくとも、よほど人間のできた者でなければ、全うできなかったといえる。

家康に天下を取らせた、徳川四天王の一・本多平八郎忠勝《ほんだへいはちろうただかつ》は、

「代官と徳利は必ず縄がついている。代官役をする者は大名狂言の役者のようなものだ」

といったことがある。算勘に明るい半面、贅沢な暮らしをして、預かった年貢を使い込み、ついには悪事が発覚して失脚する……。縄付きが出る、と忠勝はいいたかったのであろうか。

幕府は慶長七、八年（一六〇二、三）の段階で、公領・私領に「諸国郷村掟」を出していた。

「もし、代官に非分な（身分に過ぎた）ことがあれば、直接、訴え出るように——」

と触れたものだが、この頃、すでに悪代官の年貢収奪をはじめ、私曲が行なわれていたのだろう。もし、悪代官がいなければ、触れを出すこともなかったはずだ。

郡代と代官

幕府は郡代・代官に対して、その心得を説いた通達をくり返し出している。

正保元年（一六四四）正月に、幕府は関東代官（江戸町奉行、勘定方管轄以外の関東在方の代官）に対して、次のような「覚」を出していた。

覚

一、前に仰せ出されし法令の旨、いよいよ怠慢なく申付くべく、もし疎脱するにおいては、過失たるべし。

一、所管の地、諸事心入れて私曲なく、年々竹木を植え、山林を繁殖せしめ、郷邑《きょうゆう》（村里）も豊饒《ほうじょう》（農作物が豊かに実る）に及ぶべきようにはからい、農民を扶助して生産を滋息《じそく》せしむ（努めいそしむ）べし。

一、毎事正路（正しい道）にし、奢侈《しゃし》をいましめ、心の及ぶ処《ところ》を計較《けいこう》（はかり比べ）して公役を膠滞《こうたい》（にかわでつけたようにとどこおること）せしめず、負債せざるよう常に心がくべし。堤防あれば河の浚利《しゅんり》（深さや流れ）等、年々正月十一日より造築をはじめ、旱地《かんち》（ひでりの大地）には水便をはかり、水損の地は溝渠《こうきょ》（みぞ、ほり）をふかくして水道を利すべし。

一、所管の池、私《わたくし》の借物、私の売買停止すべし。また私に耕作すること無用たるべし。但し新田開墾の所は庁（勘定所）にきこえ上げて指揮にまかすべし。

一、年貢米は下知なくてその地において売払うべからず。

一、関東の年貢米は米一俵を三斗七升とし、そのうちより口米一升をとり、口銭は永百文につき三文ずつとるべし。関西の国々は米一石に米三升たるべし。この外とるべからず（口米、口銭をこの率でとり、属僚の手当および代官所の費用にあてた）。

一、年々公収の割付を農民に見せ、加判いたさせ、その後、訴えごとなからんよう申付くべし。

一、年貢米入念にし、升目高下なからんようすべし。

一、代官所、人馬を出すときはその公役を注記し、券もてつかうべし。（以下、省略）

『武家編年事典』によれば、次のような記述がみられた。

この年（正保元年）三月、諸国代官所の諸経費が定められた。幕府の代官は、およそ高五万石に一陣屋がおかれ、それ以下のもの、または十万石以上のものは極く稀れであった。

そこで標準を五万石におき、費用五百五十両、月俸七十人扶持、すなわち一万石につき金百十両、十四口と定めた。この標準通りのもの左の通り。

山城　大和　摂津　河内　和泉　播磨　近江　美濃　伊勢　三河　駿河　遠江　飛驒　信濃　越前

武蔵　相模　下総　安房　上総　常陸　上野　下野　伊豆　甲斐　陸奥　出羽。

しかし、例外的に高五万石に対し、金六百二十両（月俸は同じ）のものに、備後、但馬、備中、丹後、美作、石見の代官がある。さらに五万石につき七百両を支給されたものに、豊前、豊後、日向、筑前の代官があった。

一方、五万石以下の代官の場合、三万石以下は三万石分の費用、三万石余は四万石の費用、四万石余の代官は五万石分の費用が交附された。この一ヵ年の費用は二月、七月、十一月の三度に分けて支給された。代官が免職または死んだ時、費用は月割りとなり、新任者の場合もその月以降下附される。

また所管の地に増減があっても、その分だけ月割りになるのが原則であった。従来は高五万石につき、費用六百両に月俸七十人扶持だったから、この年の規定で五十両削減された。（小野武雄編著『江戸物価事典』）

話をはやく他へ転じたいと思いながら、郡代と代官のことに筆者はこだわっている。郡代は関東・飛騨・西国（九州）および美濃にあり、十万石以上の支配地を監督した。それに比べ代官は、五万石から十万石くらいの直轄地に、自らが出向いて采配している。代官の支配領地は、「代官所」あるいは単に「支配所」といい、代官の居室は「陣屋」、執務するところを「役所」と称した。警察、裁判などの公事《くじ》を扱う公事方と、財政と人別事務を扱う地方《じかた》に、二分されるのが一般であった。

郡代は禄高四百俵を基準とした布衣《ほい》（お目見《めみえ》以上の者が着用）であり、百五十俵を基準とする代官よりは一応、身分や格式は上にあった。代官の数は江戸の初期、七十名以上を数えたが、整備されて四、五十名に中期以降は統合されることとなる。

郡代も代官も勘定奉行に属したが、百万石の直轄地を支配する関東郡代だけは、天明四年（一七八四）に老中支配となっている。この関東郡代は、伊奈《いな》氏の世襲であった。

とりわけ、その初代ともいうべき伊奈備前守忠次《ただつぐ》は、天下六十余州の郡代・代官の筆頭であり、すべての郡代・代官の模範――無論、太郎左衛門も――とした人物であった。

関東郡代・伊奈備前守忠次

伝説では信濃国に縁のあった家系で、家康の父・松平広忠《まつだいらひろただ》の代に松平家（のちの徳川家）に仕えたが、伊奈忠次の父・忠家《ただいえ》は、よほど血気の人であったようだ。

永禄六年（一五六三）に三河で発生した一向一揆の中で、一揆側として参戦。なんと、家康の生命《いのち》をつけ狙った。そのため和解後、逐電している。それでいて帰参の時期を狙っていた忠家は、天正三年（一五七五）の長篠《ながしの》・設楽原《したらがはら》の戦いで、家康の長男・松平信康《のぶやす》のもとに陣借《じんがり》をし、武田勝頼と甲州軍団との戦いのおり、武功をあげ、ようやく帰参がかない、そのまま信康付きの家臣となった。

ところが信康は、その後、家康の最初の妻＝正室・築山殿（信康の母）が甲州武田家と組んだ謀叛に関わりあり、とされて切腹を命じられてしまう。

「濡《ぬ》れ衣じゃ」

怒り心頭に発した忠家は、再び、徳川家を逐電。このとき二男の熊蔵《くまぞう》も連れられて、二人は和泉国堺にあった長男・外記助貞吉のもとを頼った。迷惑このうえない熊蔵は、このとき二十九歳。これがのちの忠次である。彼は父のおかげで、よほどの忍耐強い、苦労人として育ったようだ。

本能寺の変の直前、忠次は堺を訪れた家康の目前へ、同僚の斡旋《あっせん》で連れていかれ、改めての父ともども復帰がかなった。だが、このような経歴では、順調な出世は覚束ない。その忠次がどうして、代官頭から関東郡代となったのか。

天正十七、八年（一五八九、九〇）に行なわれた、当時の家康の領地――駿河・遠江・三河・甲斐・信濃の五ヵ国の検地、知行・年貢制度の一新を、忠次は任され、この難題を見事に解決したことによった。彼は徳川氏の代官頭となり、代官の総元締のような役割を担い、小田原攻めでは地味ながら、後背の兵站《へいたん》を担当し、道路・川普請も受けもち、遺漏なく徳川家の包囲作戦を支援した。

　理数の才に恵まれていたことは確かであるが、一面、忠次は父の血気さも受け継いでいたようだ。小田原攻めのおり、秀吉に真っ向から諫言《かんげん》している。

　自ら大軍を率いて、意気揚々と出陣した秀吉は、三河国吉田（現・豊橋市）まで来て、水かさの増えた大井川、富士川を前に一瞬、立ち尽くす。渡河を強行すべきかどうか、躊躇《ちゅうちょ》したのだろう。

　側近はしばしの滞留をすすめたが、気の急《せ》く秀吉は見守る将兵の手前もあり、空《から》元気を出して、

「何をいうか。たかがこれしきの風雨、進軍できぬことはあるまい。昔から軍法にもいう、進路に大河あり、雨あるときは、すみやかに急ぎ渡れ、と——」

　と、叱り飛ばすようにいった。このとき、秀吉の御前に進み出たのが忠次であった。

「恐れながら、急ぎの行軍に兵馬ともに疲れてございまする。ここは吉田に滞留され、天候の回復を待たれるが肝要かと存じます。かような風雨のおり、急ぎ大河を渡るは小軍の場合のみ。大軍の場合はどのように手を尽くしましても、若干の溺死《できし》者は出てしまいまする。そうなれば、十人流されても噂《うわさ》は百人となって宣伝され、それがためにかえって、味方の士気が衰え、敵の北条氏を利する結果ともなりかねませぬ。ましてや、こちらは関白殿下の大包囲網。五日や十日の遅延が、勝敗に影響するとは思われませぬ」

　きっぱりいい切った忠次に、秀吉は怒りをおさめて感服、しきりにその言を褒めたというが、忠次には算勘に明るい才覚を用いる前提＝戦局全般を見通す能力があった、ということであろう。

小田原落城後、秀吉にまかされた家康は、没収した北条家の米蔵の調査を忠次に命じた。彼は調査完了を日ならずして主君に伝える。あまりの早さに、家康が本当に精密調査をしたのか、と詰問したところ、忠次は笑いながら、

「あれだけの糧米を、この落城のどさくさに正しく把握することはできませぬ。ひとまず蔵は封印し、厳重に監視させております。平穏を取り戻してから、ゆるゆると調査をいたしたく存じます」

家康も、秀吉と同様、そのゆったりとした忠次の臨機応変の処置に納得したという。

やがて家康の関東入国となり、武蔵国鴻巣・小室領で一万石を給された忠次は、新天地の検地・知行調査の采配を一任された。彼は地域開発にも腕をふるい、灌漑《かんがい》工事を進め、百万石以上の土地開発に父子二代で成功している。

その一方で、関ヶ原の戦いの前夜、家康が率いた会津上杉討伐軍では、大久保長安、彦坂《ひこさか》小刑部《こぎょうぶ》元正《もとまさ》らと小荷駄《こにだ》奉行をつとめ、味方の食糧や兵器の輸送にあたり、小山《おやま》評定ののち、一度、江戸に徳川軍が帰るおりには、利根川での殿軍《しんがり》をつとめた。

「それがしがここにあるかぎり、たとえ数万の敵が奥州より攻めかかってまいりましても、決して渡河をさせるものではありませぬ。どうぞ、ご安心めされよ」

——忠次は、その働きにより従五位下備前守に任ぜられた。

また、甲斐の代官を兼ねたおり、力自慢の悪党が暴れていると聞いた忠次は、手代を連れてすぐさま乗り込み、一刀両断、この悪党を手討ちにしている。腕にも、相当の自信があったのだろう。加えて、

牢人生活が長かった彼は、よほど窮乏生活を強いられた経験があったようだ。生涯、勤倹を守り、質素な生活を貫いた。

慶長十五年（一六一〇）六月十三日、六十一歳でこの世を去っている（五十七歳説も別にある）。

〝旗本八万騎〟の収支決算

蛇足ながら、伊奈忠次は例外的な成功者であったが、業績では彼と並び称せられる、大久保長安も彦坂元正も、ともに晩年がよくなかった。長安はその死を待ってましたとばかりに、生前の謀叛の嫌疑をかけられ、幕府に一族郎党は処刑され、その全財産は没収されている。

『当代記』に伊奈忠次・大久保長安と並んで、家康の知行方、〝三目代《もくだい》〟の一人に数えられた彦坂は、相模・伊豆をはじめ奥州の幕府領も治め、江戸入国後は江戸の町奉行もつとめた切れ者であったが、突然、家康から閉門をいい渡された。慶長六年（一六〇一）十一月、彼は伊豆金山《かなやま》の支配も任されていたが、どうやら採掘技術の研鑽には、あまり熱心ではなかったようだ。併せて、同十一年正月に、農民の上訴によって失脚した。このとき、彦坂家は絶家となっている。

大久保長安も彦坂元正も、優秀ではあった。が、中途で構陥《こうかん》（謀って人を罪に陥れる）に会い、奇禍（思いがけない災難）を招き、その終わりを全うできなかったのは、とにかく郡代・代官が扱うものが〝財〟＝民衆の利害であり、生命《いのち》の糧であることに尽きた。

いかに保身を工夫し、精神を正しても、これほど難しい役職も、江戸時代なかったのではあるまいか。

さて、幕府領から集められた米の運搬であるが、関八州なら米俵にして、陸路を大八車に載せて運んだ。遠国からは海路を使い、船で輸送している。

江戸最後の慶応四年（一八六八）閏四月、江戸総攻撃に向かってきた東征軍（官軍）の総督府に、将軍家の家族たる御三卿の一・田安慶頼《たやすよしより》が提出した書類に拠れば、石高による支給は、「三百六万五千五百八十石」とあり、それ以外の領地をもたない幕臣は、先に触れた〝切米〟で現米が支給された。「四十一万五千百十二石」。

併せて、役職手当に相当する「役料米」は「五千八百三十石」、役金・手当などは「十万二千六百六十両」となっていた。

そもそも徳川家の旗本は、江戸期を通して五千二百から五千三百家前後である。とても〝八万騎〟には届かなかった。将軍御目見《おめみえ》以下の御家人が一万七千余家であったから、双方足しても〝八万騎〟の四分の一程度でしかなかった。

ついでながら、旗本は三千石以上を上級といい、以下と大きく区別をした。上級は臨戦体制下の武官が多く、番方（武官）の「石」に比べて、役方（文官）は「俵《ひょう》」が多かったように思われる。

もっとも、この「石」と「俵」に実際、さほど差のなかったことはすでに述べた。

幕府は全国の六分の一にあたる土地＝主要なものとしては、四百万石の徳川家固有の領地、加えて町奉行や勘定奉行の支配する直轄地、およびほかの大名に預けてある土地をもっており、ここから納入されるお米が、歳入の主要部分を形成していた。

これらの補助として運上金（農業以外の産業従事者に課せられた租税）、全国の金銀山からあがる金銀の納入、ほかに献上金、小普請金などの収入が幕府にはあった。

年貢収入……………百六十五万八千三百九十両
流通収入………………七万一千二百二十一両
鉱山収入………………六万二千四百九十両
献上金等の収入………………八千四百十五両
小普請役金等の収入……二万七千三百六十三両

合計は百八十二万七千八百七十九両となる。

これら以外に、貨幣を改鋳することによって得られた鋳益金や御用金があった。

弘化元年（一八四四）の記録では、あわせて四百一万一千七百六十六両とある。

これらの収入は本来、国家の財用＝公儀＝政治財源と徳川家のものとに分け、もし足りなければ大名たちから、改めて徴収してしかるべきものであった。

ところが家康は、この公私の区分が、あまり理解できていなかったようだ。

たとえば、参勤交代で使わせる膨大な支出を、大名たちから現金で納めさせるようにすれば、幕府にとっては巨大な財源となったはずだ。にもかかわらず、家康は各々の土地で起きたことは、その地を管理する者＝幕府や大名が責任をもって処理するのは当たり前だ、ぐらいに甘く考え、幕藩体制を創ってしまったように思われてならない。

この家康の大雑把さ、深く気に留めなかった経済的愚行を可能にしたのが、全国から輩出した金銀の産出であった。

しかし、世界のトップクラスであった日本の金銀の産出も、五代将軍・徳川綱吉の元禄時代には、すでに多くは赤字経営に陥ってしまっている。金蔵に仕舞われた幕府保有の金塊も激減し、幕府もそのミニチュアである諸藩も、江戸中期には早々と財政破綻《はたん》をきたすこととなっていく。

幕藩体制の致命傷

なぜ、彼らは奈落の底に落ちたのか。

巨額の支出を強要する臨時費が、次から次へと幕府に襲いかかったからである。幕府の面目をかけた日光東照宮の造営、天草・島原の乱の鎮圧、度々起こる大火・地震・水害の天変地異における対応。幕府の財政は坂道を転げ落ちるように赤字となり、その傷口を広げていった。新たな財源がないのであるから、できることといえば質素倹約の奨励のみ。当然といえば、当然の結果であったろう。

なかでも、どれほど天災が恐るべきウェイトを占めていたか、明暦三年（一六五七）の江戸における大火事ひとつをみればよい。この大火は西丸を除いて、江戸城のことごとくを焼失させた。このおり、史上最大の天守閣も焼失したが、幕府はついに財政の負担を考え、再建を断念している。徳川家の面目＝天守閣再建をすることもできないほど、幕府は財政に窮していたのである。

江戸城の復旧費や大名・旗本への貸付・下賜といった費用は、本来、国の負担でやるべき領分であったが、幕府と不分離の徳川家は、四百万石に多少上乗せした財源しかもっていなかったにもかかわらず、一方で旗本・御家人を養い、天領の整備をして、さらに他方、どれほどのことができたであろうか。

幕府のやったことといえば、御用金を上納させるぐらいのことでしかなかった。

この御用金は、宝暦十一年（一七六一）に大坂の豪商に命ぜられたのが最初だといわれている。江川英彰《ひであき》が、伊豆・相模・甲斐の支配六万石の代官を命ぜられた三年後のことであった。

この頃、すでに幕府財政は、二進も三進もいかない状況に陥っていた。

租税による歳入だけで、国費（国家運営費）が十分に賄えない、とはわかっていながら、抜本的な手は打てず（神君家康公の遺言のため）、補う方法としては御用達商人たちに対し、半強制的に金銀の上納を命じるだけであった。

本来、豪商たちから集めた金は、献金ではない。償還されてしかるべきものであったが、幕府は最後まで十分な償還の約束を果たさなかった。

ちなみに、御用金は〝米遣い経済〟が〝金遣い経済〟に移る過程で、米価の調節をするために集められ、その用途に使われたものであったが、のちには江川太郎左衛門の深く関わることになる、海防費にもまわされることとなる。

筆者はよくいうのだが、「ペリーがやって来て、日本は明治維新になった」というのは、きわめて短絡的な考え方であり、もし、ペリーが来航しなくとも、組織疲労を起こしていた幕藩体制は、すでに失速しており、自壊寸前であった。早晩、崩壊するしかなかったのである。とどめを刺したのが、内憂外患――なかでも欧米列強の日本進出であった――と考えるべきであろう、と。

――すべては、家康の遺言からはじまった。

ところが、十八世紀から十九世紀にかけてイギリスで興った産業革命は、家康の予想をはるかに超えるスピード、質量で、日本へ蒸気船を向かわせることになる。

幕藩体制の建前では、海に面した領地をもつ大名は、領内に侵入してくる外国船を、自らの責任をもって打ち払い、外敵の侵入を阻止せねばならなかった。だが、〝米遣い経済〟から〝金遣い経済〟に移行している世の中で、〝米遣い経済〟に縛られて身動きのとれない三百諸侯は、すでにこの頃、財政破綻に瀕《ひん》していた。とても国防、海防など、できる状態ではなかったのである。財政的に行き詰まっている諸藩は、とどのつまり幕府に泣きついた。

泣きつかれた幕府は面子《メンツ》のため、徳川の幕藩体制を守るためにも、無理やりない袖をふって、御用達商人に御用金を強要し、幾ばくかの海防費を捻出することとなった。

しかし、抜本的な経済改革を行なわないかぎり、建前の〝米遣い経済〟では結局は行き詰まりとなる。江戸期における幕府の三大改革――享保の改革、寛政の改革、天保の改革（詳しくは後述）がともに失敗したのは、煎じ詰めれば、「東照神君」家康の遺言を、ときの将軍・老中首座が覆すことができなかった、ということに尽きた。

江川太郎左衛門の悲劇と水戸徳川家の悲劇

逆にみれば、日本は好むと好まざるとにかかわらず、革命勢力がいずこからか立ちあがって、この特異な封建制度を突き崩し、破壊して、新しい体制＝〝金遣い経済〟を主導する以外に、方法はなかったともいえる。

日本史ではこの役割を、薩摩藩と長州藩を主力とする討幕派勢力が、やがて担うことになる。

その薩長二藩が現われる以前、日本に迫りくる欧米列強に対して、徳川の幕藩体制を死に物狂いで守ろうと奔走したのが、伊豆韮山の代官・江川太郎左衛門であった。

彼は一代官の身分で、接近してくる欧米先進国から日本を守るべく、考えるかぎりの知謀をふり絞り、その過度の激務の中で、この世を去っていく。

だが、太郎左衛門が示した未来へ通じる道を、後進たちがつづき、やがて幕藩体制をひっくり返すことになる。

源頼朝の登場による平家政権の瓦解、足利義政による関東公方の混乱＝乱世の先駆け、北条早雲による戦国乱世の幕開け、北条氏政の小田原落城による天下統一への道筋――云々。

歴史の皮肉は、旧体制を守るべく懸命に働いた人が、一方では革命の先駆者となってしまう点に明らかであった。

「私はご公儀（幕府）を壊そうなどとは考えたこともない」

江川太郎左衛門はそう、いうに違いない。

しかし彼は、日本陸海軍の基礎を創った人、とも定義されているのである。ちょうど、徳川家を守るべく、結果として幕藩体制を解体した幕臣・勝海舟《かつかいしゅう》と、太郎左衛門の役割はよく似ていた。そういえば海舟の、明治になってからの『氷川清話』に、太郎左衛門のことが触れられている。次に、引用してみたい。

江川太郎左衛門（坦庵《たんなん》）も、またかなりの人物であった。その嘉永・安政のころ海防のために尽力したことはだれも知っているだろう。この男は、山の中で成長して、常に遊猟などをして筋骨を練り、明け暮れ武芸に余念なかった。が、しかし、人の知らないうちに心がけていたとみえて、あるとき水戸の屋敷に召されて、烈公から琴を一曲と所望せられたのを、再三辞したけれども、お許しがないからやむをえず一曲演奏したが、その音ゆうようとして迫らず、平生武骨なのにも似ないで、いかにも巧妙であったから、列座のものが手を打って感嘆したということだ。

（勝部眞長編『氷川清話』角川文庫）

文中で話が出たついでに、江川太郎左衛門と重大な関わりをもつ、水戸藩についても触れておきたい。

〝御三家〟の一・水戸徳川家は、徳川家康の十一男・頼房《よりふさ》を祖として誕生した。

慶長十四年（一六〇九）、頼房は、常陸国（現・茨城県）下妻十万石から同国水戸二十五万石に移封され、元和八年（一六二二）には二十八万石に加増されたが、表高が三十五万石となったのは、二代藩主・光圀《みつくに》が没した翌年の元禄十四年（一七〇一）からであった。

尾張徳川家の六十一万九千五百石、紀州徳川家の五十五万五千石に対する三十五万石——それも実収は、三十万石も怪しいといわれ、それでいて江戸の庶民は、江戸定府で参勤交代のないこの藩主を、

「天下の副将軍」

などと、囃《はや》したりした。

水戸が〝御三家〟の中で、最も貧乏な藩であったことは重大である。

なぜならば、貧しくとも水戸は、〝御三家〟であるかぎり、格式、勤め向きといった面では尾張、紀州と少しも変わらなかったからだ。いきおい、水戸は清貧に甘んじなければならず、なまじ名君、賢侯がつづいたこともあって、彼らを触媒に、化学反応のように作用して、ここにいわゆる水戸的な風土＝水戸学といったものが発生、成長した。

物質的な貧しさを、精神的な豊かさに変えようというわけだ。

ただ、水戸学の誕生は二代藩主・光圀が尊皇を唱えてから、たえず幕府から猜疑《さいぎ》の目で見られるという副産物を生み、八代藩主・斉脩《なりのぶ》の死に伴う藩主継嗣問題で、保守派と改革派の争いが表面化したおりにも、水戸学の解釈がこの政争を左右することになってしまう。イデオロギーとは、実に厄介なものだ。

幕末の一時期、一世を風靡《ふうび》し、日本で最も影響力をもつ男となる徳川斉昭《なりあき》は、水戸学にたゆたうごとく、寛政十二年（一八〇〇）三月十一日、七代藩主・治紀《はるとし》の第三子として生まれた（江川太郎左衛門より

一歳年上)。

藩主継嗣問題は、八代を継いだ兄の斉脩に子がいなかったため、岳父(妻の父)であった十一代将軍・徳川家斉《いえなり》が、わが子の恒之丞《つねのじょう》(清水家に養子、のち斉彊《なりかつ》)を次期藩主に入れようとし、それを迎えようとする保守派の立原翠軒《たちはらすいけん》ら藩重臣と、斉脩の弟・斉昭を立てようとする藤田東湖《ふじたとうこ》、会沢正志斎《あいざわせいしさい》ら革命派の下級藩士が激しく対立して争い、ついに改革派の勝利となって、斉昭の九代藩主就任をみた。

ときに、文政十二年(一八二九)のことである。

三十歳で藩主となった斉昭は、東湖や正志斎ら多くの有能な人材を、身分、門地を問わず抜擢《ばってき》して藩の政治に参加させ、同時に、二代藩主・光圀がはじめた『大日本史』編纂《へんさん》の事業を継承し、強化する方針をとった。

この『大日本史』編纂を中心とする水戸の学問＝水戸学の根底にあったのは、いうまでもなく〝尊皇〟思想だが、斉昭の代になって夷《えびす》に対する危機感——文政七年(一八二四)、水戸藩の北端にイギリス船が現われ、乗組員が上陸したため黒船騒動が起こった——が加わり、〝尊皇〟プラス〝攘夷〟の思想に発展した(文政八年二月には、幕府による異国船打払令が出ている)。

東湖や正志斎らが著わした書物は、やがて全国の憂国者たちに、〝尊皇攘夷〟の聖書のごとく読まれるようになる。一方、斉昭は東湖を側用人《そばようにん》に起用すると、自らの就封に反対した立原翠軒ら保守派の人々を藩政から遠ざけ、積極的に藩政改革を推し進めた。

以来、斉昭が藩政改革を推進し、めざましく活躍するのは、弘化元年(一八四四)に藩主の座を退くまでの十五年間であった（詳しくは後述）。

蔭山殿（お万の方）と於八の方

――少し脱線を許されたい。

海舟の談話から、烈公（徳川斉昭）が出たついでに、紀州徳川家についても触れておきたい。紀州藩祖は、家康の十男・頼宣《よりのぶ》であった。頼宣の弟が、十一男の頼房である。

この兄弟の母は同じ、蔭山殿《かげやま》（お万の方）であり、その実家が伊豆韮山の江川家であったというのだ。

もっとも、これではいささか正確さに欠ける。正しくは、蔭山殿は上総国大多喜城主・正木左近大夫《まさきさこんだいぶ》邦時《くにとき》の娘であった。天正十八年（一五九〇）の小田原落城のおり、邦時は北条方の人質となっていたが、妻と一男一女を伴って、伊豆加殿（現・伊豆市加殿）の妙国寺に蟄居することになる。そして邦時は、ほどなく死去してしまった。

あとに残された妻は、健気《けなげ》にも二人の子を連れて、伊豆の河津郷《かわづ》笹原《かさはら》城主の蔭山勘解由《かげゆ》のもとへ再嫁した。連れていった女の子が、のちのお万の方であり、蔭山殿と呼ばれたのはこのためである。

お万の方の出生については、別な説もあった。伊豆徳倉の貧乏な百姓の娘で、三島に出て宿屋の手伝い奉公をしていたとき、たまたま小田原征伐が起こり、出陣していた家康が、三島にやってきて、入浴中の彼女を見て、ぜひにと側室に求めたともいう。

「家康には、二妻十五妾があった」

と、江戸学の三田村鳶魚《みたむらえんぎょ》はいったが、実際はそれ以外にも幾人かの女性はいたようだ。

だが、数多い妻＝側室の中で、その才色兼備を愛され、一番子宝に恵まれて、幸せな後半生を送ったのは、間違いなく蔭山殿（お万の方）であったろう。

なにしろ彼女は、慶長七年（一六〇二）三月七日に頼宣を産み、翌年八月十日には頼房を授かっている。兄の頼宣は家康の十男として、紀州徳川家の祖となり、そして弟の十一男となる頼房が水戸徳川家の祖となった。頼宣をもうけたとき、家康は六十一歳。頼房をもうけたときは六十二歳であった。

そのお万の方が家康のもとへあがるおり、伊豆の名門・江川家の養子という体裁をとった。それゆえに、御三家のうち、二家の藩祖の生母を、形式上とはいえ出した江川家の覚えはめでたかった、といえる。

お万の方はきわめて信心深く、日蓮宗の熱心な信者で、駿府沓谷《くつのや》（現・静岡市葵区沓谷）に貞松山蓮永寺《ていしょうざんれんえいじ》、現在の清水区村松に観富山龍華寺《かんぷさんりゅうげじ》などを建立している。

彼女は七十七歳で、江戸の紀州藩邸で亡くなった。法名は、「養珠院殿妙紹日心大姉」である。

なお、水戸頼房には於八《おはち》の方（別に於勝《おかつ》の方、於梶《おかじ》の方とも）という「准母《じゅんぼ》」（母に擬された女性）があった。太田道灌の末裔《まつえい》、太田康資《やすすけ》（曾孫）の娘ともいうが、どうやら事実はそうではなく、一介の牢人者の娘で、大奥にあがって十三歳のおり、家康の手がついたという。このとき、家康は四十九歳。

その後、於八の方は徳川家の家臣・松平正綱《まさつな》に一度、下げ渡されたが、なぜか一ヵ月ほどで再び、家康の側室に戻っている。関ヶ原や大坂の陣に伴った愛妾というのは、彼女のことで、関ヶ原の戦いのおり、勝者となった家康は、已れが陣取っていた場所を「勝山」と称し、於八の方も「お勝」と改名させて喜んだ、とも伝えられている。

家康が六十八歳のおり、彼女は一女をもうけたが、三年ほどで夭折《ようせつ》。於八の方は家康をかきくどいて、お万の方の産んだ頼房を、自らの養子にと強請《ねだ》った。ゆえの、「准母」である。

寛永十九年（一六四二）に六十五歳で没したが、於八の方が頼房を養子としたため、当初、江川家は水戸、紀州の両家のうち、より紀州頼宣に近かったのかもしれない。

頼宣は熱海に湯治に来て、韮山の江川屋敷で宿泊したこともあり、鷹狩りなりども楽しんでいる。江川英暉《ひでてる》（三十一代）もかわいがられ、小袖を拝領したこともあったようだ。それゆえか、江川家を巻き込んだ不幸な事件も、水戸ではなく紀州との関わりで起きていた（後述）。

父・江川英毅にいたる

江川家は二十六代の英元《ひでもと》以来、代々「太郎左衛門」の通称を継承し、同時に代官の重責を担ってきたことは、すでに触れている。また、そのスタートにおいて、北条氏における江川家の家禄五千石にかわって、物成米《ものなりまい》十分の一を給せられたことも、述べた通りだ。

結果、幕藩体制の矛盾に引きずられるように、江川家の財政は破綻に追い詰められていった。

すでに銘酒「江川酒」の製造・販売はやめている。代官として世に立っていた江川家は、窮迫する財政を幕府からの貸米でどうにかしのいできたが、世上は人口が増えてインフレとなり、そもそもの年貢の収穫は増えず、価値は下がる一方、御料所の村々が少しずつ他領に区分され、土地全体の縮小もあった。英暉(三十一代)の代には、幕府からの貸米の利息も払えぬほどの窮状に陥ってしまう。

幕閣の方々へ運動してようやく、物成十分の一のかわりに、伊豆・相模・武蔵の十万石支配の代官に改めて補せられ、元禄六年(一六九三)には百五十俵を支給されることとなった。

「やれやれ……」

一安心したところが、次代の英勝《ひでかつ》(三十二代)は突然、幕府から米を借りていながら返済の滞っていることを、いまさらのように叱責され、あげく部下の働いた不正をも口実に、代官職を奪われるにいたった。拝謁も停止となる。

すべては、幕府財政の悪化のしわ寄せが、背景であったかと思われる。が、英勝はこの時勢を己れの宿縁と受け止めた。

「このままでは、江川家は潰《つい》える」

英勝は、鎌倉以来所有する山林を新田に開発すべく計画を立て、その許可をとり、新田畑を開いて、従来から収穫のあった金谷村のものと併せて、「御囲地作徳米」と称し、毎年三百俵余の収穫をあげることに成功した。これがしばらくは、江川家の基礎収入となる。

英勝の子・英彰《ひであき》は、寛延三年(一七五〇)五月にようやく代官に返り咲き、当初は常陸・下総に四万石（のち六万石）の支配を命ぜられた。その後、采配する国が少しずつ変わり、伊豆・相模・甲斐の六万石に転じたのが、すでにみた宝暦五年（一七五五）のことであった。

「これで……ようやく、なんとかなるか……」

三十四代の英征《ひでまさ》（太郎左衛門英龍の祖父）は、ふと一息入れたくなったのかもしれない。

そもそも、代々の代官仕事が性にあわなかったのだろうか。ふいに職責はそっちのけで、文人墨客と交わり、大いに遊芸の世界ではしゃぎはじめた。

後世の史家はこの人を嫌うが、筆者はこの人の血に、孫の太郎左衛門の、ある種の多芸ぶりを重ね合わせるのだが、これはひとまず置こう。

英征が代官所を顧みず、家来まかせにしたため、綱紀は乱れ、家政までも乱脈に流れ、せっかく再興された江川家は元の木阿弥――奈落の底へ再び突き落とされて、財政は破綻した。

借財は次代の英毅に、そのまま背負わされる仕儀となった。江川家の三十五代、すなわち太郎左衛門英龍の父である英毅は、その子の人物像を知るうえで重要であった。

明和七年（一七七〇）二月三日、英征の二男として英毅は生まれていた。字《あざな》を日暹《にっせん》、号して槐園《かいえん》、南屏《なんぺい》、止々庵《ししあん》。あるいは韮山翁《きゅうざんおう》と号した。

寛政元年（一七八九）八月、部屋住みからはじめて、十一代将軍家斉に御目見《おめみえ》を賜わり、翌年には小十人組（警備の役職の一つ）――すなわち番入りを果たし、百俵十人扶持、代官見習を老中松平和泉守乗完《のりさだ》より命じられる。

寛政四年（一七九二）閏二月、父・英征が病没し、三ヵ月後、老中・戸田采女正氏教《うねめのしょうじのり》から、正式に代官職を世襲するよう命じられた。ときに、英毅は二十三歳。

彼の人生は六十四歳で没するまで、終始一貫、

「代官とはどうあるべきか――」

この一事のみを、四十二年間、考えつづけたような生涯であった。とにかく、謹直な人であったといってよい。

聡明《そうめい》な人で、個人として絵画や文学を好み、江戸後期を代表する画家の谷文晁《たにぶんちょう》（詳しくは後述）や大国士豊《おおくにしほう》（後述）、柴野栗山《しばのりつざん》、朝川善庵《あさかわぜんあん》、市河寛斎《いちかわかんさい》、大窪詩仏《おおくぼしぶつ》、頼杏坪《らいきょうへい》などと交際をもち、漢文の研究もしたが、英毅はその楽しみの間にあってさえ、代官としての職責を片時も忘れることはなかった。

よほど、父・英征の行状が懲りたのであろう。

一方で管轄の新田開発、荒地の開墾、植林、河川や道路の改修など、土木殖産を懸命に手掛けながら、他方で父の残した借財の後始末に追われた。

ちなみに、多摩川・相模川・酒匂《さかわ》川・道志《どうし》川・狩野《かの》川・興津《おきつ》川などに稚鮎を放流し、鮎漁を領民の副業としてすすめた功績は高く評価されている。幕府は、黄金三枚を下賜して賞したという。

その采配地は相模・伊豆・駿河三国で五万四千五百六石余。「当分御預所《とうぶんおんあずかりどころ》」として伊豆と甲斐の国内に別に五千三百四十石余があった。それが晩年には、武蔵国多摩郡二万三千二百五十六石余が加えられ、総計七万二千三百三十四石余となった。

代官として、英毅は有能かつ善良であったようだ。加えて彼は、松平定信《まつだいらさだのぶ》の海岸派遣にも積極的に参加していた。林子平《はやししへい》の『海国兵談』も読んでいた形跡があり、伊能忠敬《いのうただたか》や間宮林蔵《まみやりんぞう》との学術的な交際もあったようで、のちの江川太郎左衛門を考えるとき、その基本に置くべきは、この父であったろう。

望月直好の割腹

英毅が名代官であったことは、皮肉にも江川家の財政破綻が雄弁に語ることとなった。先代・英征の借財が、積もり積もって千両に及んだ。

もしも、英毅が悪代官であったならば、天領の農民を搾取し、私曲して借金を減らしたであろう。それができず、否、考えたこともないところに、英毅の偉さがあった。

が、現実は困窮していた。

「このままでは、どうにもなりませぬ。せめて千両を都合しませぬことには……」

譜代の家来・望月直好《もちづきなおよし》（通称は鴻助）が、英毅の前で報告した頃、すでに太郎左衛門英龍は生まれていたであろうか。彼は享和元年（一八〇一）に、英毅の二男として生まれている。ペリーが日本にやってくる、五十二年前のこと。

英毅はそれまで、懸命実直に父の借財を減らそうと努力したが、現実は不正でもせぬかぎり、金利すらままならない状況に陥っていた。手代としてこの主人を補佐してきた直好には、主人の心中が痛いほ

ど理解できていた。気が鬱《うっ》した挙句、この方は、

（代官の職を辞され、腹を召されるのではないか……）

と思い悩んだ。

それだけは、なんとしても阻止せねばならない。

途方に暮れ、種々に苦慮した挙句、直好は藁《わら》をも縋《すが》るつもりで、御三家の一・紀州徳川家に借財の申し込みに出向いた。無論、独断である。

江川家は江戸にも屋敷をもっている。役所と役宅の併設。明和八年（一七七一）頃には本所三ツ目永倉町（現・東京都墨田区亀沢）、天明二年（一七八二）頃には本所南割下水《みなみわりげすい》の津軽藩上屋敷の門前にあった。江戸の地理に、直好は決して不慣れではない。

「何とぞ、お万の方さまの縁《えにし》によりまして、江川家の窮状をお救いくださいませ」

千両、お貸しいただきたい、と申し入れたが、紀州徳川家も幕藩体制の埒外にいたわけではない。藩財政はすでに、他侯同様に破綻していた。とても、聞き入れられる話ではない。

「すまぬが、どうにもならぬ。お万の方さまの縁というなら、どうであろう、水戸さまへ相談されては……」

家老の安藤禮右衛門《あんどうれいえもん》は、そういうしかなかったであろう。

水戸藩祖もお万の方の実子である。その心中を汲みとれたか否か、直好は通されていた客室で、いま一度の嘆願書を残して、割腹自刃を果たした。

幕藩体制の矛盾――〝米遣い経済〟から〝金遣い経済〟への移行の狭間《はざま》で、直好はそうしたことにおそらくは気がつかぬまま、気一本、武士らしい方法で決死の談判に及んだ。

紀州藩上屋敷は、大騒動になったろう。

ただ、直好はときの紀州徳川家の当主・治寶《はるとみ》（十代藩主）の度量に救われた。

「あたら忠臣を死なせてしもうたか」

この自害を聞いた治寶は、千両の借金に応じたという。

あるいは、藩祖頼宣が奨励し、代々、保護してきた紀州みかんの手堅い収入が、この千両を生み出したのかもしれない。

ふと思うことがある。もしも直好が、一命にかえて千両の工面に成功しなければ、はたして江川家は英穀から太郎左衛門英龍へ、代官職のバトンを渡すことができたであろうか。おそらく、多くの代官たちがそうであったように断絶して、伝承もことごとく消えてしまったのではあるまいか。

望月家は直好の一子・鵠助《こくすけ》が相続したものの、のちに絶家となった。忠臣の家としては、悲しい末路といわねばならない。

ところが、弘化元年（一八四四）二月、直好の孫によって、「望月家」は再興されることになる。

孫の名を、望月大象《だいぞう》――彼は文政十一年（一八二八）、下総国香取郡小見川村（現・千葉県香取市小見川）の郷士・京極顕徳《きょうごくあきのり》の二男に生まれていた。

実は、その母が直好の末娘にあたり、大象が十六歳で神道無念流の斎藤弥九郎《さいとうやくろう》（詳しくは後述）のもとに入門したことで、自分が直好の孫である――忠臣の末裔であることが、太郎左衛門にも知られるところとなり、急遽《きゅうきょ》、望月家のお家再興はなった。

大象は太郎左衛門のもとで学び、のちに長崎海軍伝習所の一期生として長崎に派遣され、「総督」（職務別の監督）の一人、勝海舟とともに、オランダ海軍のペルス＝ライケン中尉以下の講義を聴き、海軍の実務を学ぶ。

ついでながら、海舟は長崎への派遣が決まる前は、安政二年（一八五五）正月、下田取締掛手付に採用され、蛮書（蘭書）翻訳勤務を命ぜられていた。太郎左衛門のことは、よく知っていたであろう。

安政四年（一八五七）三月四日、第一期伝習生のうち、幕臣たちだけは一年数ヵ月の訓練を終えると、「観光丸」に乗船、自分たちでこの蒸気船を操舵・運転して、江戸に戻るよう命令を受けた。

ペリー来航後、わずか四年後のことであった。

「幕府海軍もようやく、ここまでこれたか……」

幕閣の多くの人々は、この航海に感涙したという。

この帰陣組の中に、大象もいたのである。

〝海防〟を焦る幕府は、江戸築地に長崎とは別に、新たな軍艦操練所を設け、千代田（江戸）城の防備を固める計画を実行に移した。軍艦操練所の教授方をつとめた大象は、師の太郎左衛門の死後、文久二年（一八六二）には、幕府の軍艦役、慶応三年（一八六七）には軍艦頭取となっている。

戊辰《ぼしん》戦争の鳥羽・伏見の戦いののち、江戸へひきあげる新撰組の近藤勇《こんどういさみ》や土方歳三《ひじかたとしぞう》、沖田総司《おきたそうじ》らを収容して、江戸へ帰還した「富士山」の艦長は大象であった。

その後、彼は長崎海軍伝習所の後輩・榎本武揚《えのもとたけあき》らに同調せず、行動もともにせず、江川家の家臣として、新銀座に移っていた江戸の江川屋敷の留守を預かり、明治になって韮山に帰ると、「仮研究所」（教員養成所）の漢学教諭をつとめ、明治十年（一八七七）三月八日に、この世を去っている。享年五十。

なお、大象が教鞭《きょうべん》をとった仮研究所＝韮山講習所は、太郎左衛門の愛弟子・柏木忠俊《かしわぎただとし》（詳しくは後述）によって、次代を担う子供たちの教育を考え、小学校教員の不足を補うべく、韮山江川邸と小田原に開設されたものである。

その伝統を今に伝えているのが、静岡県立韮山高等学校であった。

第二章

修行時代

渡辺崋山（田原町博物館蔵）

〝恐露病〟

江川太郎左衛門が生まれた享和元年（一八〇一）は、すでに〝幕末〟に区分してもよかったろう。内憂外患でいえば、外患――日本をとりまく環境、欧米列強の動きが活発化していた。なかでもロシアの存在が、幕府にとっては最大の頭痛の種となっている。

北の海を隔てただけの隣国でありながら、ロシアはわが国と〝蜜月〟と呼べるような、幸福な関係をもったことがついぞなかった。

日本の対露関係史は、その大半が〝恐怖〟の一色であったといってよい。

この大国が、明確な形で日本に姿を現わしたのは、ニコライ＝ペテロヴィッチ＝レザノフの率いる、第二次遣日使節が長崎に到着した文化元年（一八〇四）のことであった（望月直好の事件の翌年、太郎左衛門は四歳）。

が、少なくとも嘉永六年（一八五三）七月十八日、第三次の遣日使節として、軍艦四隻を率いて来日した、海軍中将エウフィミー＝ヴァシリエヴィッチ＝プチャーチンを迎える頃には、すでに日本人の対露感情――多分に憎しみと恐怖に彩られていたものはできあがっていた。

「ロシア人は信用できない」

今日なお、日本人の多くが潜在的に抱いているロシアへの、不信と警戒心は、歴史的にも意外なほど遠い過去からのものではなかった。

では、いつから反露先入観は生まれたのか。プチャーチンの来航する約八十年前——正確には、明和八年（一七七一）の夏、偶然、日本をかすめるようにやってきた、あるハンガリー人によって、口火を切ったことは存外に知られていない。

このとんでもなくお騒がせなこの男＝モーリッツ＝アウグスト＝フォン＝ベニョフスキー（一七四六～八五）は、長崎のオランダ商館長フェイトに、次のような内容の手紙を、唐突に送りつけた。

「私は有力な情報を得ましたので、この手紙によって光輝ある貴国オランダに対する敬意から、それをお知らせするものであります。すなわち、今年カムチャツカからガリョット船二隻、フレガット船一隻が、ロシア人の命令によって日本沿岸を巡航し、明年以降、松前および北緯四十一度三十八分以南の近隣の島すべてに、攻撃を加える計画について、準備万端を整えたようです。また、この目的に対してカムチャツカ近くのクリル（千島）諸島には一大要塞が建設され、すでに弾薬、大砲および倉庫等も整備されております」

この物騒な手紙を送ったベニョフスキーは、ロシア人ではなかった。ハンガリー人でありながら、ポーランドの軍隊に入ってロシア軍と戦い、捕虜となってカムチャツカに流罪となったところ、反乱を起こして脱走した前歴をもっていた。

ロシア船「聖ピョートル号」を奪い、ロシア人約九十名とともに、ヨーロッパへ逃亡する途次、千島列島沿いに南下して日本の四国沖にいたった。おそらく、ロシアに対する深い怨恨《えんこん》が、つい虚言を吐かせることにつながり、偽情報を作成・発送させる原動力となったのであろう。

ベニョフスキーは欠乏した食糧・薪水《しんすい》を入手するため、土佐の沖にやってきて、阿波の日和佐《ひわさ》の付近にも停泊、その後、奄美大島へと航路をとった。

この間、彼の一行は、日本人と接触している。土佐の漁民たちは、ウォッカやワインをご馳走になったと記録にあり、多分、日本人がロシア人を見たのはこのおりが最初であったろう。

ベニョフスキーの手紙は、親切なオランダ商館長から幕府に届けられた。フォン＝ベニョフスキーという名前は、のちに日本式に訛《なま》って、「はんべんごろ事件」としてわれわれの心の中に、深々と記憶されることとなる。

つまり、ロシアは日本人に意識された当初から〝侵略者〟であったわけだ。

幕府はこの時点で、この虚報に軽挙妄動してはいない。むしろ、ベニョフスキーの情報はロシアの陰謀などではなく、

「ロシアが対日交易を望んでいて、それを知ったオランダが、対日交易の優勢を保持したいがための、種々の雑説をいいふらしているのではないか」

とする、仙台藩医・工藤兵助《くどうへいすけ》の意見に注目・賛成し、北辺貿易の可能性を検討すべく、蝦夷地《えぞ》（現・北海道）への調査を実施したくらいであった。

幕府は冷静であったといってよい。ちなみに、このときの幕府の老中首座は、賄賂政治で後世、非難を浴びた田沼意次《たぬまおきつぐ》であった（詳しくは後述）。

冷静沈着な幕府に対して、むしろ動転したのは在野の警世家たちであった。彼らは「はんべんごろ事件」を、天地が晦冥《かいめい》したかと思われるほどに恐懼《きょうく》して受け取り、日本はこのままではロシアに侵略され、滅びる——『海国兵談』の林子平に代表されるごとく、「赤蝦夷」「ヲロシヤ」への警告を日本全国に、矢継ぎ早に発した。

張本人はピョートル大帝

これより以前の時点において、一方のロシアは日本に多大の関心を寄せていた。発端は、十三世紀末にベネツィアの商人マルコ＝ポーロによって喧伝《けんでん》された、『東方見聞録《とうほうけんぶんろく》』であった。中世のスペイン（イスパニア）、ポルトガルの二国が、争って世界一周の大航海を行なったのも、もとはといえば、この無責任な見聞録にある黄金の島——すでに序章で触れた〝ジパング〟——の発見が目的であったのだが、ロシアとてその願望は同断であった。

とくに、日本の元禄期から八代将軍吉宗《よしむね》の時代に相当する、ロシアの偉大な統治者ピョートル大帝は、〝ジパング〟に並々ならぬ関心を抱いていた。

この大帝は、ロシアの後進性——野蛮国というべきか——を改革すべく、西欧の文物を洪水のごとく注ぎ込み、一代でもってロシアをことごとく近代化路線に乗せたことで知られている。極端ないい方が許されるならば、古代から中世へ、そして日本の近世を飛ばして、近代国家を創ろうとしたようなもの。

のちに日露戦争で、日本の強敵として相まみえるロシア陸海軍の基礎を築き、およそ〝ロシア的〟といわれる旧習尊重主義、迷信、その他のあらゆる不条理をぶち破ったのは、ピョートル大帝であったといってよい。

換言すれば、ロシアはこの大帝の統治時代に、非ヨーロッパ陣営からヨーロッパ陣営へと乗り換えた、ともいえる。弱者から強者へ、被支配者から支配者へ。

日本が慌てて、ピョートルのロシア同様に、陣容を移ろうとしたのはそれから約百五十年後のことであった。大帝の先見性に満ちた改革は、旧ソ連にあって、ゴルバチョフ政権下で行なわれたペレストロイカなど及びもつかない、凄まじいものであった。「皇帝《ツァーリ》」というとてつもなく大きな専制力の、途方もない腕力の加わった変革であった。

このピョートル大帝が直々に、指揮したものの一つが、〝ジパング〟探求である。決して生半可なものではなかった。大帝は日本人がロシア語の単語ひとつ知らない頃、早々と日本語の読み書きをロシア人にさせていた。彼の〝日本熱〟は、ときを同じくしてロシアに漂流した、日本人デンベエの存在によって加速される。

日本の元禄十五年というから、赤穂浪士の吉良邸討ち入りと同じ西暦一七〇二年、この年の一月八日、モスクワでピョートル大帝に拝謁したデンベエは、問われるままに日本の国情について語った。

日本には鉄砲もあれば火薬もあり、信仰は神や仏、そして阿弥陀《あみだ》、八幡《はちまん》、観音尊崇《かんのんそんすう》などいくつもあること。日中貿易が行なわれていて、中国からは米・鉄・船材・象牙・魚骨などがもたらされ、日本からは木綿・絹織物・金・銀が売り渡されていることなどが、彼の口から語られている。

しかも、金銀貨幣は大判、小判があって、都と江戸の二ヵ所で鋳造されていること。仏像や殿堂も金・銀・銅などで造られ、食器類にも銀製、銅製があることなども言及していた。

「やはり、ジパングはあったのだ」

デンベエはほかにも、日本の統治者はクボサマ（公方様＝将軍）、長老をダイロサマ（大老様か、内裏《だいり》様《さま》＝天皇の意味か）ともいい、日本人の生活ぶりなども細かに語ったというが、ピョートル大帝はおそらく、日本に豊富にあるという金・銀のみに関心を示し、それ以外のことは上の空で聞いていたに違いない。

「急ぎ、ジパングへ使者を――」

大帝は日本との交易を強く望み、すぐさま日本への針路を探索させている。

併せて日本の軍備状況、日本人の各種の商品需要状況などを明らかにするよう指示した。

このあたり、単なる感情家ではない。彼は本気で、日本へ乗り込む意志をもっていた。

日本人が、蝦夷にロシアが攻め込んでくる、と戦慄《せんりつ》した七十年も前に、ロシアは日本との交易を求めて、まだ見ぬ日本を探索して、南下策を着実に進めていたわけだ。

いまひとつ、ロシアには、切実に、日本との交易を希望する要因があった。

毛皮シンジケートと日本への接近

ピョートル大帝を除くロシア人にとっては、むしろこちらの方が本命であったかもしれない。すなわち、食料と水であった。

この頃、ロシアという帝国（出発はモスクワ公国）は、一個の巨大な毛皮シンジケートになっていた、といっても的はずれではなかったろう。毛皮の輸出だけが国家の確かな財源であり、その宝庫であるシベリアは、いわばロシアの生命線に等しかった。ピョートル大帝が大掛かりな変革を断行できたのも、つまるところ、その財源である毛皮があればこそであったといってよい。

ロシア人の毛皮商人とその先兵であるコサック（農奴から解放された自由民の屯田兵）が、黒貂《くろてん》やアーミン（貂の一種）、ミンク（いたち）、ラッコ（シーオッター）などを追って、シベリアを東へ東へと進み、ついに沿海州に達し、さらにカムチャツカ半島に到達した。この間、中国大陸に伸張したロシアの勢力は、日本の元禄二年にあたる一六八九年の「ネルチンスク条約」によって、清国に南下を阻まれたこともあり、そのエネルギーを吸収して、ますます東進する勢いは強まった。

彼らは行く先々で未開や半開の先住民族を脅して服属《シェルスチ》させ、毛皮税《ヤサク》を私掠し、基地《オストローグ》を設営しつつ前進した。その踏み込んだ土地は結果として、なしくずしの史上空前ともいえるロシア領を形成することとなる。

ロシアの毛皮シンジケートは、とどまるところを知らない。カムチャツカからベーリング海のアレウト（アリューシャン）列島、北米のアラスカから、ついには太平洋にまで進出。アメリカ新大陸の西海岸カリフォルニア、次いで南太平洋（サンドウィッチ諸島＝ハワイ）へと植民地的基地を設営していく。

このシンジケートの中核的役割を担ったのが、オランダやイギリスの東インド会社、あるいは後年の日本の南満州鉄道と同質の国策合社、「魯米会社《ろべい》」（ロシイスコ・アメリカンスカヤ・コンパニヤ）であった。

設立は一七九九年であったが、一七八一年にはすでにイルクーツク商人のシンジケートが結束し、「シェレホフ・ゴリフフ商会」を発足、これが発展して「合同アメリカ会社」（一七九七年設立）が生まれ、そして「魯米会社」へと統合されていった。

しかし、領土が伸張するに従って、食料や飲料水などの物資補給が困難となったのも事実で、いわば切羽詰まった思いで彼らは、いつのまにか隣国となってしまった日本との、通商を求めたというわけである。

――興味深いのは、ロシア人の日本人への接し方であった。

ロシア側は日本を大国の清と同様の、文明国として認め、遇し、毛皮欲しさに力ずくで相手を屈服させてきた、これまでの民族たちとは別格の、扱いをしようとしたようだ。

このあたり、非ヨーロッパ陣容からヨーロッパ陣容に乗り換えたばかりの、新参者らしい一種の戸惑いが感じられておもしろい。

その当惑の表われは、イルクーツクの日本語学校に如実であった。

ロシアには先のデンベエのほかにも、漂流してくる日本人が少なくなかったようだ。彼らの多くは日本近海で十一月から二月頃にかけて吹く、冬季特有の北西季節風によって、遠く太平洋上に吹き流され、やがて、海流に乗って北へ漂着した商船の乗組員であった。

日本人で最初に熱気球が空に飛ぶのを見たのは、仙台・若宮丸の漂流者たちであったように思う。彼らは享和三年（一八〇三）——江川太郎左衛門三歳のおり——の五月、アレクサンドル一世に拝謁したおり、ネヴァ川を挟んだ冬宮の向こう側・聖ヴァシリー島で、皇帝とともに熱気球を観覧した。

「只今飛升《のぼ》る也」

『環海異聞』には、そのおりの操縦士の言葉が書き留められている。

彼らを送ってきた第二次遣日使節のレザノフ一行は、長崎滞在中に小さな紙気球をつくって飛ばした。

もっとも、

「おろしや人共《ども》慰物に空船を拵揚《こしらえあげ》候処《そうろうところ》、よま切レ本籠町酒屋斎藤藤三郎助裏手屋根に堕《おち》、町内騒《さわぎ》候趣《そうろうおもむき》」

と『長崎古今集覧《ながさきここんしゅうらん》』にある。糸が切れて、民家の屋根に落ちる騒ぎとなったらしい。

ついでながら、この第二次遣日使節団は大西洋を横断、南アメリカ大陸を迂回《うかい》して太平洋に出、ハワイのオアフ島からアラスカ、ペトロパヴロフスクを経て、日本の太平洋岸を南下している。つまり、同乗の日本人漂流者たちは、期せずして、日本人で最初の世界一周を体験したことになる。

ロシアでは漂流者である日本人、あるいはその子供たちを集めて、一七三六年、ロシア科学アカデミーに付設して、サンクトペテルブルグに日本語の通訳を養成するための日本語学校を開校した。日本では元文元年にあたり、八代将軍吉宗の治世であった。この日本語学校では、世界最初の露日辞典が開校二年後に編纂され、日露会話のテキストなども編まれている。

一七五三年、日本語学校はロシアの東方経略の基地イルクーツクに移転し、断続的にではあったが一八一六年に閉鎖されるまで存続した。

そして、一七三九年六月十六日（ロシア暦・日本では元文四年五月二十二日）、ロシア人——正しくはデンマーク生まれの、ロシア海軍軍人のマルチン＝ペトロヴィチ＝スパンベルグ大尉——は、ついに日本本土を望見する。

日本最初の〝黒船〟と鎖国の思い込み

このおり、スパンベルグが率いた三隻は、仙台湾などにその姿を見せ、途中ではぐれた別の一隻（したがって合計は四隻）は、安房国長狭《ながさ》郡天津村（現・千葉県鴨川市）にまで到達し、海岸で住民たちと接触している。

——日本で最初の〝黒船〟は、どうやらこの四隻であったようだ。

スパンベルグは帰国すると直ちに、日本との交渉のために通訳を乗船させ、再び日本へ向かったものの、濃霧によって前途を阻まれ、望みを果たすことができなかった。

だが、日本とロシアの出会いは、確実に近づいていたのである。

一万石格の蝦夷松前藩《まつまえ》（藩主は松前矩広《のりひろ》）は元禄十四年（一七〇一）、根室のキイタップ（現・釧路市厚岸郡浜中町）にアイヌとの交易場所を設けると、宝暦四年（一七五四）には国後《くなしり》にも開設。この頃になると、ロシア人とアイヌの衝突が、松前藩にも伝えられるようになる。

一七七八年、イルクーツクの商人ディミトリー＝ヤコレヴィッチ＝シャバリンの率いる遠征隊が、根室キイタップに渡来。日本語学校出身の通訳を介して、ついに松前藩士と言葉を交わした。

「コンニチハ、ハジメマシテ」

彼らロシア人は、当然のことのように交易を申し入れたが、応接した松前藩士は口からでまかせに、

「そのことは明年、択捉島《えとろふ》にて返答を申す」

と約したにとどまった。

翌一七七九年、シャバリンは七隻の船を率いて択捉島に出向いたものの、松前藩の役人は現われず、再び根室キイタップに押しかけたシャバリンが、松前藩の役人の違約を責めると、別な役人は、

「異国との交易は、長崎以外では許されていない。したがって以後は、ここへ渡来せぬように……」

といい、そういいながらも、交易はだめだが穀物や酒の必要があれば、ウルップ（得撫島）のアイヌから届けさせればよい、とも言葉を足したという。

換言すれば、ロシアに恐れをなした松前藩の役人たちが、アイヌを通じての間接交易――ほとんど密貿易だが――を提案して、機嫌をとろうとしたわけだ。

無論、この臆病な松前藩の役人たちは、ロシアを逆なでするような、ご公儀＝幕府への報告をする勇気など、もとから持っていなかったであろう。が、このいいかげんな処置が、のちのち松前藩にとって、取り返しのつかないこととなる。

寛政三年（一七九一）、幕府は「海防司令」なるものを発し、異国船の取り締まりを強化するとともに、翌四年には航海・操帆の訓練や大筒の稽古などを諸藩に許可した。

この年、ロシアの第一次遣日使節・陸軍中尉アダム＝ラックスマンが根室に現われている。彼はイルクーツクの実力者キリル＝ラックスマンの息子であったが、日本人漂流者・大黒屋光太夫《だいこくやこうだゆう》ほか二名を日本へ送り届けるとともに、かねてからの懸案であった交易の道を開くべく、日本側と交渉することを目的として、来日したのだった。

大黒屋光太夫は、宝暦元年（一七五一）に伊勢国白子《しろこ》（現・三重県鈴鹿市）に生まれ、天明二年（一七八二）十二月、千石積「神昌丸」の船長となり、江戸へ出帆したものの、大時化《しけ》に襲われ、太平洋を漂流。アリューシャン列島の小島に漂着してのち、イルクーツクに到着した。三回に及ぶ帰国請願書をロシア側に握りつぶされ、ようやく帰国することができた。

このおりラックスマンは、根室に入港すると上陸して越年し、さらに箱館に進んで陸路を松前にいった。幕府の代表である目付の石川将監《いしかわしょうげん》、村上大学《むらかみだいがく》は、ラックスマンの持参したイルクーツクの、シベリア総督ピーリの書簡を受け取ることを拒否し、問題は長崎でのみ交渉し得ると述べ、長崎入港の許可証を与えたにとどまった。

――ここで一つだけ、明らかにしておかねばならないことがある。

実は、日本は江戸時代、そもそも鎖国などしていなかった、という史実についてである。

このようなことを記すと、「そんな馬鹿な――」といぶかる向きもあろう。が、慶長八年（一六〇三）に徳川幕府が創設されて以来というもの、慶応三年（一八六七）十月の大政奉還にいたるまで、確かに寛永十年（一六三三）にいわゆる〝鎖国令〟は発布されている。が、しかし、オランダのほかすべてのヨーロッパ諸国と交流を断ち、西欧文明を排除するという国是は確立していなかったのである。

幕府が締め出したかったのはキリシタンであり、外国貿易による利益や海外情報の独占は自ら欲し、洋書の輸入なども禁じたことが一度もなかった。

そもそも、オランダ以外の西欧諸国とは通交をしないという原則を、はじめて幕府が〝公〟に示したのはほかでもない、ロシア第二次遣日使節ニコライ＝ペテロヴィッチ＝レザノフが文化元年（一八〇四）九月、長崎に来航したときが最初であった。

さらに述べれば、「鎖国」なる言葉の出現したのは、レザノフの来日する三年前のこと。享和元年（一八〇一）、長崎のオランダ通詞・志筑忠雄《しづきただお》が、ケンペル（ドイツの医師）の『日本誌』から抄訳した『鎖国論』と題する書を世に出したのが起こりであった。

日本人のロシア観

レザノフはロシア元老第一局長の要職にあり、すでにみた「魯米会社」の設立にも貢献、利益代表者ともなっていた人物である。

彼は皇帝アレクサンドル一世（ピョートル三世の孫）が署名した国書を、長崎奉行に提出し、日本側の要請に従い、銃器や火薬の引き渡しにも応じた。

にもかかわらず幕府側は、遅れて目付・遠山《とおやま》金四郎《きんしろう》景晋《かげくに》（左衛門尉《さえもんのじょう》景元《かげもと》の父・後述）を「宣諭使」（応接役）に派遣したものの、ロシア側の申し入れをことごとく却下してしまった。

「我国ノ禁」

という、それまでになかった論法をもって——。

漂着者五名（うち一名は長崎で自殺）を引き渡し、レザノフは一年二ヵ月の航海、六ヵ月の滞在でなんらなすことなく帰国の途についた。

ペトロパブロフスク（現・ペトロパブロフスク・カムチャツキー）に戻ったレザノフは、海軍士官のニコライ＝アレクサンドロヴィチ＝フヴァストフとガウリィル＝イヴァノヴィチ＝ダヴィドフに命じて、樺太《サハリン》と千島《クリル》列島の日本基地を、一斉に攻撃する暴挙に出た。余程、日本の応対が頭にきていたのであろう。あるいは、ヨーロッパ流の本性をいよいよ出した、と見るべきか。

文化三年（一八〇六）九月、樺太の久春古丹《くしゅんこたん》にある松前藩会所が攻撃され、番人は連行されてしまう。また、翌年六月には択捉島がロシアの蹂躙《じゅうりん》するところとなった。無責任に乱暴を指示したレザノフは、その後、憤慨と失意に病気が重なって、ペテルブルグに向かう途中、一八〇七年三月一日、クラスノヤルスク（現・ロシア連邦中部）にてこの世を去った。四十三歳であったという。

乱暴のかぎりをつくしたロシア人は、捕虜にした日本人を解放するにあたり、松前奉行宛に書簡を送った。内容は「交易を願い出たが日本側に拒絶されたので、こちらの手並みの程を見せてやったのだ」と述べ、つづいて「なろうことなら末代まで心安くしたい」などという、虫のよいことまで述べていた。

この〝文化魯寇《ろこう》〟に、幕府の対応は素早かった。

松前藩に対して、東蝦夷に次いで西蝦夷地を幕府直轄地とすべく、「上地《あげち》」を命じるとともに、樺太探検を実施させると、他方で「魯船打払令《うちはらいれい》」を発令した。また、同じ頃、千島南部およびオホーツク沿岸の調査に従事していた、ロシア海軍の少佐ヴァシリー＝ミハイロヴィチ＝ゴロウニンを、先の報復として捕縛している。

日本は一致団結して、ロシアへの敵愾心を燃やしていた。

その後、高田屋嘉兵衛《たかだやかへえ》らの仲介で、多少は両国間の対立感情は和らいだとはいえ、北辺のロシア人と日本人との紛争は、その後も止むことなく、相変わらずくり返されている。

ちなみに高田屋嘉兵衛は、明和六年（一七六九）正月、淡路国津名郡都志本村（現・兵庫県津名郡五色町）に生まれ、樽廻船の船子から船頭となり、やがて独立。幕府の蝦夷政策に食い込み、択捉―国後の航路開発に成功して、蝦夷地交易に卓越した地位を占めた。

が、一方で、レザノフの通商要求を拒絶した日露紛争にも巻き込まれることになった。所詮《しょせん》は国境を定める以外に、両国の正常な国交は成り立ち得ない、と双方ともに気がついてはいたのだが、事はすんなりとは運ばなかった。なにぶんにも、国境画定は両国にとって未曾有《みぞう》の交渉であったからだ。

〝黒船〟を率いてやってくるペリーと、張り合うように日本へやってきたプチャーチンも、それを迎え撃つ日本側応接掛も、ことの重大さはすでにその段階で、十二分に認識できていたはずである。

邦次郎の日々

――話を、伊豆国田方郡の韮山屋敷に生まれた、太郎左衛門に戻そう。

もとより、生まれたばかりの彼にはまだ、ロシアと日本の関わりは知る由もなかったであろう。

太郎左衛門にとって、世間との最初の接点は、その幼名「芳次郎」を変更されたことかもしれない。

ときの十二代将軍・徳川家慶《いえよし》にわが子（二男）の嘉千代（二歳で夭折）が誕生した。父の江川英毅は、若君の「嘉」が「芳」と国音において相通じると考え、

「畏《おそ》れ多し――」

と、わが子の幼名を「邦次郎」に改めた（ついでながら、字は九淵《きゅうえん》、庵号は民々亭《みんみんてい》）。

父の代官職を継いで、はじめて太郎左衛門を称することになるので、それまでの無名時代は「邦次郎」で話を進めたい。

筆者は邦次郎の上に、兄・倉次郎（英虎《ひでとら》）がいたことが、邦次郎の性格を形成するうえで、きわめて重大であったと考えてきた。彼には、兄以外にも妹二人がいた（ほかの弟一人、妹一人は夭折している）が、伝えられる邦次郎は幼少の頃、どちらかといえば真面目で実直な兄の倉次郎とは異なり、内向的な性格の子ではなかったろうか。

母の久子が縁端に出て、爪を切っていると、わざわざ邦次郎は母の切って飛んだ爪を拾い集めたという。

「なぜ、そのようなことをするのですか？」

と母が問うと、

「母上の一部であったものが、人に踏まれるのを恐れたからです」

と答えたという。二男特有の甘えた、何処《どこ》に行くのにも母や兄の後ろにくっついていたようなイメージが、邦次郎にはあった。

「お代官さまの邦《くに》どの」

と村人たちに呼ばれていたであろう彼は、近所の子供たちとあまり遊ばなかった。

身分の違いが、まだ伊豆の韮山あたりでは堅固に崩れずに残っていた。そのため邦次郎は同階級同士で遊ぶ慣習に従い、代官所に働く人々の子供、侍の子であるしるしの袴をつけ、小さな木刀を腰に帯びる少年たちに交じって遊んだが、その中心にはいつも兄・倉次郎の姿があった。

長男に対する二男——この心情は、今も昔も変わらないのではあるまいか。

ただ封建制における長男＝嫡子は、特別な存在であった。

二男以下とは、主人と家来ほどに差があり、家を継ぐ長男に対しては、父母も特別な扱いをした。

後世では、二男は長男をライバルと見立て競い合ったが、江戸時代——習慣としては戦後まで——は、比較の対象にもならなかった。二男は長男に父同様、仕えねばならなかったのである。

父に次いで、邦次郎時代の太郎左衛門に影響を与えたのは、兄と母であったろう。

彼は兄・倉次郎とともに、江川屋敷の道場で剣や槍の手ほどきを受けて育った。

いささか内向的であったその性格も、少しずつ成長するにつれ、積極的な、むしろ腕白な性癖が頭をもたげるようになっていく。

家を継がねばならない長男が、真面目で堅実なのに比べると、家を出なければならない二男は、山っ気と冒険心、おっちょこちょいな積極性をもつもののようである。

邦次郎は十二歳にもなると馬術の稽古もはじめたが、十三、四歳の頃には毎朝、日の出る前から裏門外の馬場で、馬術を稽古していた。

ある朝、馬を走らせていると暗がりの曲がり角で、ふいに飛び出してくるものがある。藁を背負った農民であった。が、馬はそれによほど驚いたようだ。

「ひひ〜ん」

と前脚をぐいっとあげ、後ろ脚で立つと邦次郎を鞍から放り出してしまった。このとき、したたかに右腕を打ち、腕骨を痛めたのだが、母の久子は薬を塗りながら、

「三《み》たび肱《ひじ》を折りて良医《りょうい》為《た》ることを知る」(『春秋左氏伝』)

を例にひき、いっそうの修行を励ましたという。

この、医者は経験がもとであるから、少なくとも三度ぐらいは、自分の肘《ひじ》を折るような失敗を経験しなければ、決して良医にはなれない、との言葉を、母と同じように口にした人物に、のちの太郎左衛門の弟子・佐久間象山《さくましょうざん》がいた。詳しくは、後章に譲る。

馬術のみならず、剣槍の術に、絵画や書、文や経書にも邦次郎の興味は広がっていった。

のちに砲術・測量術まで修行したところをみると、筆者は邦次郎の祖父英征に似た資質を思うのだが、読者諸氏はいかがであろうか。

文晁先生

ところで、ある時、江川屋敷に父の英毅を訪ねて、

「文晁先生」

と呼ばれる人物がやってきた。

当時の画壇では有名な文人であり、筆者は邦次郎に多少なりの影響を与えた人物と考えてきた。おそ

らく、老中松平定信の海岸防備の視察に随伴して、伊豆を訪れた際に江川屋敷に逗留したのであろう。

谷文晁――ほかに文朝、師陵とあり、通称は文五郎といった。

宝暦十三年（一七六三）に江戸の下谷根岸（現・台東区）に生まれている。父は徳川将軍家の家族・御三卿の一・田安家の家臣（幕臣）で、詩人として名高い人物であった。

それはともかく、文晁の画歴は凄まじい。江戸画壇のことごとくを学びとった、といっても、この人の場合は許されるのではあるまいか。

十歳の頃に狩野派の手ほどきを受け、十七、八歳で南北折衷体・南蘋《なんぴん》派・蕭散体《しょうさんたい》の山水画を学び、これらを合法。さらに洋風画を加え、円山応挙《まるやまおうきょ》（詳しくは後述）の技法までを習得。天明八年（一七八八）には、田安家に出仕して五人扶持を得た。

もっとも、仕官しているというよりは、画才を伸ばすために家臣をやっているようなところがあり、寛政年間（一七八九～一八〇一）には長崎へも遊学している。かの地で明や清の絵画を研究し、寛政四年（一七九二）、田安家から白河藩松平家へ出た松平定信に認められ、その近習に取り立てられた。

迫りくる外国船への対策を練るべく、海岸防備の視察に出た定信の一団に参加するかと思えば、そこの風景を写生。司馬江漢《しばこうかん》や北山寒巌《きたやまかんがん》などの洋風画を参考に、遠近法や陰影法を研究、薬籠中のものとなし、定信の保護を受けて、全国の古社寺諸侯のもつ古書画 什器《じゅうき》を調査・模写して『集古十種《しゅうこじっしゅ》』を完成している。

この人物ほど諸国を巡り、名作を見て、納得いくまで研究できた芸術家は、江戸期にも稀であったろう。

寛政期には諸派をあわせた、みずみずしく静謐《せいひつ》な作風を展開し、

「寛政文晁」

と呼ばれ、一世を風靡したかと思うと、享和年間以後は画風をガラリと変え、八宗兼学といわれるほどの、ありとあらゆる画法を駆使し、陽明学者の頼山陽《らいさんよう》をして、

「満紙の覇気」

とうならせるような、独特の作風を極め、その主宰する画塾「写山楼」は隆盛をきわめた。

長く江戸画壇の指導者として君臨したが、文政・天保期になると、多作が嫌われたのか、人気が失せ、天保十一年（一八四〇）十二月に、七十八歳でその長い画歴を終えている。弟子に渡辺崋山《わたなべかざん》、立原杏所《たちはらきょうしょ》（ともに太郎左衛門と親交があった）などの優れた画家を輩出した。

ところで、どういう人であったのだろうか。木村黙老《きむらもくろう》編の『きくま、の記』に拠ると、「性格は磊落《らいらく》で、吝《けち》でない」とある。

それこそ方々から贈られてくるお金を、小さな手箪笥《てだんす》の引き出しに、二方金、方、角、南鐐《なんりょう》（いずれも通貨の種類）に分けて入れておき、外出するときはこれらを紙に包んで、数も数えずに出かけていったという。

鰻が好きで、鰻屋から届けさせた代金が、月々五両にのぼった。

幕末の越前福井藩で、名君の誉れの高かった松平慶永《よしなが》（春嶽《しゅんがく》）は、自著『雨窓閑話稿』の中で、文

晁を一奇人と称した。慶永は田安家から福井藩主家に入った人で、七、八歳の頃、文晁に遊んでもらったこともあった。

彼によれば、文晁の得意は富士山の絵とあり、伊豆韮山の江川屋敷に来たおりも、あるいは富士山を描こうとしていたのかもしれない。


文晁の贋物は沢山ある。しかしその中には、贋物であって贋物でないのもある。文晁はその瓢箪形の朱印を数多く作って、それぞれの弟子に渡して置いて、絵を頼まれる時は、大抵は弟子に画かせる。そして出来たのを一見して、気に入ったものには署名して、それに渡して置いた瓢箪の印を捺させる。謝物もまた弟子に遣わすのである。だから文晁の真筆というものは少ない。そのことは文晁自身笑って余(慶永)に語った。(雨窓閑話稿)

その文晁が、江川邦次郎に絵の手ほどきをしたというのだ。

文晁は手本を自ら描き、その書写を代官の二男坊に命じた。邦次郎のおかしさは、真面目に写し終わってのち、蛇足に「文晁筆」との署名まで写した点にあった。

「さて、これは……?」

と、文晁がその意味を解しかねて問うと、邦次郎はしたり顔で、

「私は模写ではなく、生きた絵が習いたいのです」

と答えた。

おそらく、絵を写させられたことが、この少年の矜持《プライド》にはカチンときたのだろう。

「なるほど……。しかしね、生きた絵を習うにしても、まずは基本を学ばねばなりませんよ」

そう諭して、文晁は「文晁筆」の下に「邦次郎写」と書き添えたという。

まず、いわれた通りやってみて、そのうえで自らの主張をする――実に、のちの太郎左衛門らしい性格がこの頃、すでに出ているように思われる挿話である。

併せて、一定しない画風も、文晁を慕った結果といえなくはない。のちの太郎左衛門には、文晁ほどに絵画にどっぷりと浸かっていられる時間がなかった。独自の境地へと辿りつけなかったとすれば、それは国難ゆえであったといえなくもない。

円山応挙の画風に学ぶ

もっとも、文晁はたまさかの来客――邦次郎に絵の手ほどきを行なったのは大国士豊であった。円山応挙の〝十哲〟に数えられた人だが、生没は不明。ただ、その師である応挙には、太郎左衛門と重なるイメージが少なくない。士豊を介して、間接的に太郎左衛門は円山応挙に学んだのではあるまいか。

天下泰平の時代がつづくと、いかなる才能でも権威に阿《おもね》らねばならなくなるものらしい。

この頃、武士の仕官が難しかったように、芸術の世界も世に出るのが至難のこととなっていた。

文化の成熟した徳川幕府の治世下、画壇にも巨大な権威が確立していた。江戸には狩野派があり、京都には土佐派があって、各々の権門は天下の画権を握っていたといってよい。

権威は常に伝統を重んじ、革新・工夫を嫌う。

それらの絵画の権威は、伝統的な描法を墨守して、画才をもって世に出ようとする若き芸術家たちを押さえつけた。いかに芸術の才に恵まれている者であっても、絵筆をもって世に出、認められるためには権門を潜《くぐ》らねばならず、一度、これらの門を潜ると、大半の人々は己れの才能に枠を嵌《は》められ、拘束される結果を招いた。

しかし、その閉塞《へいそく》状況も長くつづくと、権威に反発し、巨大な権門を相手に戦う、新進気鋭が現われるものだ。先の文晁も、その一人といえるかもしれない。

そして、その人物に百世の才があれば、ときに権威は覆った。

弟子の奥文鳴《おくぶんめい》の『仙斎円山先生伝』や孫の応震《おうしん》の養子となった応立《おうりつ》の家記に拠ると、この円山応挙は、名もない町絵師の出身であった。

享保十八年（一七三三）五月一日に、農業を営む父・藤左衛門の子として生まれている。母は篠山《ささやま》藩士の上田某の娘であったとか。

家は代々、丹波国桑田郡穴太《あのう》村（現・京都府亀岡市曽我部《そがべ》町穴太）の農家で、一説に、農業を嫌った父が京洛に出て、浪人暮らしをなし、「円山」姓を称したとも。本姓の「丸山」を「円山」に改めたのは、上京以後だった、と応立の家記にはあった。

応挙の幼名は岩次郎（岩二良）、ほかに「一嘯《いっしょう》」「夏雲《かうん》」「仙嶺《せんれい》」「主水《もんど》」などと称した。諱は「氐《てい》」であり、彼の作品の落款《らっかん》に「応挙」が登場するのは明和三年（一七六六）、彼が三十四歳のときからである。ちなみに、「応挙」は〝オウキョ〟ではなく、「マサタカ」が正しい。これは号ではなく諱で、「氐」の次に用いたのが「応挙《まさたか》」であった。（佐々木丞平著『応挙の生涯』より）

いずれにせよ、幼い頃から絵を描くのが好きな子供であったようだ。竹片や小枝を用いて、地面に絵を描いてはときを忘れて没頭したという。父と母はともに、この子は農業に向かないと思ったのだろう、穴太村の金剛寺に入れて僧にしようと考えたようだが、本人が途中で嫌がり、ついで京へ奉公にあがることとなった。

時代は享保十七年（一七三二）の、いなごの大群による天災に代表されるように、大小の飢饉《ききん》が頻繁に起こる治世。世相は、八代将軍吉宗の享保の大改革で大いに揺らいでいた。生活にゆとりのなかった応挙であったろうに、それでいて彼の精神生活は貧しさや狭さをもたず、のちの作品にみられる平明で品格のあるものとなった。これはおそらく、本人の素直な性格と、苦境を苦境と思い込まず、そこに楽しみを見出《みいだ》そうとする、天性の楽天の才によるものではなかったろうか。

このあたり、孫弟子の太郎左衛門にも共通しているように思えるのだが。

応挙は「岩城《いわき》」という呉服商に、十代前半で奉公にあがり、その後、運命の人ともいうべき尾張屋勘《おわりやかん》兵衛《べえ》の店へ移った。尾張屋は「びいどろ道具」（ガラスを使ったレンズ、道具）の商いをしており、商品の中には当時流行した遠近表現のある「浮絵《うきえ》」をみるための「覗《のぞき》からくり」があった。併せて、玩具書画骨董《こっとう》もこの店では商っていたようだ。

興味深いのは、応挙はまずその画才を「浮絵」の制作を通して認められた点であった。

「これはものになる」

とみた主人の勘兵衛は、応挙を狩野派の絵師・石田幽汀《いしだゆうてい》に師事させる。

二十代の応挙は、懸命に「眼鏡絵」＝「浮絵」を描き、結果として西洋画法の習得に励むこととなった。二次元で平面の絵画の世界に、三次元の空間や量感を盛り込む工夫。応挙は中国の、遠近表現も習得していった。

どうやら、時代を画する本能というのは、固まった世界からは出てこないもののようだ。〝端境《はざかい》〟〝際《さい》涯《がい》〟から現われるというのが、原理・原則らしい。

応挙はやがて、中御門《なかみかど》天皇（第百十四代）、桜町《さくらまち》天皇（第百十五代）に仕えた御局《おつぼね》＝宝鏡寺の蓮池院尼《れんちいんに》公《こう》に、その存在を知られ、認められて、皇族ゆかりの寺院や朝廷の人脈を広げていく。

また、一方では〝三井〟に代表される豪商たちの知遇を得て、門人を増やす原動力となした。

応挙の極意と立原杏所の人柄

こうした京都画壇に、彗星《すいせい》のごとくに現われ、独自の地歩を占めた応挙の成功の秘訣＝才能こそが、「写生」であった。

わが国の絵画法には、伝統的に動植物を描くおり、事前に簡略なスケッチをとる筆術がある。これを「手控え」といい、作品を描くおりのメモとしたわけだが、応挙の「写生」はこれらと異なり、直《じか》に写す、生《なま》を写すという意味で「生写《せいしゃ》」「生き写《うつ》し」「真写《しんしゃ》」「正写《せいしゃ》」とも呼ばれた。

これは一面、画期的なことであった。なぜならば、日本の伝統的作画法は、邦次郎に文晁が示したように、師の原型を弟子が習い覚えることが中心であり、形を研究する対象はもっぱら、師の画風のみであった。対象物を観察し、そのものを描くということではなかったのである。

ところが応挙は、徹底して対象物を観察するのである。加えて、西洋的な合理的視点も取り込み、さらには生命体である対象物のもつ〝気〟をも描き写そうと企てた。

――この「写生」に関して、理解しやすい逸話が伝えられている。

あるとき、応挙のもとに「臥猪《がちょ》の図」を描いてほしい、との注文が舞い込んだ。

ところが応挙は、野猪の臥《ふ》したところを見たことがない。さて、どうしたものかと思案していると、八瀬（現・京都市左京区八瀬）から一人の老婆が薪を売りに来た。

「猪《いのしし》を見たことがあるかね」

と応挙が問うと、山中にたまたま見かけることがあるという。

ならば、もし、その猪が眠っているのを見たなら、知らせてくれないか、と応挙は頼んだ。すると、それから幾十日かして、老婆が知らせにやってきた。

応挙は門人三人を従えて、八瀬へ急行する。なるほど、野猪が竹籔《たけやぶ》の中で臥居していくる。すぐさま筆をとった応挙は、これを懸命に写し、老婆に厚く報いてわが家へ戻った。

その後、今度は鞍馬から老人が訪ねてきた。応挙は、かつての老婆にしたのと同様の質問をする。すると老人は、

「山中、常に是《これ》（臥猪）を見る」

と答えた。ならば、と自ら「写生」した「臥猪の図」を見せた。

すると熱心に見入ったあと、老人はぽつりといった。

「画はよろしいが、これは臥猪ではありませぬな。これはまず、間違いなく病猪でしょう」

応挙は驚き、その訳を問うと老人は、

「野猪は安眠中でも、その姿にはおのずと勢いというものがあります。ところが、この絵にはそれが描かれていない。わしは度々、病気の猪を見るが、あいつらはこの画と同じだ。勢いがないのですよ」

と答えた。

応挙は老人の手をとるようにして、臥猪の形容を具体的に問い、〝勢い〟を尋ね、老人はそれに応えて詳細を述べた。

応挙は改めて、もう一度はじめから絵を描き直す。その作業中のこと、前述の老婆がやってきて、あの猪は翌朝、竹藪で死んでいたと告げた。応挙はますます納得し、やがて絵を完成させて老人に見てもらうと、老人は、「まさにこれこそ真の臥猪だ」と大いに感嘆したという。

おそらくこの話は、後世の付会であろうが、応挙の「写生」がいかなるものであったか、理解するに

は格好のエピソードであったといえよう。と同時に、彼の手になる円山派＝京派の本質がどこにあったか、明らかとなる。

応挙の精力的な制作は、朝廷や大寺院との関係が深まる中で、より多くの名作を生み出したが、その社会的集大成は、天明八年（一七八八）正月三十日、この日の火災＝いわゆる天明の大火で焼けた内裏が再建、造営された寛政元年（一七八九）の、彼の活躍であったろう。応挙は、内裏造営に際して大障壁画の制作を担当した。

このおり土佐派は十一名の絵師を、狩野（鶴沢）派は八名を出した。これら権門に対して応挙の門人は九名、ただし、女院御所や中宮御殿を含めると二十九名を超える絵師を送り込んでいる。応挙の一門は栄え、京都に根を張り、息子の応瑞《おうずい》・応受《おうじゅ》、長沢《ながさわ》蘆雪《ろせつ》・渡辺南岳《なんがく》や内弟子の源琦《げんき》など応挙十哲（ほかに山《やま》跡鶴嶺《あとかくれい》・森徹山《もりてっさん》・吉村孝敬《よしむらこうけい》・山口《やまぐち》素絢《そけん》・奥文鳴・岡村鳳水《おかむらほうすい》・西村楠亭《にしむらなんてい》）をはじめ、多くの門下生を世に出した。

晩年、応挙は眼を患い、病がちで制作もままならなくなったというが、寛政七年（一七九五）七月十七日、一代の天才画家はこの世を去っている。享年六十三。

応挙の開いた作風は、やがて四条派と称せられ、江川太郎左衛門も学ぶところとなるが、彼の画風は文晁と同様、定型化することがなかった。

次に力を入れて邦次郎が学んだのが、立原杏所であろうか。

――この人物についても、おもしろい挿話がいくつもあった。

水戸徳川家で儒学をつかさどる、立原翠軒の息子でもある杏所は、儒家として世に知られていたが、より高名であったのはその画才であった。

ある時、公（斉昭）がある大名を招かれた時に、任《にん》（杏所）に席上で画を作ることを命ぜられた。任は画を善くしたのであるが、画工視せられるのは、はなはだありがたくない。それで使い古した手巾を袂から出して、それを丸めて、硯の中に浸して、紙の上に投げつけた。墨汁が飛んで、公の袴を汚したのに、公が、「何をするのか」と咎《とが》められると、任は、「こうして葡萄を画してお目にかけます」といって、既にしてその画を成した。一座は感嘆して、妙と称した。任の放達は、おおむねこの類であった。

（海保竹逕著『漁村海保府君年譜』）

神道無念流の系譜

そういえば幕末、松平慶永（春嶽）の懐刀として活躍した横井小楠《よこいしょうなん》は、その著書『遊学雑志』の中で、江川太郎左衛門のことを、

「豪傑である」

と断じていた。

「学問は薄い由であるが、武事ははなはだ厚く心懸け、山野を馳せめぐり、山道を一日二十里も歩いて疲れぬほどの強勇である」

とも語っていた。文より武の方に、比重がかかっていたというのだ。邦次郎の幼少年時代、正式な学問＝儒学の手ほどきは父の英毅が行ない、年齢がゆくに従い、彼には幾人かの先生がついたのだろう。

それこそ父の友人では、柴野栗山、朝川善庵、山梨稲川《やまなしとうせん》、市河寛斎、山本北山《やまもとほくざん》、藤田幽谷《ゆうこく》―東湖父子にも、折々、学んだかもしれない。

詩は大窪詩仏、頼杏坪。文は幕臣の大田南畝《おおたなんぼ》あたりに、影響を受けた可能性は低くない。

だが、邦次郎の時代、家族を別にして、彼の血となり肉となったものは学問より剣術――その修行であった、と筆者は思ってきた。

おそらく最初は、韮山の自宅裏にあった道場で、代官所の人々に交じって手ほどきを受け、のちにある程度の腕前になってから、文化十五年（一八一八）正月、十八歳の邦次郎は江戸の神田猿楽町にあった、神道無念流・岡田十松《おかだじゅうまつ》（吉利《よしとし》）の「撃剣館」に、正式な入門をしていた。彼はここで、本格的な剣の修行を行なっている。

この流儀はそもそも、越前にあった「新神陰一円流」という、あまりパッとしない、地方の地味な剣法に端を発していた。享保年間（一七一六～一七三六）に江戸へ伝えられ、伝承者が四谷に道場を開いた、との記録がある。

道統の起こりは、上泉伊勢守信綱《かみいずみいせのかみのぶつな》の新陰流であったようだ。その後も、無念流―神道無念流と流名を変えながら、細々と生き残ってきたこの流儀が、一躍、世間に脚光を浴びたのは戸賀崎熊太郎暉芳《とがさきくまたろうてるよし》

（号して知道軒）が道統を継いでからのことであった。江川太郎左衛門の、師匠の師匠にあたる。

延享元年（一七四四）、熊太郎は武州清久村（現・埼玉県久喜市）に生まれ、十六歳のとき江戸へ出、福井兵衛門嘉平《ふくいへいえもんよしひら》の門に入り、二十一歳で神道無念流の皆伝を受け、故郷に帰って道場を開いた。

もし、このまま熊太郎が郷里にありつづけたならば、あるいは、のちの江川太郎左衛門の生涯も、大きく変貌を遂げた可能性は高い。

――少し横道にそれるが、ここにもドラマがあった。

安永七年（一七七八）、三十五歳のおりに大志を抱いて再び江戸へ出た熊太郎は、麹町二番町に道場を構えた。いかにして、無名に近い流儀を流行《はや》らせるか。彼は当時、流行の兆しをみせはじめていた試合中心の防具剣術を採用――その一方で体当《たいあたり》や足がらみなど、何でもありの激しい稽古を自分の道場の特徴とした。安全性と実践性――戸賀崎熊太郎はそのバランスをとることに苦心する。

そうしたところへ、思わぬ僥倖《ぎょうこう》が訪れた。

天明三年（一七八三）十月、門人の大橋寅吉《おおはしとらきち》（出身は農民、のち武士となる）が牛込行願寺（のちに現在の目黒区谷戸へ移転）近くで仇討ちをしたのが評判となり、戸賀崎熊太郎の道場の名が広く知られるようになり、その実戦さながらの荒々しい剣術が、世上に評価され、江戸で一、二を競う大道場となった。

勤皇家の高山彦九郎《たかやまひこくろう》とも熊太郎は交流ができ、路銀に困った彦九郎が金を借りにきたこともある。

門人の数は飛躍的に増え、熊太郎はそれに満足しつつ、寛政七年（一七九五）、麹町から移転した駿河台の道場を、高弟の岡田十松に委ねて帰郷。文化六年（一八〇九）五月に、六十六歳で死去している。

戸賀崎氏による神道無念流はその後、二代目胤芳《たねよし》以来、郷里を中心に栄え、この血統は水戸藩の剣術指南をつとめている。

江川邦次郎が入門したのは、江戸の岡田十松の道場――駿河台から神田猿楽町へ移居した――「撃剣館」であった。

岡田十松と斎藤弥九郎

十松は明和二年（一七六五）、武州埼玉郡砂山村（現・羽生市砂山）に生まれた郷士の子。先祖は戦国の有名な合戦、小豆坂七本槍の一人、岡田助右衛門直教《おかだすけえもんなおのり》であったという。

少年の頃に十松は、戸賀崎門下の村松新六《むらまつしんろく》の手ほどきを受けた。

ところが二、三年もすると、村松を威圧するほどの腕前となり、その剣才に驚嘆した村松は、十五歳の十松を伴い、師の熊太郎のもとへ駆けつけた。師に十松の将来を委ねようとしたのだ。

「大きいのう、いくらある――」

熊太郎に聞かれたとき、十松はすでに六尺（約一メートル八十二センチ）の上背に、大の男二人前の腕力をもっていたという。

体軀は大きかったが、彼は性格がやさしくて温和、礼儀正しく物静かであったところが、熊太郎の認めるところとなったようだ。美少年であった、とも。

また、入門の頃、十松は煙草を吸っていたが、師に「無用の物を吸う」といわれると、あっさり喫煙をやめてしまった。酒についても、師からその禍《わざわい》を戒められると、どんなに杯を傾けても三杯にかぎり、終身、それ以上は杯を重ねなかったとも伝えられている。（藤田東湖著『東湖遺稿』）

「撃剣館」入門三年後、目録を許され、三十二歳で免許皆伝となった。

熊太郎は他流試合を望まれると、必ず十松を出した。剣の技量を伸ばし、勝負の度胸をつけるにはこれが最善の方法だ、と師は考えていたようだ。

一方、皆伝となることを、熊太郎は郷里の十松の父へ知らせてやった。すると父・利達もなかなかの人物で、大いに喜び、師への礼を篤く行ない、門下一同、先輩も後輩も一緒に料亭に聘請《へいせい》し、皆伝披露の宴をもうけたという。そのうえで息子に、

「よいか、恩師に両三年はお礼奉公をいたせよ」

と命じたという。

十松は父のいいつけを守り、三年間、師の道場の師範代をつとめ、そのあと神田猿楽町に「撃剣館」を自ら開いた。のちに小川町へ移している。

性温厚、謹厳寡黙、常に礼服を着用しなければ外出しない、といった人格者の十松は、三十半ばを過ぎても渋みのある男前で、その稽古姿を見ようと、連日、町家の娘が道場の窓辺に押しかけたと伝えられている。

邦次郎はこの道場で、得難い生涯の友人を得る。同門の——というよりは、先輩の斎藤弥九郎であっ

た。弥九郎は邦次郎にとって、対照的な生き方をしてきた人物であったといえそうだ。

寛政十年（一七九八）、越中国氷見郡仏生寺村（現・富山県氷見市仏生寺）の郷士（一説に農家）に生まれた弥九郎は、一分銀一枚を褌《ふんどし》に巻いて、江戸へ出てきたのが十五歳のときであったという。旗本・能勢伊予守《のせいよのかみ》（祐之丞）の中間《ちゅうげん》に奉公することになったが、その精励ぶりは凄まじいばかりのもので、「あの男はいつ眠っているのか」と中間仲間にも気味悪がられたという。

皆目、布団で寝たことがなかった。眠くなると、両の拳で額を支えて仮眠をとった。そのため、弥九郎の額には拳のあとが痣《あざ》となって残ったが、彼はこの痣をむしろ誇りとしていたようだ。後年、門人たちは、「篤信斎（弥九郎の号）の痣」と呼んで敬慕したという。

さらに、奉公以外のわずかな個人的な時間を割いて、学問に打ち込み、眠気が催すと寒い冬の夜などは寒さを追い払うため、竹刀をとって、厩舎《きゅうしゃ》の裏で柱を相手に打ち込みの稽古を行なった。その燃えるようなやる気が、主人に認められるところとなる。

「得心いくまで、文武両道を修めてみよ」

と伊予守に励まされ、経済的な支援を受けた弥九郎は、文は昌平黌《しょうへいこう》の古賀精里《こがせいり》についた。十八歳のときである。

この精里は「軀幹《くかん》が豊偉で、気力も人に勝り、経術の外に、文・詩・書・碁から剣術・槍術・弓術・馬術まで、該通《がいつう》（広く行き渡る）せざるはなく、その内でも最も槍術に長じていた」とある。（内田周平著『遠湖文髄』）

〝寛政三博士〟に数えられたが、弥九郎のことだ、已れの師となる人を吟味して、探しまわり、精里を選んだのではあるまいか。

翌年、文の次に武を極めるべく、神道無念流の岡田十松についた。弥九郎は文武ともに、頭角を現わしている。いずれもわずかな期間での成果で、十松の道場では代稽古をつとめるまでになった。

この頃の「撃剣館」には、邦次郎や弥九郎のほかに、水戸藩の藤田東湖、三河田原藩の渡辺崋山（天保三年より家老・谷文晁の弟子）、蘭学者の高野長英《たかのちょうえい》などが、門人として名を連《つら》ねていた。

変わったところでは、のちに新撰組の初代局長として恐れられる、水戸藩の芹澤鴨《せりざわかも》（本名・下村嗣司《しもむらつぐじ》）の名前もあったとか。邦次郎の稽古は、もっぱら弥九郎がみたようだ。

そのおかげであろう、入門二年後の文政元年（一八一八）、邦次郎は見事、免許皆伝を許され、〝撃剣館四天王〟の一人に数えられるまでになった。

世に立つ方便

思うに邦次郎は、戸賀崎熊太郎や岡田十松、そして斎藤弥九郎がそうであったように、剣術の腕をもって世に立とう、とこの頃、考えていたのかもしれない。

江戸時代、身分（階級）に関係なく、その人間が生まれた固有の階級から、それより上の階級――たとえば、最上位の武士になることは、きわめて難しいことであった。

ただ、二、三の抜け道は存在した。

具体的にいえば、庶民階層から侍階層にのぼろうとするのであれば、頭が良い者は医者、儒者に、運動神経の優れた者ならば、剣客《けんかく》になるのが手っ取り早かった。

似たようなものに絵画、書道もあったが、その道一筋というのでは、結構、生活は大変であったろう。芸術家を目指すならば、一度、学者として認められ、それから詩や文、絵画をものにした方が、早道であったかもしれない。画家や書家は世過ぎはできたであろうが、それ一本で世に認められ、立っていくというのは、その途中が大変であった。

成功する確率は、きわめて低い。何万人といわれる中の、せいぜい数人だけが医者か儒者か剣客か、その技量をもって、幕府や諸藩へ召し抱えられていた。

――別に、僧侶という手もなくはなかった。が、これには忍耐と根気が絶大であったろう。

江戸時代、医師になるための国家試験は存在しない。制度すらが、曖昧《あいまい》であった。医者になれるだけの頭と、僧侶をつづけるだけの根気があれば、学者＝儒者となるのが、最も有効な抜け道であったかもしれない。

江戸も中期以降となると、諸藩は武術よりも学問を重んじるようになり、儒学、国学と学問の領域は広がり、実力によっては上士の礼遇を保証された。

藩政改革の代名詞のようにいわれる、米沢藩主・上杉治憲《はるのり》（鷹山《ようざん》）の師として名高い細井平洲《ほそいへいしゅう》は、そもそも尾張の豪農の子であった。江戸時代を通じて高名な学者も、大半が侍階級以下の出身であったといってよい。

邦次郎が懸命に剣に打ち込んでいた時期、彼には兄・倉次郎があり、長男の彼こそが、父の次代の韮山代官となることは、すでに明らかであったわけだ。

当然、邦次郎は自分の未来を自ら考えなくてはならなかった。養子にいくにしても、文武の修行のほどが、大きくものをいったのはいうまでもない。

「これから、どうしたものか――」

邦次郎は日々、荒々しい撃剣の稽古の中で、考えていたことであろう。そうした日々の中で、文政三年（一八二〇）八月二十五日、岡田十松が病没した。享年五十六。

彼には長男熊五郎利貞があり、父の死後、〝二代目十松〟を称したが、剣の腕は申し分なかったものの、道場経営そのものに、あまり乗り気ではなかったようだ。

このとき邦次郎は、江戸の江川屋敷の長屋へ、先代十松の妻子を引き取るとともに、弥九郎を「撃剣館」の師範代に据えた。

「このままでは、撃剣館の存続が危ぶまれる」

邦次郎は弥九郎を説得、固辞する彼を論破し、師範代を承諾させた。弥九郎の根負けであったようだ。

ここに、二十三歳の師範代が誕生した。

岡田十松は師のもとで、免許皆伝から三年間、師範代をつとめたが、弥九郎は六年つとめて「撃剣館」を軌道に乗せ、その後、自らは九段下俎板橋《まないたばし》（現・九段下と神保町の間にかかっていた橋）に道場を開いた。

　のちに、江戸三大道場に数えられる「練兵館《れんぺいかん》」がこれである。

　その翌年、「撃剣館」では初代十松の三男・十五郎（利章）が〝三代目十松〟を襲名。〝二代目十松〟は、「練兵館」の師範代をつとめることとなった。

　北辰一刀流・千葉周作《ちばしゅうさく》の「玄武館」、鏡心明智流（のち鏡新明智流）・桃井春蔵《もものいしゅんぞう》の「士学館」も同じ頃、江戸に道場を開き、各々三千、四千の門人を育てていく。

「技は千葉、位は桃井、力は斎藤」

　などと、後年うたわれるようになる。

　天保九年（一八三八）三月、「練兵館」が火事で焼失してのち、麹町三番町に移転したが、門下には桂小五郎《かつらこごろう》（木戸孝允《きどたかよし》・長州藩士・のち明治政府参議）、渡辺昇《のぼる》（大村藩士・のち大阪府知事）、山尾庸三《やまおようぞう》（長州藩士・のち法制局長官）などが出た。明治に入って四年に、招魂社（現・靖国神社）の敷地内となったため、道場は三度、牛込見附に移った。

　さらに道場主の斎藤弥九郎は、この後、自らの道場開きから九年目に、江川太郎左衛門の御用人格となり、二人はさらに密接な関わりをもつこととなる。

　いずれにせよ、剣術道場で稽古する者は、学問の塾に通う秀才たちより、多分に血の気が多かった。

　そのため、稽古のあとの雑談にも、

「夷狄《いてき》の船がわが国の近海に出没し、隙あらば上陸しようと、うかがっているらしい」

といった、事実とも憶測、噂ともとれる話題が頻繁にもちだされた。

こういう話のおり、輪の中心にいるのは、邦次郎たちの場合、田原藩の渡辺定静《さだやす》（号して崋山）であったかもしれない。彼は話題の元タネをもっていた。蘭学である。

やがてペリーが来航してくることにより、にわかに日本中が蘭学ブームとなるが、邦次郎が撃剣館で汗を流し、免許皆伝を得た文政三年（一八二〇）は、ペリーのやってくる三十三年前になる。

この頃、蘭学を好んで学ぶ知識者は、総じて「蘭癖家《らんぺきか》」と呼ばれ、世間からは一種の変人扱いをされ、一抹の恐怖と侮蔑の目で見られていたといってよい。

「蘭癖」は大名の中にも、市井の中にも存在した。共通点は好奇心、趣味としてのものが大半であった。彼らは同好の士で会合をもったが、そこに身分の上下はなかったようだ。

ただし、職業として、食べていけた者があるとすれば、医者の中の蘭方医だけであったろうか。

日本人の特徴

中国大陸を師匠とする日本の漢方医術は、予防医学において、当時の世界水準を満たしていたが、外科――とくに手術――に関しては、大きく欧米先進国に立ち遅れていた。

日本人の凄さは、実際の手術に立ち会うことなく、オランダから輸入された医学書だけを頼りに、ときに犯罪者の死体を腑分け《ふわ》（解剖）して、外科や産婦人科、耳鼻咽喉科を勉強したことであろう。

フォン＝シーボルトが日本にやってきて、ヨーロッパ流の医学教育を、実地に日本人に施したのは、文政六年（一八二三）のことである。

極東の島国日本の、「蘭癖家」のおもしろさは、オランダ文字という、小さな窓から広大な西洋文明全体を覗《のぞ》こうとしたところにあった。

このような離れ業のできる民族は、おそらく世界広しといえども日本人だけではあるまいか。行ったこともないヨーロッパを、オランダ文の単語や構文から想像しようとした。

——最初に試みたのが、千数百年前の漢文であったろう。

中国の古典語を学び、それによって肉眼で見たことのない中国文明を知ろうと努力した。

知ろうとすることは、日本人の場合、想像力を働かせることであったといってよい。中世・近世に描かれた絵画の虎を見るとよい。日本人は本物の虎を見たことがなく、書物や絵画をもとに、日本にもいた猫をモデルに、想像しつつ虎を描いたのである。

「おおよそ、こんなものであったろう」

と。

良くも悪くも、日本は四面を海に囲まれている。そのため、浜辺につま先立ちになって、どれほど伸びあがって沖を見ても、水平線しか見えない。そこに中国大陸は見えなかった。まして、遠いヨーロッパが見渡せるわけがない。

結局は空想し、想像し、断片的な知識を蘭学書で得て、像を結ぶ——そのためには、できるだけ多くの異国文字を読む以外に方法がなかった。この精神作業を、日本人は気の遠くなるほどの期間、漢文を用いて民族的訓練を積んだわけだ。

それが蘭癖家を触媒として、幕末の蘭学の隆盛に結びついた。

もっとも、この「蘭学＝洋学」のブームは、海防の必要に迫られ、進んだ西洋技術を取り入れるために、江川太郎左衛門の生きた時代が最も盛況であり、ほどなく英語に取って代わられてしまう。

一方でフランス語が学習され、明治四年（一八七一）の岩倉使節団の欧米視察後（明治六年帰国）は、ドイツ語が官界では主流となっていく。

ここで誤解してはならないのは、日本人は漢文を学んだからといって、骨の髄まで儒教の生活を受け入れたわけではなかったことだ。言葉悪くいえば、中国の文明に求めたのは、自国の文明に足りないと思うもの、必要とするものを得るための手段、道具であって、それが幕末、漢文からオランダ語に取って代わられたにすぎない。

明治維新後、あれほど長い歳月、学び親しんできた漢学をあっさりと捨て去ったのも、同じ理屈からであった。こうした発想・行動力は、他の民族、国家には想像することすらできないに違いない。

たとえばアラブやインドの人々が、新しい技術文明を身につけたからといって、伝統の自国の文明を捨て去ることができるだろうか。宗教儀式をとりやめ、聖典を焼き、民族衣装を翌日から西洋式に変えられるだろうか。

到底、日本人のような早変わりはできまい。

「いえ、そのようなことはするべきではありません」

と、他国の人々はキッパリというはずだ。

ところが日本人だけは、何のこだわりもなく、学んだ文明が時代にあわないと判断すると、まるで古わらじを田畑へ投げ捨てるように忘却してしまう。

日本は明治維新で儒教を捨て、一時は廃仏毀釈《はいぶつきしゃく》までやって仏教をも捨てた。洋学に大転換したのである。しかも、ごく気軽に——。

「日本人は、人間以外の何ものかであろう」

民族的思想を伝統的に受け継いだ国の人々からすれば、日本人はきわめて奇異な存在に映ったに相違ない。が、変な国日本では、その末端の道場において、

「邦さんももう少し、酔狂な心をもたなければなりませぬな」

そういって忠告し、蘭学の手ほどきをした人物がいたはずだ。渡辺崋山の流れであったろう。

ヨーロッパには、酔狂を愛する風土がある。だからこそ文明は興った。ところが、日本はどうだ。隊列からはみ出るものは嫌われる。秩序にやかましい国は、発明・発見に寛大ではない。それではいつまでたっても、ヨーロッパの進化には勝てない。

ロシアは刻々と蝦夷に迫り、イギリスもインドを経由して、アジアへ侵略の矛先を向けているというのに——。

「日本を外敵から守らなければならぬ」

海外知識を知る蘭癖家の中から、「攘夷」が生まれた。

そして彼らは一方で、日本を憂いで二六時、空論を戦わせた。「撃剣館」しかり。奇妙なことに、空論は空論であるほど熱情が高まる習性をもっていたが、蘭癖家が交ざると、白熱した論戦は水を浴びたようになった。蘭癖家は具体的、原理的な理屈を欲した。たとえば、敵＝欧米列強の実力と日本の実力の比較をしてから、文句をいえ、というように——。

「この国は、あまりに天下泰平でありすぎた」

と、道場仲間の誰かが、邦次郎にいったかと思われる。

享保の改革から大御所時代まで

寛永十五年（一六三八）の天草・島原の乱以降、これといった内乱もなく、外国との戦もなかった。これはご公儀（幕府）の誇り得ることだ、と蘭癖家は一応、その点を褒めつつ、しかしながら、と言葉を切り、平和でありすぎたために、武備を怠った、と現実を批判したに違いない。

邦次郎の四歳から四十三歳に相当する、文化—文政—天保——この大江戸文化の爛熟《らんじゅく》期は、そのますっぽりと十一代将軍・家斉の時世と将軍の座を去りながら実権を握りつづけた、「大御所」時代が入った（天保八年に将軍は形だけ、家慶に代替わりしている）。

ところが、この時期の日本の国政を担うべき家斉という人物は、後世に、多くの子女を産ませたことでのみ、歴史にその名をとどめたような人であった。

側室四十人、子女五十五人——上がこの有様では、下は見るまでもあるまい。

家斉は、頽廃《たいはい》文化を推進しただけの人物であった印象が強い。

それ以前、八代将軍吉宗によって享保の改革が断行された。綱紀の粛正、文武の奨励、柔弱な風俗を質素倹約に改め、質実剛健の風を創り出す——吉宗は一方で、緊迫した財政を立て直すため、新しい産業の開発などにも力を入れたが、どのように努力しても「家康の遺言」に阻まれ、結局、改革は中途半端に——一応は成功という形では伝えられたが——終わってしまった。

彼が政治の表舞台から去ると、これまでの反動もあってか、風俗は一気に乱れ、田沼主殿頭《とのものかみ》意次の時代、幕府内の腐敗と汚職は増殖した。

「金銀は人の命にもかへがたき程の宝なり。その宝を贈りても御奉公いたしたしと願うほどの人なれば、その志《こころざし》、上に忠なること明《あきらか》なり。志の原簿は音信（贈りもの）の多少にあらはるべし」

本当に、ここまでいい切ったかどうかは兎《と》も角《かく》、意次の時代、賄賂がおおっぴらに贈答され、江戸の吉原、深川の遊郭は大いに賑わい、錦絵、黄表紙や洒落《しゃれ》本は飛ぶように売れ、狂歌、川柳も大うけ、歌舞伎も大流行となった。

意次の政治を覆し、享保の改革に戻ろうとして登場したのが、吉宗の孫にあたる白河藩主＝老中首座・松平越中守定信であった。前述の谷文晁の主人でもある。定信の寛政の改革も、当初は世の中に大いに受け入れられたが、とどのつまりは干渉、取り締まりにうんざりした庶民からは総スカンをくらい、

白河の清き流れに住みかねて
元の田沼の濁り恋しき

などという落首が伝えられるなど、定信はやがて将軍家斉に罷免されてしまう。

あまり知られていないが、そのあとを継いだ水野出羽守忠成《ただあきら》という、老中首座が最悪だった。これほどひどい幕政の責任者も、いなかったのではあるまいか。田沼政治を復活させたのだが、この愚かな宰相忠成には、意次のような物産開発政策も、迫りくるロシアに対する方策も、何一つなかった。彼はただただ、家斉の多くの子女を、大名家に押しつけることによってのみ、己れの地位を保っていたにすぎない。

国家財政が破綻をきたしている時期に、日本ではよりお金のかかる将軍の子女の結婚に、一国の宰相が奔走していたのである。

江川家の窮状を救ってくれた紀州徳川家の治寶——その次期藩主・斉順《なりゆき》も家斉の息子を養子に迎えたものであった。水戸徳川家はお家騒動で揉めた挙句、家斉の子を拒絶して、斉昭を藩主の座につけていた。殿さまを押しつけられるのも大変だが、財政上、より以上に困惑したのが将軍の姫をもらった諸侯であった。いずれも身分は「御守殿《ごしゅでん》」——夫の大名より格式は上である。そのため大金をかけて新居を建築しなければならず、その奥もそれなりの規模を調えなければならなかった。

「海防どころではないわ——」

諸藩の執政たちは、挙《こぞ》って舌打ちをくれたことであろう。

人口だけが増えていた。幕末に入った日本は、三千万人の人口をもっていた（うち六、七パーセントが武士）。

フランスは三千六百万人、イギリスは二千八百万人、ドイツは二千七百万人、新興のアメリカが二千四百万人といった調子であった。

だが、江戸だけを見ると、宝永二年（一七〇五）の記録では百十万人。同じ頃のロンドンは八十六万人、パリが五十四万人でしかなかった。

江戸は世界一の都市であり、読み書きそろばん（計算）においても、世界の水準を大きく抜き、トップに位置していた。が、一面、世界一の消費都市でもあった。

立喰いブームとその内容

そうした江戸においては、羊羹《ようかん》やカステラが婦女子にうけ、立喰いが庶民の中でブームとなっていた。

「大津絵節」の〝立喰い〟を見てみると、

「いぢきたな立喰いしょ　夜見世の煮染《にしめ》や焼き団子　天麩羅《てんぷら》のあげたては　こりゃなんだ　ありゃなんだ　直《ね》はいくら　蛤《はまぐり》むきみに貝柱　あなごにこはだにするめいか　座頭は海老であろ　焼芋《やきいも》ぼたもちはじけ豆　鮨《すし》むぎゆ　うなぎのやすうりにゆで玉子　水くわし（菓子）大ふく　麦飯《むぎめし》あんかけ　おでん

に燗酒《かんざけ》　塩梅《あんばい》よし夜たかそば　ゾロゾロ（下略）」

と、屋台見世での立喰いメニューが並んでいる。

ちなみに、つなぎに小麦粉を混ぜた蕎麦《そば》が、江戸市中に出まわったのは、元禄の終わり（一七〇二年）頃のこと。まず蕎麦がき、蕎麦焼餅とつづいて、関ヶ原の合戦（一六〇〇年）頃に蕎麦切りが作られるようになった。

むしろ、うどんの方が蕎麦よりも早かった。〝饂飩《うどん》〟は旧名を〝餛飩《こんとん》〟といい、平たくのばした麺《めん》に野菜や肉を包んで煮ていた。餛飩の北京《ペキン》音の転訛《てんか》したのがワンタンである。

さかのぼれば、〝餛飩〟は奈良時代（七一〇〜七八四年）にもあり、江川太郎左衛門の時代、江戸では饂飩を売りながら、かたわらで蕎麦切りを商っていた。今のようなうどんの形式は、幕末も沸点となる文久年間（一八六一〜六四年）あたりまで、待たねばならなかった。天ぷらの出現も、安永年間（一七七二〜八一年）といわれ、握り鮨はさらに遅れて文政年間（一八一八〜三〇）で、なにぶんにも食べ物を扱う店が町に出はじめるのは、江戸時代も中期になってからのことであった。

天ぷらはそもそも、ポルトガル人が伝えたとされてきたが、小麦粉を用いて魚介や野菜を油で揚げることを、この国ではフリットという。テンプラはスパイス、または調理のこと。

——今日の天ぷらは、江戸で生まれたといってよさそうだ。

材料に竹串を刺して揚げ、大根おろしを入れた割醬油（だし）につけて食べた。

一説に「天麩羅」の漢字をあてたのは、邦次郎の父・江川英毅も交流のあった、人気作家の山東京《さんとうきょう》伝《でん》だといわれている。

ある日、大坂から芸者と駆け落ちして逃げてきた男が、当時、まだ江戸にはなかった揚げ物を売り出したい、と京伝に相談した。それを聞いた京伝は、「天竺浪人（浮浪人）が江戸にふらりと来た」ところから、「天麩羅」と命名したとか。

ほかにも、「天麩羅揚《てんぷらあげ》（阿希《あげ》）」と称していたのが、あげの部分がいつしか抜けた、という説もあった。

最初は「辻売り」（あるいは下馬売り）といって、冬の温かい茶湯、夏の冷やした麦茶などを、目立たないように商い、それが次第に前出の立喰いにみるような軽食を扱うようになった。

けれども、正式な武士は対象外。彼らは立喰いを許されていない。いいかげんな時代劇ならいざしらず、史実の邦次郎＝太郎左衛門は、決して立喰いはしなかったはずだ。

居酒屋が登場するのもこの頃だが、ここで痛飲しているのは馬子《まご》（馬の口取り）か陸尺《ろくしゃく》（雑役に従う人足）、日雇い人夫たちで、中間《ちゅうげん》、駕籠《かご》かき、奴《やっこ》らは別として、歴とした武士は間違っても暖簾《のれん》をくぐることはなかった。遠出のときは弁当持参が常識で、外出先から土産物を買うといった風習も、武家社会にはなかった。それが崩れはじめたのも、江川太郎左衛門が生きた時代ではあったが……。

武士の飲食は、もっぱらその自宅で客を呼んで行なわれた。

庶民が居酒屋で一杯飲んで管《くだ》を巻いているとき、武士の一部は迫りくる外国船に、日本の危機を感じて論争していた。

どうやら人の世は、常に大きく二つに区分することができそうだ。

世のため人のためを考えることのできる立場の人と、自分や家族のこと以外に関心のない人——邦次郎は前者であった。もしも、彼が家代々の代官職を継がず、八代目太郎左衛門を襲名しなければ、いったいどのような生涯を送ったであろうか。

幕臣の他家へ養子入りし、幕閣に現われたようにも想像するが、そのとき彼は、代官職を継いだ未来に比べて、どれほどの活躍ができたであろうか。

歴史は過去に学び、現在と比較し、未来について考えるもの。興味は尽きない。

兄の死と代官見習への出仕

文政四年（一八二一）六月、邦次郎の兄・倉次郎英虎が病没した（二十四歳）。

それより以前、文化八年（一八一一）二月、すでに代官見習となっていた英虎は、六年後、交代寄合の旗本・山崎欽弥《やまざききんや》の姉を妻に娶《めと》っていた。

父・英毅が当主であり、その引退を待って八代目太郎左衛門となるべきは英虎であったが、少し身体が弱かったのだろうか。脚気《かっけ》（下肢のむくみや痺《しび》れを伴う心不全）が原因ともいうが、突然の不幸であることにかわりはない。このとき、邦次郎は二十一歳。あまりのことに、自らもどうしていいのかわからなかったようだ。

毎朝、菩提寺の本立寺の墓に参り、いつまでも手をあわせつづけた。

あまりに墓参りの時間が長いので、父と母も心配したようだ。

「邦次郎、人は誰でも一度は死ぬ。そう悲しんでばかりいても仕方があるまい。今のそなたの姿を見ても、英虎は決して喜びはせぬぞ」

父は兄のやり残したことを継ぐことが、兄への弔いとなる、と説いたことであろう。

邦次郎はそれ以来、毎朝の墓参りを短くし、そのかわりに戻ってくると、江川家代々の信仰である日蓮宗の法華経を写し、これを一巻となして兄の位牌に供えると、次には青銅製の如来像を自ら製作することを思いつく。

それらが一通り終わると、彼の心も少しは晴れたようだ。

「なるほど、めそめそばかりもしておれぬわ」

撃剣館での仲間、蘭癖家たちにいわせれば、日本の危機はもうそこまで迫っているという。インドを侵略したイギリスは、オランダを圧して東洋貿易の独占を狙い、清国と李氏朝鮮、そして日本への進出を企てているとか。一方のロシアも、南下してすでに、蝦夷地において日本と衝突をくり返していた。

ともに、異国のいうことは一つ、

「ぜひにも、わが国と通商を――」

だが、現状維持＝この申し出を拒絶すれば、彼らは武力でもって戦争を仕掛けてくる懸念があった。

日本の国防、海防を早急に考えねばならない。

幕府が外国船に対して、打払令を最初に発したのは文政八年（一八二五）二月のことであった。

しかしながら、と邦次郎は思う。わが国の大砲、小銃、水軍は、西洋の船舶や大砲に勝利できるのだろうか。真に打ち払い＝攘夷を実行するためには、堅牢な軍艦、巨大な大砲、精鋭の将兵がなければならない。日本にはそれらが、そもそも備わっているのか。

（このままでは、亡国……）

彼は自問自答をくり返した。

兄が亡くなった年の十月、邦次郎は父・英毅の嫡子となった。

二年後の文政六年（一八二三）八月二十八日、彼は旗本三千石・交代寄合の北条権四郎氏征《うじまさ》（号して壽山《ちゅうざん》）の娘をもらっている。この北条氏は古《いにしえ》の早雲からつづく、名門の末裔であったのだろうか。新郎二十三歳、新婦は十八歳であった。

翌文政七年（一八二四）、英毅は邦次郎英龍の代官見習の願書を提出、許された申渡書はそれこそ、すでに触れた老中・水野忠成から、ときの勘定奉行・遠山景晋の手を経て、英龍へと下げ渡された。

もっとも、このおりの代官見習は、父の代行をせよ、というに等しく、代官として必要なすべての職務を覚えることが求められた。

兄の跡を継いだ、ということが正式に認められ、同年六月に十一代将軍家斉へのお目見《めみえ》となった。この時点で、邦次郎は旗本の一人に数えられたことになる。

彼の代官見習は、以来十一年に及ぶ。駿河・伊豆・甲斐・武蔵・相模の五ヵ国にわたってその支配地をめぐりつつ、実地に代官の職務を身につけていった。

と同時に、この見習期間中、遠山景晋の庶子・金四郎景元（邦次郎より七歳ばかり年上）と交流があったとも伝えられるが、蘭癖家との付き合いも含め、二十代から三十代半ばにかけての邦次郎の行動は、いまひとつ明確ではなかった。

そもそも〝遠山の金さん〟も、時代劇のスーパースターとはいえ、いささか怪しい存在であった。

〝遠山の金さん〟は実在したか

町奉行所のお白洲で、取り調べがはじまるが、悪人たちはしぶとく己れの罪を認めようとはしない。すると端座していた奉行が、突如として片腕を脱ぎ、桜吹雪の彫りものを見せ、見事な啖呵《たんか》を切る。

「おう、てめえら、いつまでシラを切ってやがんでぇ、てめえらの悪事の数々は、この遠山桜が見届けているんでぇ」

という、お決まりのパターンである。

明治に入って講談に取り上げられ、歌舞伎がそれを脚色して、少しずつ形が整った。

なかでも明治二十九年（一八九六）十一月の、明治座での初代・市川左団次《いちかわさだんじ》による「遠山桜天保日記」（竹柴其水《たけしばきすい》）は、大当たりとなり、三年後、松林伯円《しょうりんはくえん》（二代目）の講談「遠山左衛門尉《とおやまさえもんのじょう》」が刊行され、この二つが〝遠山の金さん〟を創り上げたといっていい。

以来、映画やテレビでもくり返し演じられて今日にいたっている。

「遠山の金さんは、実在の人物――」

というのが、その人気の所以でもあった。

実は、明治二十六年（一八九三）、漢学者・中根香亭《なかねきょうてい》が、雑誌『史海《しかい》』にセンセーショナルなレポートを発表したのが、どうやらその発端であったようだ。

江戸町奉行・遠山景元は若い頃、放蕩者で、女の生首が巻物をくわえている図柄の彫りものをしていたことや、吉原の「遣り手婆」（客引き）と白洲で再会した話などを述べている。

もっとも、香亭本人は「人伝《ひとづて》に聞いた」としており、それを裏付ける証拠はどこにも存在しなかった。

――確かに、遠山左衛門尉景元という町奉行は、実在した。が、厳密にみていくと、この人物は〝金さん〟とはいえなかった。

天保十一年（一八四〇）、四十歳前後で北町奉行に任命されたのが、遠山左衛門尉景元である。三年つとめて大目付に転出し、弘化二年（一八四五）から嘉永五年（一八五二）までの約七年間、今度は南町奉行に任じられた。

ところが、この景元の通称は、『寛政重修諸家譜《かんせいちょうしゅうしょかふ》』（七八七巻）によると、〝通之進〟であった。

つまり、〝通さん〟であって、〝金さん〟ではない。〝金〟のつく人といえば、景元の父が遠山金四郎景晋であったが、景晋は町奉行の経験はなかった。無論、景晋―景元の父子が、桜吹雪や女の生首の彫りものをしていたという、確かな記録もない。

ただ、俗説によれば景元は、いつの日も手首にまで及ぶ下着の袖を、コハゼによってずれぬよう手首のところで留めていたという。さて、手首の下には、他人《ひと》に見られたくないものが秘匿されていたのか、どうか。

彼の遠山家は本流ではなく分流で、代々、五百石取りの中クラス。ごく平凡な旗本であったが、景元の祖父・権十郎景好（四代）のときに、ちょっとした事件が起きている。

景好は子に恵まれなかったようで、千石取りの永井筑前守直令《なおよし》の四男を養子として迎えた。それが景晋である。景晋は永井家の四番目の男子ということで、〝金四郎〟と通称されていたわけだ。

この景晋は、幕府の学校「昌平黌」をトップで卒業した秀才中の秀才であった。

松平定信の〝寛政の改革〟による、人材登用で抜擢され、先に少し触れたロシアの使節レザノフが来日したおり、その交渉の任にあたっている。次いで、蝦夷地の巡察役に、文化九年（一八一二）から十三年間は作事奉行、または長崎奉行となり、さらに五十六歳の文政二年（一八一九）から十年間、勘定奉行をつとめた。邦次郎の代官見習を承認したのは、この期間内のこと。

遠山家は万々歳であったが、晩年になって養父の景好に実子の景善《かげよし》が誕生した。養子の景晋にすれば、困惑したに違いない。熟慮の末、景晋は景善を已れの養子とした。

これで遠山家の血は、もとに戻るはずであったが、運命の皮肉は再び、先代と同じ立場を景晋の身に負わせてしまう。景晋に実子〝通之進〟＝景元が、その後に生まれたのである。景晋とすれば、わが実子がかわいい。できることなら、景元を後継者としたくなるのは人情であったかもしれない。

しかし、武家の家には秩序というものがある。そこで景晋は景元を、養子景善のさらなる養子とした。

もし、景善が已れより先に死ぬことがあれば、その跡は景元が継ぐ。
だが、と景晋は考えた。

遠山家三代の確執と町奉行の職責

「もし、わしが死ねば景善は、通之進を廃嫡して、已れがもうけた子を跡目に立てるかもしれぬ。それでは通之進が不憫じゃ」

以来、景晋は健康に注意して長生きを心がけた。

彼が七十四歳まで幕府の要職にありつづけたのは、家督を景善に譲りたくなかったからであった、と筆者はみている。当然のことながら、いつまでたっても隠居しようとしない景晋を、景善は恨みがましく思い、陰ながら非難もしたであろう。二人は、口論に及んだかもしれない。

通之進＝景元の耳にも、当然、そうした二人の諍《いさか》いは聞こえてきたであろう。

立場上、景元にすればたまったものではない。傷つきやすい年齢で、実父と養父の確執に悩まされた通之進は、ついにいたたまれなくなって、家を飛び出してしまった。

遊里に入り浸っていたとか、あるいは芝居小屋で囃子方《はやしかた》をしていた、といわれるのは、この時期のこと。一説に、十一年間の放蕩生活だったとも。そして文政七年（一八二四）、根負けしたわけではなかろうが、景善が病没した（邦次郎が代官見習となった年でもある）。

翌八年（一八二五）、三十三歳前後で景元は実父景晋の家督を相続、幕府へ召し出された。ほぼ実父と同様のコースを歩んだが、四十二歳で小納戸頭という管理職につき、千石取りとなってからの出世のスピードは、尋常のものではなかった。

二年後、作事奉行（二千石）となり、やがて、四十六歳にして勘定奉行（公事方）に就任した。この職《ポスト》は、秀才官僚の父・景晋が五十六歳でようやく手に入れたポストであった。

しかも景元は、その二年の後に江戸北町奉行に栄進している。

町奉行は江戸の民政一般をつかさどり、庶民の訴訟を受けつけ判決を下し、治安警察を担当。市中の非違を摘発し、刑名を定めて罪人を裁き罰した。加えて、宿次ぎの馬や人夫＝駅伝の監督までやっている。

今日でいえば、警視総監と警察庁長官、東京都知事、地方裁判所の長官、東京消防庁の長官、東京駅の駅長、東京中央郵便局の局長などをも兼任したような、広範な職務を担当したといってよい。

町奉行は老中の支配に属し、官位は朝散大夫《ちょうさんのたいふ》で従五位下、席次は芙蓉間《ふようのま》、禄高は三千石であった（江戸初期には、五千石から一万石の人も珍しくなかった）。

――その担当地域は、きわめて広域に及んでいた。

江戸開府の頃、江戸城を中心に方二里四方が江戸府内＝市街地であった。

それ以外は、すでに第一章でみた関東郡代（職禄二千石）の守備範囲で、配下の代官が各々――武蔵、安房、上総、下総、上野の諸国を分担していた。代官の地方行政は、領民の紛争和解、訴訟の聴断など、いずれも町奉行の役職と酷似している。が、異なる点が二つあった。

一つは租税の徴収を受けもつこと。江戸町奉行所には、この役目がない。城下の繁栄をはかるため、市街地は元来、地租を原則として徴収しなかった。これに対して、郊外＝府外の田畑には年貢がかけられている。

もう一点の差異は、代官には町奉行所のような警察力がなかったことだ。

郡代支配の代官五人に対して、同組附が三十人、四十人との記録もある。

ところが、江戸に大火が起きるたびに、市街地は延びていった。人口の増加に伴って、農地へ長屋などが建てられたからだ。

ここは府内ではないから、当然、租税を徴収されたが、ご多分に漏れずにこうした新興の地域には、淫売《いんばい》、博奕《ばくち》が派生した。それを取り締まる力が、代官にはなかったのである。

いきおい、こうした新市街地＝府外も、治安警察力をもつ江戸町奉行の管轄となった。

寛文二年（一六六二）の記録に拠れば、江戸の前面に位置する隅田川を別として、南は高輪、北は坂本、東は今戸橋までを町奉行所の支配地に、さらには正徳三年（一七一三）には深川、本所、浅草、小石川、牛込、市谷、四谷、赤坂、麻布などが町奉行所の管下に移行している。計九百三十三町――。

この頃、すでに〝八百八町〟を超えていた。

これら府外は別名、〝町並地《まちなみち》〟と称され、代官と町奉行所の双方から支配を受けたが、町奉行所の担当地域が拡大していったことにかわりはなかった。

職務はきわめて広域かつ重要であったにしても、官位といい、職禄といい、町奉行は決して恵まれていたとはいえない。

友と母の死

将軍の側衆や武官筆頭の「大番頭」が、泰平の世、なんら具体的な役儀を果たしていなくとも五千石を下らなかったのに比べ、町奉行は「書院番頭」、「小姓組番頭」より下位で、ようやく無役の御家人（御目見《おめみえ》以下の幕臣）を総括する「小普請支配」（三千石）と同列扱いであった。

それでいて、この職《ポスト》が幕臣羨望《せんぼう》の的であったというからおもしろい。

なぜか。町奉行は大目付、留守居といった要職へ昇進するための出世通過コースであったからだ。それだけに、やり手の秀才官僚がこの地位についた。

好例が大岡《おおおか》越前守忠相《ただすけ》であり、遠山左衛門尉景元であったろう。では、左衛門尉景元の出世は、何に起因していたのであろうか。一言でいえば、〝天保の改革〟に居合わせたればこそであった。

天保の改革は、それ以前の享保、寛政の改革に比べ、庶民生活の衣食住の端々まで干渉し、統制した点において特色があった。

改革を企画・立案し、実行に移したのは次章で詳しくみる老中首座・水野越前守忠邦《ただくに》であり、その片腕と評されたのが、鳥居耀蔵《とりいようぞう》（甲斐守忠耀《ただてる》）であった、と一般にはいわれている。この人物は江川太郎左衛門にとっても宿敵となるのだが、講談や歌舞伎では、水野忠邦と鳥居に敢然と立ち向かい、庶民のために活躍したのが〝遠山の金さん〟という設定になっているが、現実はむしろ逆であった。

節約令、物価引き下げ政策、綱紀の粛正――なかでも、忠邦が直接に庶民の生活統制に乗り出したのは、天保十二年（一八四二）五月二十二日の「祭礼風俗の取締令」からであったが、これを推進したのが北町奉行の景元と、少し遅れて南町奉行となった鳥居の二人であった。

なにしろ、景元は放蕩生活の年季が入っている。庶民生活にも通じていたから、歌舞音曲衣服はもとより、凧揚げ、魚釣り、縁台将棋の類まで徹底して取り締まった。

当時の小話に、

「キツネが『鳥居』（稲荷）の縁で、お目こぼしにあずかるので、タヌキも〝何卒〟とお願いに上がれば、〝タヌキは北の『遠山』に縁者がおろう〟とぞいわれけり」

というのがあった。

史実の〝金さん〟は、タヌキと渾名《あだな》される忠邦の片腕であったわけだ。しかも、このタヌキ、一筋縄ではいかなかった。弘化二年（一八四五）二月、キツネの鳥居が主人の水野とともに失脚したにもかかわらず、景元は幕閣に生き残りつづけている。

おそらく景元は、忠邦のアキレス腱（鳥居も含め）を日常から調査し、把握していて、自身も含めた忠邦の勢力が、周囲にどのように見られているのか、冷ややかに観察していたのではあるまいか。第三章で詳しくみる「上地令」にも反対し、ついには忠邦の反対派にまわっている。

また、天保の改革にあって景元は、江川太郎左衛門を庇《かば》った形跡があった。少なくとも敵ではなかったようだ。

あるいは、修行時代の友であったのかもしれない。

そういえば景元も、安政二年（一八五五）に亡くなっていた。太郎左衛門の五十五に対して、彼の享年は六十三であった。墓は東京巣鴨の、本妙寺にあるという。

――話を、代官見習に戻そう。

不明瞭な邦次郎のこの時期、最も明解なものの一つに、母・久子の死があったことは忘れてはならない。文政十三年（一八三〇）八月四日、五十四歳で彼の母はこの世を去っている。

病床についてより、見習で他郷に出かける以外、屋敷にあるときは懸命の看病をしていた邦次郎であった。一週間あまりはまともに布団に寝ることもなく、二週間ほどは着物も着替えないで付き添った、という。だが、母の病状は好転しなかった。

いよいよ、という臨終の間際、母は付き添う息子に語りかけた。

「邦次郎、もう、私はだめです。倉次郎のところにまいりましょう。ただ、申し残しておきたいことがあります。どうぞ、忍耐のことだけは、片時もお忘れなきように」

あなたは文武の才に恵まれ、体格にも恵まれています。いえ、恵まれすぎているのです。そのためつい己れの才覚にまかせ、覚えた腕にまかせ、短兵急に物事をはかろうとする嫌《きらい》（傾向）があるようです。ですが、何事も急いではなりませぬ。いかに順調にいこうと、一度《ひとたび》、挫折してしまえば万事は窮します。

どうか忍耐のこと、それだけをこの母のいまわの言葉として、お忘れなさいませぬように——久子はいった。この母は息子の長所短所を、よく見ていたといえる。

「母上——」

決して忘れはいたしませせぬ、といったところ、それを聞いて安心したのか、久子はそのまま目を瞑《つぶ》り、息を引き取った。

邦次郎は兄につづいて母を送ってのち、自分の部屋に戻ると、心中をしずめて墨をすり、「忍」の一字を大書した。すると、免許皆伝の腕をもつ男が、己れの胸の動悸《どうき》を自分で聞いたような気になる。

(母上は、私をここまで案じてくれていたのか……)

そう思うと、邦次郎は手にした筆をもつ手が震えた。

下腹あたり(丹田)から、血が泡つぶとなってとめどなく、沸々《ふつふつ》と湧きあがるような、首すじがにわかに熱くなるような思いがした。なるほど、自分は血の気が多い。もし、母が諭してくれねば、おそらく剣難で人生を棒に振ったかもしれない。

(おれは代官になるのだ)

胸の中で、邦次郎は念を押した。熱血に燃えてはいけない。少なくとも、表面上は……。代官は直臣、幕臣なのだ。そう思いつつ、彼は母から生前にもらっていた数珠を、生涯、肌身離さず身につけ、何かあるごとに、決意を新たにするのであった。

この母の形見の数珠は、後年、江川太郎左衛門の死とともに、その柩《ひつぎ》の中に納められたという。

第三章

内憂外患

川路聖謨（東京大学史料編纂所蔵）

代官・江川太郎左衛門の誕生

天保五年（一八三四）三月二十七日、父・英毅が没した。享年六十五。

生涯現役で、一代官としての職責を全うしたこの人は、良識のある立派な地方行政官といえる。

徳川幕府にはあくまでも忠誠を尽くし、領民に対しては仁義慈愛をもって接した。が、封建制のほころびは容赦なく広がり、いかに優れた代官の英毅をもってしても、一人では補完できるものではなく、より悪化した条件の中で、いよいよ八代目・太郎左衛門の、本格的な出番となる。

翌天保六年（一八三五）三月、幕府からまず名代登城の命が下った。

老中・若年寄という幕閣重鎮の列席する中、老中・松平乗寛《のりひろ》より、江川家の名代として登城した伊奈《いな》友之助に対して、江川英龍の跡目相続が申し渡され、この日をもって邦次郎は太郎左衛門を襲名することになり、彼は正式な幕府代官となった。ときに三十五歳。

江川家の采配する天領は伊豆以外にも、相模・武蔵・駿河にまたがり、四ヵ国で五万四千五百十七石六斗七升三夕五才。これに当分領地の二万四千七十二石二斗八升七合一夕二才を加えると、計七万八千五百八十九石九斗五升七合四夕七才となった。

太郎左衛門はこれらの地域の、行政の長としての権限を背景に、明治維新を遡及《そきゅう》することおよそ三十一年前に、伊豆韮山の代官となった（天保九年に甲斐代官の不祥事があり、甲斐の一部を引き受け、かわって駿河の一部を駿河代官に引き渡すなどして、支配地は約十二万石となっている)。

彼は蘭学を蘭癖家を通して学ぶことで、地域に西洋のすぐれた技術を導入し、活性化、増収化を計ろうと考え、それが国防＝海防問題とからみ、ついにはこれからの日本の進むべき方向を、アメリカ建国の理念(多分に理想化された)に近い感覚へ置き、大目標に据えたようにも思われた。

しかも太郎左衛門は、それを達成するため、幕府の封建割拠を民主的中央集権制の共和政治に、いずれは幕府の威勢で移行し、万民が一体となって国家の総力を結集し、進んで西洋の制度と科学技術をとりいれ、一方で海防をはかる以外、日本百年の大計はない、との確信を抱いていた可能性が高かった。恐るべき、先見性といわねばなるまい。否、迫りくる欧州列強の外圧が、彼をそこまで必死にさせたというべきであろうか。

「このままでは、ご公議は立ち行くまい」

太郎左衛門には、江川家が代々世襲してきた代官の職を通じて、幕府の行く末がみえていたようだ。恩義ある幕府をどうすれば再建できるのか、日本をいかにすれば欧米列強から守れるのか。彼の生涯はまさに、これらの命題に対する試案を書き連ねたものになった、といえるかもしれない。

ところで、この太郎左衛門はどのような風采をしていたのだろうか。

第二章でみた横井小楠は、「豪傑」という言葉を使っていた。同じことを渡辺崋山も、

「近来珍しい豪傑です」

と語っていた。これから崋山同様に深い関わりをもつ水戸徳川家の斉昭は、太郎左衛門をして、

「当時（今日）にあっては、一方の長城《ちょうじょう》（完璧の守り）」

と称した。大学者として聞こえた安積艮斎《あさかごんさい》は、

「文武兼備勇略超倫《ちょうりん》」

と絶賛している。

なるほど、太郎左衛門が父と同様の、人格者であったことは間違いなさそうだ。

その体軀も人並みはずれて優れ、丈は高く、大層堂々としていた。目はあくまで大きく、眉根は黒々とそびえ、鼻は高く、ひげのない口もとは常に、力いっぱいひき結ばれていたような印象がある。

なにしろ顔容《かおかたち》に関しては、太郎左衛門が鏡に向かって、自分の顔をみながら自身で描写した絵が現存している。文晁や応挙の画風でいえば、英雄的風采といえるかもしれない。

普段は寡黙であったが、ひとたび議論の場に臨めば、決して退かず、その声は雷のように大きく、鋭く、黒光りする眼光も尋常なものではなかったという。

これからみる大塩平八郎《おおしおへいはちろう》の乱が起きたおり、混乱する支配地の一つ、甲斐国へ、太郎左衛門は斎藤弥九郎と二人、刀剣商になりすまして潜伏したことがあった。

山間の宿屋に泊まると、太郎左衛門にお茶をすすめた女中が、何か落ち着かない様子をしている。

はて、何ゆえか、と怪しんだ弥九郎は、太郎左衛門が風呂に行っている間に、床をのべにきた女中に、それとなく不審を尋ねた。

すると女中は、

「あの、お連れさまの眼が、どうにも怖くてしかたがありません。あの方はいったい、どういうお方なのでございましょうか」

と逆に、肩をすくめて身震いしつつ、尋ねてきたという。弥九郎は笑いながら答えた。

「あの人は剣術が大好きでね。終始、稽古をしているから、眼が恐ろしく映ったのだろう。それは怖がらせてすまぬことをしたな、ワッハッハッハッ」

なるほど、剣の腕は実践で鳴る神道無念流の免許皆伝、「撃剣館」四天王の一人に数えられる腕前である。おそらく太郎左衛門と同じ幕臣の勝麟太郎《かつりんたろう》（海舟《かいしゅう》）――この二人は共に、牢人しても剣で世の中を渡っていけたに違いない。

太郎左衛門を度々見かけたという老人の回想譚にも、次のようなものがあった。

「韮山の殿さまは、度々下田へお越しになったようですが、お急ぎのときは、天城の険山を避けて、網代港《あじろ》に出られ、よく私の船で下田へ向かわれました。当時、お歳は五十ばかりとお見受けいたしましたが、髪はもう雪のように白く、つややかなお顔色に照り映えて、輝くばかりでした。それに背は高く肉体はよく、いかにも立派にお見受けしました」

――偉丈夫といってよい、風貌の人であった。

剣客の人材活用法

太郎左衛門は西洋流砲術、歩兵の調練も含め、この先、しきりと天城・江梨・箱根などに家来や韮山塾（後述）の塾生を連れて山猟におもむいたが、四十代、五十代の太郎左衛門は壮年をしのぐ気力と体力をもっていたという。

加えて、彼は、自らが代官となるや斎藤弥九郎を代官所の手代として採用、己れの片腕とも恃んで地方行政の改革に着手した。

それにしても、

「御用人格で手伝ってくれぬか」

と、太郎左衛門からもちかけられた弥九郎の心中は、さぞかし複雑であったろう。

一方で、大いに申し出をありがたく思ったに相違ない。なぜならば、彼はここではじめて正式な武士となったのであるから。

徳川幕府の定めにより、「武家諸法度《ぶけしょはっと》」（公事方御定書《くじかたおさだめがき》とも）が制定されたが、この中で「士卒」という区分が設けられた。「侍」は両方の総称だが、正式の「士」＝「武士」は足軽までを指した（藩によっては、さらに細分化しているところもある）。「足軽」は普段、名字帯刀を許され、一般の武士とかわるところがなかったが、城つとめでは袴の股立《ももだち》を高くとることが多く、外見的には明らかな差があった。軍隊でいえば、准仕官といったところ。

諸藩においても、藩士は主君（藩主）に御目見《おめみえ》できるかどうか、が身分上の一つの大きな区分となっていたが、「足軽」はこれが適わない。

藩士が総登城する正月の年賀にあっても、足軽は大広間に入ることが許されなかった。が、数のうえでは、藩士よりも足軽の方が多かったのである。

合戦のないときは、雑役を担当し、「足軽」→「足軽小頭」→「足軽頭」と昇進した。ただし、〝頭〟は部隊の隊長と同じ意味だから、「足軽」とはいわなかった。

足軽の給料はいくらであったか、最低がすでにふれた三両一人扶持の年給（〝三ピン〟）。三両は現金。一人扶持とは、月に改めて玄米一斗五升。二人扶持なら、三斗となる。年間にすると四俵半、石にすれば一石と五分の四。つまり、一日に五合の割合となる。「四合五勺」と計算するのは、つきあげた白米の場合であった。

「三両一人扶持」から「三両二分一人扶持」「四両二分一人扶持」……。小頭はちなみに、「五両二分二人扶持」＝「四石一人扶持」となった。

「足軽」が准士官ならば、士官＝武士の最低身分は何か。「徒士」である。

年給が三両一人扶持で、これは「足軽」と同じ。行列のとき、股立をとるのも「徒士」と「足軽」。だが、この両者には大きな身分上の差があった。なにしろ「徒士」は、行列の供先の警備＝先徒《さきがち》や諸門の警衛などが主な役目であるため、武術の心得を必要とした。実際、剣の達人や柔の名人なども、この

「徒士」に少なくなかった。

いずれにせよ、自称の武士から、法的にまともな武士となったことは、弥九郎にとって嬉しかったであろうが、半面、

「道場をどうする――」

という切実な問題があった。

太郎左衛門の後援もあり、「練兵館」は繁盛していた。自分は剣客が本職である。悩んだ末に、弥九郎は両立を決意した。月のうち七日間を韮山で過ごす、というのである。ちなみに、韮山から九段下俎板橋の「練兵館」までは約三十里。しかも途中に、天下の嶮＝箱根もあった。

（はたしてやれるだろうか――）

と、太郎左衛門も弥九郎も考えなかった。

やるしかない、とこの二人の性格では思ったはずだ。実際、太郎左衛門の没する年の正月まで、弥九郎は二十年、この両立を実践した。終えたとき、弥九郎は五十八歳になっていた。

殖産興業、道路河川の改修、凶作の手当て、文武教育の相談――ありとあらゆる面で、弥九郎は太郎左衛門の補佐役を演じ切った。しかも関わった多くの人々は、弥九郎の正体――三千人からの門人を擁する、天下の剣客ということに気がつかなかったという。

このあと彼は、太郎左衛門が経験するアメリカのモリソン号来航事件、蛮社の獄、高島秋帆《たかしましゅうはん》をめぐっての騒動など、一つ間違えば生命《いのち》のない切所を、主君の韮山代官とともに渡っていくことになる。弥

九郎は代官の手代の役目をつとめるとき、自らを左馬之助と称した。

代官所の職務内容

それ以前、まだ見習であった太郎左衛門は、天保二年（一八三一）の時点で、代官・中村八太夫《なかむらはちだゆう》の手代である松岡正平《まつおかしょうへい》を韮山代官所に招聘していた。

この人物は、太郎左衛門とほぼ同年代かと思われる。また、翌三年（一八三二）にも韮山代官所の手代の二男を見込んで、家督を継がせていた。

代官所は手付《てつけ》・手代《てだい》・書役《かきやく》・手代見習・書役見習などによって構成され、これを元〆《しめ》手付、元〆手代と称される上役が指揮した。

こうした代官の属吏のうち、手付は幕臣の小普請組（無役）から選抜し、手代は任地採用を原則としていた。したがって、手付は武士で両刀を帯したが、手代は百姓からの採用のため、「野差《のざし》」という小刀しか差せなかった。

真面目につとめてそれが認められれば、手代の場合、「御抱入」といって幕臣の端に加えられることもあったが、そうでなければ代官の転任とともに失業、牢人することになった。足軽・書役・勝手賄《かってまかない》などは数人程度、中間も十人少しといった陣容であった。

それでいて、たとえば太郎左衛門の場合、五万石から十二万石規模の支配地を預かっているわけだから、こと武装ということに関しては、お寒いかぎりであった。

これは代官の第一職務が徴税にあり、そのための第二が民政、そして司法・警察は第三程度にしか考えられてこなかったからにほかならない。具体的にいえば、代官所で逮捕・裁決ができるのは、博奕——それも三度までの軽犯罪であり、五十敲《たたき》、百敲の刑に処せられた。

正しくは、「敲払い」といった。敲払いの方が、「敲」より刑は軽かった。スリなどがこれに相当したが、スリは「百叩き」といわれるように百回叩いて、そのまま釈放された。

しかし、別途の「敲」はそうはいかない。敲《たた》いて釈放する間に、附加刑として腕や額に入墨をし、それが乾く間（ほぼ三日間）、牢屋に留めおかれた。

ちなみに、「入牢《じゅろう》」というのは未決者の留置のことをいった。

ただし、「御定書百箇条」から五年後＝延享四年（一七四七）二月に、スリの刑が軽すぎるとして、「敲払い」を「敲」に改め、それでも止《や》まぬ者は死罪と改められた。

スリ三犯で〝敲〟のうえ、入墨いれ直しで江戸払いとなった。日本橋を中心に、二里四方に住むことを禁じられたわけだ。そして、四犯となれば死罪となる。

この改正により、スリの大半は三十歳を迎えずに、この世とおさらばとなった。なにしろ、七〜八歳からスリを仕込まれ、自然と指先が動いてしまう。加えて、仲間内の掟《おきて》や私刑《リンチ》もある。なかなか抜けられなかった。

それより重い者——たとえば一揆の主謀者など——は、唐丸籠に乗せて、江戸送りとするのが習いであった。これは一面、地元の代官の印象を悪くしないように、地元での判決を避けた、という幕府の思惑もあったようだ。

江戸では代官の上司にあたる勘定奉行が改めて審問し、判決をいい渡した。

もう一つ、重要な代官所の仕事――人別帳の作成も、徴税の参考となる意味合いが大きく、例年三月に各々の名主から代官所へ届けられた。出生・死亡・嫁入り、養子縁組などが報告され、それに伴って所有する田畑が移った分、詳細に書き記された。

ときおり、村から逃亡する「欠落人《かけおちにん》」が派生したが、代官所は直接動かず（動けず）、関係者による追跡が行なわれ、百八十日を過ぎても発見できなかったときは、除籍とした。ここから先、逃げた者は無宿者となる。

現代の戸籍に相当する「宗門人別改帳《しゅうもんにんべつあらためちょう》」（略して人別帳）は、キリスト教禁制を徹底するために、宗派宗門を質《ただ》したものであり、外された者を「無宿人」あるいは「無宿者」といった。農家で喰いつめた二男、三男が江戸へ出てきたり、親に勘当された者、駆け落ちした者、失踪者、所払いを受けた者、ことごとくが「無宿人」とされた。

社会不安の原因となることから、度々、幕府の取り締まりを受けたが、寛政二年（一七九〇）には、火付盗賊改方の長谷川平蔵《はせがわへいぞう》（宣以《のぶため》）の建議により、石川島（現・中央区佃島）に「人足寄場」という更生施設が設けられ、無宿人はここで手に職をつけ、給金をためて社会に出ることとなった。

徴税、民政を「地方方」といい、司法・警察は「公事方」といった。

「江川あっての柏木か――」

話が少し、それた。転勤の多い代官の中で、韮山の江川家は世襲代官であった。

そのため、手代は江川家代々の恩顧を受けた者が多かったが、それでも素行不良、無能な者、不正怠惰な者はいた。太郎左衛門はそれらを四、五名やめさせたが、何事によらず保守的な幕府のシステムは、代官に任免進退の最終権限を渡さなかった。

それゆえ、やめさせられそうになって、開き直る者も出た。よほど太郎左衛門は腹に据えかねたのであろう。江川家の事情を述べ、幕府の許可を仰がなくとも、代官所の人事を決することができるようにしていただきたい、と幕閣に願い出ている。

ところで、人材登用について、斎藤弥九郎とともに特筆すべきは、柏木《かしわぎ》忠俊《ただとし》という若者を十六歳で代官所書記に登用し、その後、引きあげて公事掛に任命した一計であろう。

忠俊は文政七年（一八二四）生まれで、通称を「総蔵」といった。

公事掛は、今でいう民事の裁判官のようなもの。代官所にとっては、要職といってよい。柏木の出自や年齢から、登用に反対する声も大きかったが、太郎左衛門はいっさいこれらに耳を貸さず、自らが楯となって彼を庇った。

弥九郎が友ならば、忠俊は太郎左衛門の愛弟子といえるだろう。

彼は公事掛の任につくや、公明正大な裁決を下し、しかもその事務処理の早さ、機敏で周密なことは、これまでに例がなく、ほどなくこの人事に不平不満をもらしていた年長の役人たちも、すっかり感心するところとなった。

「殿さまのご眼力は、さすがであったわ」

そうした声を聞いて、太郎左衛門も嬉しくないことはない。が、評価が上がれば上がるほど、忠俊には戒めることが多くなった。

「日々のお役目、ご苦労じゃな。今のところ、そなたの公事に問題はない。ただのォ、収賄だけは、くれぐれも気をつけよ。賄賂が当たり前といわれる時世じゃ。いかほど注意しても注意しすぎということはない。悪いこととわかっていて、悪事に手を染める者は多い。朽役人《くちやくにん》の悪名を被っては、前途が閉ざされてしまう。よいか、武士は食わねど高楊枝《たかようじ》じゃぞ」

忠俊は弥九郎の師・岡田十松と同様、師の言葉をありがたく聞く謙虚さ、人物の真っ直ぐさをもっていた。江川太郎左衛門が一代官の分を超えて、国難にあたることができたのは、外に斎藤弥九郎、内に柏木忠俊あればこそであった。

「江川あっての柏木か、柏木あっての江川か――」

と囃《はや》されたのも、道理である。

忠俊はのち、太郎左衛門にとって生命《いのち》懸《が》けの反射炉築造、品川台場建設（ともに詳しくは後述）にも尽力している。また、激務によって急死した太郎左衛門の死後、彼は江川家を後見し、幼い嗣子の英敏《ひでとし》

──この三十七代目当主が、文久二年（一八六二）八月に二十三歳で没したおりは、英武《ひでたけ》（三十八代）を擁立。明治維新の荒波にも見事、主家を守り抜き、ご一新にあたっては朝廷に帰順。新政府より韮山県を認められ、英武を知事に据え、自らはこれを後見して会計官をつとめた。

ついでながら英武は、廃藩置県後、岩倉使節団に加わり、アメリカへ留学している。明治十二年（一八七九）に帰朝後は内務省─大蔵省と奉職したが、ときの薩長藩閥政治とあわず、同十九年（一八八六）二月に官界を去った。

その後は郷里の韮山に戻り、悠々自適の生活を送っている。

一方の忠俊は、明治二年（一八六九）には韮山県大参事（藩でいえば筆頭家老）となり、足柄《あしがら》県が新設されると同県の参事、のち県令となった。

斎藤弥九郎を通じて交際のあった木戸孝允より、再三、中央の官界へ出ることをすすめられたが、彼はそれを頑として受けず、ひたすら伊豆地方の近代化、発展に寄与した。

すでに第一章でみたように、望月大象を後援し、仮研究所・韮山講習所を開設。主君ともいうべき江川英武とともに、伊豆学校（のちの県立韮山高等学校）の運営にも参画している。また、韮山生産社を設立。おそらく忠俊は、事あるごとに、「もしも今、江川太郎左衛門さまが生きていたならば……」と脳裏で自問自答していたのだろう。ありとあらゆる手立てを講じ、明治初期の伊豆の民業育成に貢献した。

この人にまさる恩人は、明治初期の伊豆にはいまい。

明治十一年（一八七八）一月二十九日、五十五歳でこの世を去っている。

質素倹約の徹底

江川家の俸禄百五十俵に、代官所の所要経費（高五万石につき五百五十両と七十人扶持、一万石増地ごとに金五十両と十人扶持を加算）をもって、代官・江川太郎左衛門以下代官所の人々の、公私にわたるすべての生活は賄われていたのだが、幕藩体制を揺るがす財政破綻は、当然のごとく彼らの生活をも苦しめた。

とくに韮山と江戸の二重生活は、大名の参勤交代同様、その維持がいよいよ困難となってくる。江川家では旧来より、黙認されてきた私有地の開墾を代々が進め、「御囲地」を設けた。が、〝金遣いの経済〟は人口増加もあって、ついに物価の高騰に米の値打ちが追いつけず、ますます引き離されていくこととなる。

そのため対応策としては、これまでにみた享保の改革や寛政の改革と同様、質素倹約を徹底することがまず、はじめられた。衣服は礼服以外すべて木綿とし、食事の惣菜《そうざい》は朝が香の物と味噌汁のみ、昼夜はそれに一品加えられる程度。太郎左衛門は酒が好きであったが、いかなるときでも一日二合を超えることはなかった、という。

水戸斉昭に代官の羽倉外記《はぐらげき》（詳しくは後述）と招かれたときのことが、横井小楠著『遊学雑志』に出ている。

水戸公（斉昭）の英主たることは、あまねく人の知るところで、西山公（水戸光圀《みつくに》）以来の中興という。この夏（天保十四年＝一八四三）のこと、羽倉外記殿（簡堂）と江川太郎左衛門殿とを召されたことがあった。初めは表書院で対面なされ、終って用人が案内して後園の別荘に伴うと、暫くして中納言様（斉昭）がお出になって、いろいろお話などがあった。御飯を出されたが、麦飯に塩魚を焼いたのが附いているだけで、また酒の出たところが、肴は同じ焼魚だった。江川殿は酒徒なので、引き重ねて飲まれた末には大酔になり、中納言様と海防の議論に及んだところが、次第に声高になる。それで用人が出て、「江川様には余程御機嫌の御様子、しばらく御休息なされませ」といって相手になり、中納言殿はお引き取りになったそうである。

この日また中納言様から、「どなたか鉄砲はなされますか」とのお問いに、江川殿が、外記の心得ている由をお答え申し上げたら、「それでは」と鉄砲場にお同行になり、一寸角の的を懸けて、外記殿に御所望になった。外記殿が三発したら、皆当った。中納言殿は御満悦で、御自身もお打ちになると、また三発して皆当った。

しかし厳密には、この御招《およ》ばれのときも、太郎左衛門は途中で盃を配膳に伏せたという。不審に思った斉昭が、どうかなされたのか、と問うと、太郎左衛門は、

「いえ、私は十分に、自分の適量を頂戴いたしました」

と答えたという。さらに斉昭が、

「その体だ、まだまだ入るであろう」

とすすめたが、太郎左衛門はそれ以上は決して杯を口にしなかったという。

それでも酒は、彼にとって楽しみの一つであったことは間違いない。

同様に、もともと太郎左衛門は器用な人で、兄・倉次郎が亡くなったおり、自ら如来像を鋳したかと思うと、妹の一人が嫁ぐおりには、その寂しさを慮《おもんぱか》って雛《ひな》壇用の金屏風《きんびょうぶ》を自ら製作している。ものを造る、ということが好きなのだ。

黄金造りの太刀、象牙彫の雅印《がいん》、漆塗りの手箱など、自ら造ったものは少なくない。

息子の英武は後年、

「亡父の楽焼は如来像となり、如来像は反射炉となったようです」

と笑っていたというが、とにかく手先の利く人であったことは間違いない。

自分が使用する箸、茶碗、衣服までも日用品ことごとくは自ら製作し、修繕をして使用した。愛弟子の柏木忠俊に、太郎左衛門が形見分けとして渡したのは、日常使っていた手製の湯呑みであったが、これにも焼き継ぎの跡があった。

「殿さまの欠け茶碗」

と、評判になったという。

あるとき、初期(見習中)に手代に招聘した松岡正平が、太郎左衛門の長女・卓子の手習いはじめに、江戸から蒔絵《まきえ》の硯箱を買い求めたことがあった。

するとこれを見た太郎左衛門は、

「これはまた豪勢な……。習いはじめの嬢《じょう》には、いささか立派すぎる。せっかくだが、返してきなさい」

そういって正平に硯箱を渡すと、

「——贅沢《ぜいたく》な習慣を身につけては、先々、嫁ぐ先様《さきさま》に非礼である」

そういって、娘にはカステラの箱に自ら梅花の絵を描き、「硯箱じゃ」といって与えたという。この菓子箱は今日も、江川家に大切に残されているとか。

障子も客間以外はすべて反古《ほご》紙で切り貼り、畳はとにかく使用できるまで使い、いかに破れが生じても、紙を貼って繕う程度、まったく意に介さない無精さであった。

庭も皆目、手入れがなされず、雑草が生い茂っていた。

福沢諭吉と水戸斉昭

夏であっても江川太郎左衛門は蚊帳を用いず、冬も袷《あわせ》一枚で過ごし、火鉢を使わなかった。筆者はかつて、勝海舟の伝記を述べたおり、これと同じような徹底した倹約＝耐久生活を送った海舟に驚いたが、幕末の英傑たちは、挙って貧乏生活に鍛えられていたように思われる。

中津藩奥平家の下級藩士であった福沢諭吉《ふくざわゆきち》も、『福翁自伝』の中で、若い頃、世上に人気のあった水戸斉昭を、天下一の人物のように回想したくだりで、次のように述べていた。

ソレカラ江川太郎左衛門も幕府の旗本だから、江川様と蔭でも屹《きっ》と様付《さまづけ》にして、これもなか〳〵評判が高い。あるとき兄などの話に、江川太郎左衛門という人は近世の英雄で、寒中袷《あわせ》一枚着ているというような話をしているのを、私が側《そば》から一寸《ちょい》と聞いて、なにそのくらいのことは誰でも出来るというような気になって、ソレカラ私は誰にも相談せずに、毎晩搔巻一枚《かいまきいちまい》着で敷蒲団も敷かず畳の上に寝ることを始めた。スルト母はこれを見て「何の真似か、ソンナことをすると風邪《かぜ》を引く」と言って、頻《しき》りに止めるけれども、トウ〳〵聴かずに一冬《ひとふゆ》通したことがあるが、これも十五、六歳のころ、ただ人に負けぬ気でやったので、身体《からだ》も丈夫であったと思われる。

太郎左衛門はときに、当時、日本一の人気を誇った水戸斉昭とも比べられるように、世上にその名を知られていった。

その一方の斉昭も、藩主となるや藩内の風俗を矯正し、財政の整理、軍制改革、社寺改革などを矢継ぎ早に断行した。また、文武の奨励とともに、太郎左衛門同様、質素倹約も徹底させている。

斉昭の藩政改革は実に華々しく、各方面から注目を浴び、それがために幕府から、

「国政向き格別に行き届かれ、文武とも絶えず研究これある趣き、一段のことに思し召さる」

と褒詞《ほうし》や黄金、鞍などが与えられ、表彰されたりもした。

ところが、それからわずか一年後の天保十五年になると、斉昭は突如として幕府から呼び出されると、藩主引退、謹慎を命じられてしまう（太郎左衛門は四十四歳）。

一、いたづらに浪人を召抱へたる
一、追鳥狩《おいとりがり》での鉄砲揃打《そろえうち》の事
一、蝦夷地《えぞち》国替を願ひ出《い》でたる事、等々（『水戸藩闘争始末』）

理由は押しなべて、

「水戸さまに、ご謀叛の疑いあり」

というもので、このため斉昭は子の鶴千代《つるちよ》（のちの慶篤《よしあつ》）に家督を譲って、江戸・駒込の藩邸に閉居し、ついで致仕《ちし》することになるのだが、間もなく彼はこの背後に反対勢力＝保守派の、幕府への讒訴《ざんそ》のあったことを知る。

これにより、水戸藩内部での抗争はいうまでもなく、水戸と幕府の対立感情は深まった。

ここで、先の幕府の詰問にみられる〝追鳥狩〟と、〝蝦夷地国替〟について、少し触れておかねばならない。このことは、太郎左衛門の今後とも関わってくる。

斉昭は外圧への〝攘夷〟に加えて、水戸学の〝尊皇〟を結びつけ、天下に〝尊皇攘夷〟を叫ぶかたわら、水戸藩の軍事力の強化に奮闘した。具体的には大砲を鋳造し、軍艦をつくったのだが、〝追鳥狩〟は水戸城の近く、仙波《せんば》ヶ原（現・茨城県茨城郡）において行なわれた、激しい軍事演習のことを指した。

天下泰平の幕藩体制下では、各藩の兵力や武器は厳しく制限されている。これは御三家とて例外ではなかった。そうした仕組みの中で、大がかりで本格的な軍事調練をすれば、これは天下に筒抜けとなったろう。幕府が〝謀叛〟を危惧《きぐ》したのも、一面、不思議はなかった。

そうしたことと並行して、斉昭は〝攘夷〟を万全なものにするためと称し、幕府に蝦夷地（現・北海道）への移住を願い出た。つまり、自ら北方の守りを固めたい、と志願したわけだ。この国防上の発想は、江川太郎左衛門にとっては十二分に理解できることであったろう。なにしろ、国難が迫っていたのだから。

加えて、水戸藩は領土も狭く、〝御三家〟一、貧しかった。斉昭はおそらく、攘夷のための軍事力強化とともに、広い領地を確保して、水戸徳川家の経済、民政の安定にも資したかったのではあるまいか。一説に、斉昭は蝦夷地に一大遊郭を設け、北辺に娯楽郷を建てる抱負をもっていた、ともいうが、それにしても、あまりにも内容が奇抜すぎる交渉であった。無論、幕府の承諾するところとはならなかった。

さて、水戸藩内である。斉昭の引退によって、藩内では当然のこととして政権交代が起こり、改革派は退けられた。ところが、ほどなく幕末の動乱が斉昭を再起させてしまう。

「若い人は開国するがよい」

嘉永二年（一八四九＝太郎左衛門は四十九歳）の三月、斉昭はふいに謹慎を解かれ、ついで忠臣の藤田東湖ら改革派で罪を得た者の蟄居も許されて、藩内は改革派が藩庁へ復帰。再び政権は交代して、保守派は追放されてしまった。

なぜ、保守派が覆ったのか。幕府は斉昭に集まる世上の人気を、配慮したのである。

少し先走りするが、嘉永六年（一八五三）六月、ペリー来航の事態を受けて老中首座・阿部伊勢守正《あべいせのかみまさ》弘《ひろ》は、斉昭を海防参与に起用した。斉昭は直ちに藤田東湖、戸田蓬軒《ほうけん》など改革派の人々を江戸に呼び、海防掛《がかり》として補佐を命じると、自身は「海防愚存」と題する建議書を老中に提出するなど、海防に関する発言力を強めた。

また、弘化四年（一八四七）九月には、七男の七郎麿《しちろうまろ》（慶喜《よしのぶ》・のち十五代将軍）が一橋家を相続したが、これはひとえに、阿部正弘の尽力あればこそであった。

しかしながら、幕府＝正弘と斉昭の蜜月はこの時も短かった。

斉昭を幕閣に取り込み、その子で英邁《えいまい》の誉れ高い一橋慶喜を次期将軍に擁立し、〝挙国一致〟の体制を築くべく画策した阿部正弘の、翌安政元年（一八五四）三月三日、締結した日米和親条約により、両者の関係は疎遠となる。

幕政＝海防参与から身を引いた斉昭は、藩内の海防・軍備充実に取り組むが、その最中の安政二年（一八五五）十月、江戸を襲った大地震で、片腕と恃む東湖と蓬軒の両名を藩邸の倒壊によって失ってしまった。

この「水府の二田」と称された改革派の中心人物二人の死は、一面、またしても藩内抗争を激化させ、血で血を洗うがごとき、水戸藩の抗争を惹起してしまう（同じ年の正月、太郎左衛門も死去している）。

『水戸藩闘争始末』によれば、

「そもそも水戸の党派（抗争）は、立原翠軒と藤田幽谷（東湖の父）の学派の異同に濫觴《らんしょう》し、結城寅寿と藤田東湖の政権の争奪に大成し、市川三左衛門《さんざえもん》と武田耕雲斎《こううんさい》が戦闘せしによりて峻烈《しゅんれつ》をきわめ……」

とある。

あるいは、太郎左衛門がもう少し長寿であれば、翠軒と幽谷―東湖の双方を知る彼の力で、水戸の藩内抗争を和らげることができたかもしれない。

東湖と蓬軒が圧死した年の八月十四日、幕府は再び斉昭に政務参与を命じた。

が、斉昭が主張するところの〝ぶらかし〟論――開国要求を穏便に拒絶しながら決定を引き延ばし、その間に武備を強化して攘夷を断行す――は、ついに採用されず、アメリカをはじめとする各国との和親条約締結から、事態は修好通商条約の調印へと進んでいった。

ペリーが来航した年、斉昭は佃島で大艦建造を担当。寒暑風雨をいとわずに監督をつとめたが、日本の近代工学の遅れはいかんともしがたい。造船は度々、失敗。幕閣は費用捻出に苦しみ、造船中止を建議する。このとき、阿部は一人、反対論を展開した。

「老公は無事閑散に堪えない性格である。何かをさせておけば熱中して、他念は生じぬ。しかも、懸命にやり抜く。獅子という動物は、怒らせれば多くの人間を傷つけるが、これに毬《まり》を与えておけば、終日、おとなしく遊んでいるものだ」

斉昭と老中・阿部との関係は細々と保たれていたものの、同年十月九日、下総佐倉藩主・堀田正睦《ほったまさよし》が正弘にかわって老中首座となるに及んで、斉昭と幕閣との関係は再び離れてしまった。万延元年（一八六〇）八月十五日、持病の脚気からの心臓発作により、斉昭は六十一歳をもって他界した。

資性豪邁《ごうまい》をもって鳴らし、その気概をもって、己れの信ずる通りに振る舞った斉昭だったが、その生前、彼は松平慶永にひっそりと耳打ちしていたという。

「自分は従来の経緯《いきさつ》があるから攘夷を主張するが、若い人は開国をするがよい」

水戸斉昭の生涯を駆け足でみたついでに、これまでチラリと出てきた代官・羽倉外記についても、はや足でその足跡をみておきたい。

名代官・羽倉外記

この人物はときに、幕末の名代官として、江川太郎左衛門と対等に語られることも少なくなかった。太郎左衛門に川路聖謨《かわじとしあきら》（詳しくは後述）を加えて、〝幕末三兄弟〟と称されることもあったようだ。

年齢は外記の方が、太郎左衛門より十一歳の年長であった。

そもそも、彼も父・羽倉権九郎秘救《やすひら》が出色であったことに恵まれた。秘救は養子で、代々与力格の羽倉家に入ったが、頭脳明晰で安永七年（一七七八）十二月、三十四歳の若さで現米八十石を支給される、勘定吟味方改役に任ぜられた。

そして東海道筋の川普請を成功させ、同様の川普請では尾張・美濃・伊勢の仕事も請け負い、ことごとくに好成績をあげ、天明八年（一七八八）五月、代官に抜擢された。

秘救の最初の任地は、越後国出雲崎であった。良寛《りょうかん》さんの故郷《ふるさと》である。つづいて、尾張・美濃・伊勢・摂津・播磨の諸国に転任。そのあと、九州の豊後国日田の代官となっている。これは栄転であった。文化三年（一八〇六）十二月、彼はさらに西国郡代に昇進した。大した出世といってよい。

日田陣屋で十五年にわたり、在任。ここの支配地は十万石以上にのぼり、筑前・豊前・日向にも飛地をもち、九州におけるきわめて重要な位置を占めていた。

文化五年（一八〇八）六月に、六十歳で没し、嗣子の外記（字は用九《もろちか》・諱は則《そく》）が跡を継いだ。寛政二年（一七九〇）十一月一日の生まれ。当時の父の任地・大坂で生まれ、日田で成人した。

大学者・広瀬淡窓《ひろせたんそう》に学び、武蔵・下野・上野・房総の関東幕府領から、駿河・遠江まで、代官としての優れた手腕を発揮した。

とくに大島・三宅島・八丈島へ直接わたり、伊豆諸島を巡察しての行政は、大いにその治績をあげたと伝えられる。彼は「簡堂」という号でも知られており、斎藤弥九郎と同様、〝寛政の三博士〟の一・古賀精里について学んでいた。

太郎左衛門とは蘭癖家の集い、「尚歯会《しょうしかい》」で一緒となり、これから登場する鳥居耀蔵と対立、生命《いのち》を狙われることとなる。

天保の改革において、老中・水野越前守忠邦の要請により、海防と財政改革のため、納戸頭に任用され、大坂の豪商から献金をさせて、それを基金にして国防を――と考えたようだが、忠邦はやがて失脚。外記は自らも隠居して、再び幕政にたずさわることをしなかった。

鉄砲の名手であったことは、先にみた天保十四年（一八四三）に水戸斉昭のもとへ、太郎左衛門と招かれ、射撃場で一寸角の的を懸け、三発撃って三発命中させていることでも明らかであったろう。

彼は情熱家の一面をもっており、京の都を巡見したおり、仙洞の御廟をみて、江戸のと比べてあまりに粗末な姿に、

「なんという、畏れ多いことを――」

と声をはなって痛哭《つうこく》したといい、「奇士である」と儒学者仲間の森田節斎《もりたせっさい》はのちに回想している。

隠居して幕政からは退いたが、海防問題から外記は決して逃げていない。弘化・嘉永年間となると、『海防私策』を著わし、盛んに国防を論じている。

彼は代官時代、一人の秀才に江戸へ出ることをすすめていた。日田代官所の下級吏員・内藤吉兵衛《ないとうきちべえ》（歳由）である。

吉兵衛は甲斐武田の牢人と伝えられ、一時は医師を志したがうまくいかず、九州の知人を頼って日田に来たようで、縁あって代官所の下役の職を得た。が、「このままでは終わりたくない」との向上心が強く、外記にも江戸に出て幕府に出仕するようすすめられ、吉兵衛は家族を残して江戸へ。

その後、彼は西丸の徒士組に採用されることとなり、牛込御徒町の徒士組屋敷に移転し、日田に残してきた家族を呼び寄せた。

このとき吉兵衛には六歳になる二男がいたが、これが父以上に向上心が強く、勉強が好きで、十二歳のおりに見込まれて九十俵三人扶持の小普請組（勝海舟と同じ無役の御家人）の家、川路三左衛門光房の養子となった。翌年、元服している。

この養子こそが、川路聖謨であった。

秀才・川路聖謨

彼は懸命に勉強し、縁故を求めては「日ごとに未明より出で、暮《くれ》に帰るごとく奔走」した結果、文化十四年（一八一七）、きわめて狭き門であった勘定所の筆算吟味という採用試験に合格。翌年、支配勘定出役に採用となった。このとき、聖謨は十八歳。

その後、評定所留役、寺社奉行吟味物調役と順調に進み、ときの寺社奉行・脇坂安董《やすただ》が、その誠実な人柄と精励恪勤《せいれいかっきん》ぶりを認め、強く推挽《すいばん》して、天保二年（一八三一）九月には勘定組頭格と破格の昇進を遂げていく。

そして聖謨は、きわめて難しい但馬出石《いずし》藩仙石家の相続事件（お家騒動）を調査審問にあたって、見事にこれを解決。将軍家斉からも賞詞を受けた。

このとき、上司だった脇坂はその後、老中に昇進。これも仙石家の裁きに功があったからだが、ここで留意しなければならないのは、その一方で、ときの老中首座・松平周防守康任《やすとう》が裁判決着後に辞職したことである。

この辞職によって、頭の上の重石《おもし》が取り除かれ、大いに仕事がやりやすくなった人物に、この頃、老中就任一年余の水野忠邦がいた。

忠邦は聖謨に一目置き、蛮社の獄（後述）で危うく失脚しそうになった聖謨を、佐渡奉行に派遣することで避難させて救い、江戸に帰任して小普請奉行となった彼から、長文の建白書を受け取ることになる。

要約すると、

一、享保の頃は幕府の一般、特別両方の会計を併せても歳出は七、八十万両ほどで、寛政六、七年には百万両となり、文化末には百五十万両余となりました。それが天保の初めには二百三、四十万両近くに膨れ、一昨年、昨年には二百五十万両にもなっています。つまり、一ヵ年に百万両の節約をしなければ、享保時代に戻ることはできません。ご公儀の収納米は三百万石をお金にして約百五万両です。このうち、五万両を不時の出費のため貯蓄し、残りの百万両で、すべての歳出をまかなうようにしなければ財政再建はできません。

二、金座・銀座の貨幣の吹替えは、金銀の質を落とし、物価を上げることになりますから、しばらくは中止するのがよろしいかと思います。

三、佐渡で見た百姓は稗《ひえ》と蕎麦殻とを粉にして、それに米粒を一椀に二、三十粒ほど加え、あるいは海藻に少しの米を入れたものを食していました。地方も似たようなものです。ところが江戸はどうでしょう、乞食でも米を食しています。ぜいたくは衣類・食べものだけではありません。江戸の人口が増え、地方の人口が減っています。そのため、三十五万石余分の荒地が出現していると聞きました。今にして思い切った改革をし、倹約が癖となり、自然に無益なものを購入することがなくなれば、奢侈の風は消え、物価はご公儀が手をくださずとも下がるはずです。

聖謨は倹約万能の精神論を説き、それを水野忠邦に建白書として提出した。

これからみる天保の改革は、実は彼の建白書を拠りどころとして行なわれたものといえる。

川路は佐渡奉行、小普請奉行のあと、奈良・大坂東町奉行を歴任し、勘定奉行となるや海防掛も兼ね、嘉永六年（一八五三）には、ペリーにつづいて日本へやってきたロシアのプチャーチンを相手に、外交交渉にあたっている。そのあたりは次の章で――。

ただ彼の人となりを、岡鹿門という人は、次のように述懐していた。

聖謨は精力が人に過ぎた。鶏鳴に馬を調し、天明（夜明け）の頃には、来客が門に満ちているのに、一々応接し、朝餐《ちょうさん》して登城する。公庁から帰ると、また客が待っているのに会う。事務百端を、つぎつぎと処理して、停滞せしめない。晩食に一酌して床につき、夜中に起きて、文書をしたためる。それは蠟燭二挺をもって限りとした。ロシアの使節に長崎で応接した時（第四章参照）には、原仲寧（市之進・水戸藩士から一橋家へ）が、烈公徳川斉昭の命によって従行した。聖謨が使節に接する折には、仲寧は刀をとって、側にあった。仲寧の話に、左衛門尉（聖謨）は、江戸を発ってから、毎日日記を三通りずつ書いて、その内の二部は、烈公と母夫人とに献じ、一部を自分の備忘とした。往復の駕籠の中では、いつも『資治通鑑《しじつがん》』を読んでいた。しばしば仲寧に幕府の直臣になるようにと勧めたが、仲寧はそれを固辞したという。

厳しくも優しい人柄

「冗費を節約せよ」

これは羽倉外記も川路聖謨も太郎左衛門も、しつこく徹底させたこと。

代官としての検見廻村のおり、とりわけ太郎左衛門は煩《うるさ》かった。代官一行の食事も一汁一菜に徹底させ、無用な饗応は厳しく戒めて、賄賂沙汰の起こらないようにとくり返した。

代官は管内を巡見するに先立ち、「先触《さきぶれ》」を出すのが恒例であった。

日時、宿泊する村、供の人数などを細かく記した計画表だが、太郎左衛門はこの「先触」の終わりに、心ず次のような一節を付け加えている。

「――なお、食事はその地の有合《ありあわせ》ものを以《もっ》て調理し、かたく一汁一菜たるべき事」

この趣意に反して、余分なご馳走を膳に並べても、彼は決して箸をつけず、供の者でもこっそり口にした者は、必ず蟄居閉門の罰を科せられた。

あるとき、熱海に宿泊したおりのこと、夕餉《ゆうげ》の膳に尾頭付きの鯛が一匹、添えられていた。太郎左衛門が眼光鋭く、宿の主《あるじ》を見返したところ、主は次の間で両手をつきながら、

「失礼ながら、これはご馳走ではありませぬ」

と抜け抜けといってのけた。太郎左衛門が呆気《あっけ》にとられていると、

「――鯛はこちらでは、有り合わせの品にございます」

と言葉を足した。これには、さしもの鬼のような代官も苦笑い。以後、熱海の鯛に湯ヶ島の鮎は、有り合わせの品ということになった。おかげで、お供の人々の口にも入るようになったという。

一行の中には、煙草や酒に目のない者も少なくなかったが、主人が謹厳実直ではどうにもならない。箱根の坂で酒切れした者の中には、いかにも疲れた脚に水でも吹きかけるように、荷物の中に忍ばせておいた酒を、吹きかけるふりをして飲み込む不届き者もいたようだ。

――江川家の家中に、茂右衛門という伊達者がいた。

彼は当時、江戸で流行った銀の煙管《キセル》をもっており、それを自慢としていたようだ。ある日、太郎左衛

門の狩りのお供に行くのに、あろうことかこの煙管を持参してしまった。

狩りの途中、休憩となる。太郎左衛門が村の鎮守の社の縁に腰をかけ、お供はその下の石段に腰をおろしているときであった。はじめて茂右衛門は、已れがもってきてはいけない銀の煙管を持参していることに気がついた。しかし、煙草は吸いたい。我慢できなくなって、主人に見えないように一服つけた。すると、

「おお、火が消えてしまった――」

そういって太郎左衛門が茂右衛門を呼び、ちょっと火を貸しなさい、という。

茂右衛門がおっかなびっくり、銀の吸い口を左手で隠し、右手で銀の雁首を見えないように握り、煙草の火を差し出した。

するとと太郎左衛門は何もいわずそれを受け、茂右衛門がほっと安堵の胸をなぜおろすと、再び、

「おや、また火が消えたぞ」

そういって茂右衛門に火を催促した。

太郎左衛門は何もいわない。しかし茂右衛門にすれば、叱り飛ばされるより堪《こた》えたようだ。背中いっぱい、冷や水をかぶったようになり、以来、銀の煙管はやめたという。

物価に追いつかない、幕府開闢《かいびゃく》以来あがらない家禄、多少梃《てこ》入れされたとはいえ、物価に隔たっている職務手当。代官所の人々はその足りない分を、支配地の農民たちから搾取していたのだが、上が太郎左衛門ではどうしようもなかった。不正に慣れた者はつづかず、主人とよく似た真面目が取り柄の

人々だけが代官所に残っていく。

ただし、彼らは真面目だから太郎左衛門につき従い得たのではなかった。この主人は〝情〟も深かったからだ。

少しのちのことだが、川越藩士の肥田良孝という人物が、藩命により太郎左衛門の門に入って砲術を学んだ。ところがその後、難病にかかって引退せざるを得なくなる。たまたま巡見があり、その管内へ太郎左衛門がやってきた。

肥田は同門の岩倉鉄三郎《いわくらてつさぶろう》の助けを借り、輿《こし》に乗って師の宿泊先にやってきた。よほど、気力も衰えていたのであろう。はらはらと涙を落とし、

「先生、私は不治の難病にあい、ご覧の通りの有様で、先生へのご恩に報いることができませぬ。ただ、死期を待つばかりでございます。この期に及んで心残りは一つ、わが幼子の行く末にございます。これからどうなるのか、それを考えますと、死ぬにも死ねぬ有様。先生、何とぞ、わが児《こ》をご教導くださいませぬでしょうか。この良孝にかわって、必ずやご恩の万分の一も報いるでございましょう。良孝、最後のお願いにございます」

居合わせた人々も、病軀で細くなった肥田を見ながら、もらい泣きしたようだ。

太郎左衛門も大きな目を見開いて涙したが、彼は声を励まし、

「何をそのように気の弱いことをいうのだ。その方はつい先年、韮山に来て、われらと山野を駆けめぐり猪を追ったではないか。あのときの元気はどうした。病いにかかったとて、気力を失ってどうする。

しっかりせよ。……その方の児《こ》の教育は、及ばずながらわしが引き受けよう。くれぐれも心配は無用ぞ」

そういって、肥田の手を固く握りしめた。

その後、肥田良孝は死に、その児の金之助は韮山に来て文武を修め、刻苦勉励、大いに学業はすすみ、のちに海軍の官僚となったという。（古見一夫著『幕末偉人江川太郎左衛門』）

家中子弟の教育

この人物と同じ肥田姓で、明治海軍の機関総監となった別人に、肥田浜五郎《ひだはまごろう》がいる。

浜五郎は文政十三年（一八三〇）正月の生まれで、父は伊豆の八幡《やはたの》野村にある八幡宮と来宮《きのみや》神社合祀の神主であり、同時に蘭方医でもあった肥田春安。春安が江川家の侍医となり、その縁で息子も、江川家の家臣に加えられ、韮山屋敷内の家塾（後述の江川塾とは別もの）で学び、一般教養からとりわけ砲術を徹底して仕込まれた。

優秀であったようだ。伊東玄朴《いとうげんぼく》、川村幸民、佐久間象山（後述）の塾へ、太郎左衛門の許可を得て進み、安政二年（一八五五）六月には、第二次長崎海軍伝習所の伝習生に選ばれ、長崎へ留学している。おもに蒸気機関の研究を修め、同六年に江戸へ戻ってからは軍艦操練所教授方出役となり、万延元年（一八六〇）には遣米使節随行の咸臨丸（艦長・勝海舟）にも乗船。教授方として、機関方を担当して無事、帰国している。

のちに太郎左衛門の関わる、わが国最初の自作蒸気船「千代田」の製造にも、その機関部門を受けもった。主人の太郎左衛門亡き後も幕府海軍の技術者として栄達し、幕府瓦解後は伊豆へ戻り、一時は静岡藩海軍学校頭をつとめている。

民部省に出仕、横須賀造船所技師長をつとめ、江川英武（太郎左衛門の子・三十八代当主）とともに岩倉使節団に参加、帰国後ももっぱら海軍の技術・造船部門を受けもち、海軍機関総監までのぼりつめた。

一方で理財にも長じ、第十五銀行（現・三井住友銀行）の創立に関与。明治二十二年（一八八九）四月、東海道藤枝駅頭で誤って汽車と接触し、不慮の死を遂げている。享年六十。

太郎左衛門は質素倹約を説きつつも、後進への教育には熱心で、学資は決して惜しまなかった。望月大象や肥田浜五郎のように、頭脳明晰な者には専門の技術・知識を、安井《やすい》晴之助《はるのすけ》には数学、長澤《ながさわ》綱吉《こうきち》には射術、八田篤蔵《とくぞう》には槍術、中村《なかむら》小源次《こげんし》には馬術――各々、その天賦を活かして〝専門〟を研鑽させた。

興味深いのは、太郎左衛門自身が免許の腕前である剣術であった。選ばれたのは、韮山代官所の手代となる山田《やまだ》熊蔵《くまぞう》であった。

修行なって韮山へ戻れば、漸次、厚く遇してもらえる。熊蔵も張り切った。なにしろ修行に出してもらったのは、主人と同じ岡田十松の道場で、神道無念流の修行であった。三度の飯より剣術が好きな彼にとっては、毎日が天国のようなもの。満三年、みっちりやって免許をもらい、熊蔵は意気揚々と郷里に帰ってきた。

箱根に登って韮山方面を見下ろす頃には、

「よし、斎藤弥九郎なにするものぞ。いきなり殿さまに一試合挑んで、打ち負かしてお見せするぞ」

血を湧きたたせて、他流試合にでも挑戦するように、江川屋敷の玄関に立った。

「只今、山田熊蔵、岡田先生より免許をいただいて帰参いたしました。誰ぞ、殿さまに取り次いでくだされ」

大きな声を張り上げた。取次もさぞ驚いたであろうが、この後がおもしろい。

「なに、熊蔵が戻ったと——」

「はい、大変な勢いにございます」

それを聞いた太郎左衛門は、先ほどの熊蔵に負けぬほどの大声でいう。

「馬鹿者が！　たった三年で剣の奥儀を極めたというのか。免許をもらったぐらいで戻ってくるとは、どこの阿呆か、早々に引き返せ、と伝えよ」

伝えるまでもない、玄関の熊蔵にそのまま太郎左衛門の声は届いている。

熊蔵はまさに面を一本、ハシッと決められたような顔をした。

（そういえば殿さまは、奥儀を極めるまで帰ってくるなよ、とおっしゃっていた）

出発のときのことを思い出した彼は、すごすごと江戸へ引き返し、改めて稽古をして得心のいくまでの腕となった。

「――江川家では、槍持ちのごとき者でも目録以上の腕前じゃそうな」

これは、当時の大名・旗本間でしきりにいわれたことであった。

そういえば、後年の太郎左衛門を回想した、次のような追悼記もある。

御勘定吟味役になったお代官お鉄砲方の江川太郎左衛門は、手代や手附は皆譜代の家の子同様の恩顧の者で、主従の礼節が正しく、一様に江川をうやまい尊ぶことだった。一とせ下田港へ異国船が来った時、川路聖謨を初め、応接の有司達が所々を巡見するのに、江川も行を同じくしたが、ある日の昼過ぎに後れて食事をすることになって、一同は行厨《こうちゅう》（弁当）を開いたのに、江川一人は弁当を出しながら、そのままでいる。人々が怪しんで、「いかがせられたか」と問うたら、「まだ従者の弁当がまいりませぬ」と答えた。この一事でも、主従の間がらの思いやられることだった。

（浅野梅堂著『済士美譚』）

太郎左衛門の眼力と細心

――武士だけではない。

領内の孝子節婦義僕の奨励、表彰も行ない、常に人を正しく、公平に見ることを心掛けた。太郎左衛門ほど己れの管轄を隈なく見ていた代官も、いなかったのではあるまいか。

田植えの季節であったという。

ある村では村人総出で、土を耕す者、均《なら》す者、苗を運ぶ者、植える者、見た目にも合戦かと思うほどに慌ただしい。そこへ、太郎左衛門が供を連れて巡見にやってきた。

懸命に働く村人たちを微笑ましく見ていたこの代官は、かたわらの手代や書役におもむろに尋ねた。

「たいそうな田植えだが、あの大勢いる百姓の中で、村の長《おさ》はどの人であろうな」

供の人々は口々に、それらしい威厳をもつ老人や、身なり、風格のある人物を指さしたが、太郎左衛門はニコニコ笑いながら、

「違うなァ、それも違うと思う――」

と候補を次々と否定していった。そして、

「私はあの、一番粗末な身なりをしている老人、ほれ、いませっせと肥料《こやし》を撒いておる、あの鉢巻き姿の老人が村の長ではないかと思う」

と、自らの見解を述べた。

これは一面、太郎左衛門の質素倹約、人の上に立つ者は模範的でなければならない、との自説に合致した人物であったとも思われる。

彼はそのまま大股に歩き去ったが、供の一人が少し遅れて、道端にいた村の女に「村の長はどなたか」と尋ねたところ、やはり太郎左衛門の見立てた人物に間違いなかった。一同、その眼力に今さらながら恐れ入ったという。

太郎左衛門は実によく見ていた、人も領内の山川草木も――。

江川の岬《みさき》で洗濯をしていた村の女性は、いささか可哀相であったかもしれない。一心に洗濯をしていて、そばを韮山の代官が通ろうとしているのに気がつかなかった。向こうは気がつかなかったが、太陽の光を反射して、女性の髪の簪《かんざし》がピカッと光ったことを、太郎左衛門は見逃さなかった。

そっと近づいてくると、ちらとその簪を見た。幕府が厳禁としている銀の簪であった。彼は代官である。近づきざま、目にも止まらぬ速さでそれを抜き取り、そのまま無言で立ち去った。

どうやら「無言の教訓」というのが、彼のスタイルであったことは間違いなさそうだ。

ただし、くり返し、同じことをいう場合もなくはなかった。

「よいか、附木《つけぎ》は四つに割《さ》いて、細かくして用いるように、な。四つに割れば、四回用を足すことができるのだから――」

太郎左衛門は女子供を集めて、このように諭すことをくり返した。

附木はマッチの普及する前にあった、火をついでいくもの。板の一方に硫黄が塗ってあり、一方の火を他へ移すのに用いた。太郎左衛門はそれを四つに割いて使え、とくり返し唱えたわけだ。

「よいか、附木は二つに割いても、一枚と同じ役目を果たす。四つに割いた細いものでも、用の足りることに変わりはない」

ここだけを聞けば、太郎左衛門は吝嗇に聞こえるが、その一方で彼は、自らの俸給も割いていた。時勢を考え、領民のことを考えて、蘭学者の採用に踏み切ったのだが、たとえば矢田部卿雲《やたべけいうん》、川上代三郎《かわかみだいざぶろう》の召し抱えには、各十人扶持を与えている。計二十人扶持は、江川家の家禄の、実に三分の一に相当した。

同様に、石井修三《いしいしゅうぞう》を五人扶持で招聘している。

また、彼らを雇い入れた本来の目的である蘭書の翻訳＝領内の生活向上、国家防衛のための研究に、太郎左衛門は高価な蘭書も、可能なかぎり購入をし、八方手を尽くして探しても見つからない洋書については、持ち主の判明しているものは、肥前佐賀藩鍋島《なべしま》家や薩摩藩島津家などから借り出して、翻訳を命じている。

どうしても借りることのできない門外不出の蘭書は、家来の肥田謙吉《けんきち》（浜五郎の兄）をつかわして、これを先方でまるごと写させた。

ほかにも漢学者・大石省三《おおいししょうぞう》を七人扶持で、刀鍛冶《かたなかじ》の小駒惣太《こごまそうた》を三人扶持で召し抱えている。こうした人材によって、太郎左衛門の砲術や鉄砲の研究が進められたのであった。

ついでながら、太郎左衛門の気配りは、蘭学・地方行政・人材育成だけではない。家禄を預かる婦女子に対しても、彼は大石に女誡《じょかい》の講義をさせ、妹で出家した擣箍院《とうしいん》法尼にはその解説書をわかりやすく標語にして暗誦させることもしていた。

こうした講義は身分に関係なく、代官所に関わる女性ならば、誰でも受講することができたという。

そういえば、太郎左衛門自らが筆をとって箴戒文《しんかいぶん》（戒めを綴ったもの）を書き与えたこともあったようだ。

矢田部が、書役で槍の名手・八田篤蔵の妻の妹をわが妻にもらいうけたおり、わざわざ夫人としての道を、代官自らが説いている。

封建制の江戸時代、武家の家庭であることを念頭に置かねばならないが、夫婦のあり方をやさしく説いているところが、微笑ましい。

「男は剛を以て徳とし、女は柔を以て道と致し候事」

とあった。「身を修め候には敬にしくはなく、強きを避け候とは、順にしくはなき事」といい、〃敬順〃の道を説いている。

夫婦は直接、双方がぶつかってはいけない。妻がやわらかく受けとめ、そのうえで寛容に振る舞えば、問題は解決できる、という趣旨のことも書かれていた。

さて、太郎左衛門が懸命に一代官としての職責を全うしているとき、国政を預かる幕府はどうしていたのであろうか。

水野忠邦の天保の改革

天保五年（一八三四）三月、水野越前守忠邦は、それまでの西丸老中から本丸老中へ転じた。奇しくも、江川英毅の死去した同じ年、同じ月のことであった。

忠邦は通称を於菟五郎《おとごろう》といい、自らを松園・菊園と号した。寛政六年（一七九四）六月、肥前国（現・佐賀県）唐津藩主・水野忠光《ただあきら》の二男に生まれたが、兄の芳丸が早逝したために世子となった。

文化四年（一八〇七）に元服すると、従五位下式部少輔《しきぶしょうゆう》に叙任され、同九年八月、父・忠光の隠居の跡をうけて、十九歳で唐津六万石を襲封し、和泉守となる。

忠邦は藩主の座につくや、直ちに幕府の要職——老中を目指して——に就任することを目標に掲げ、文化十二年（一八一五）十一月、幕閣への登龍門とされる奏者番《そうしゃばん》となった。だが、唐津藩主は長崎警固役を課されているため、定めとして老中へは登ることができない。

それでも忠邦は、自らの志を諦めなかった。つまり、老中へ進むべく、転封を盛んに働きかけ、文化十四年（一八一七）九月、念願の寺社奉行加役《かやく》（本職以外の臨時職）となり、左近将監《しょうげん》に官名を転じると、その翌日、遠江国（現・静岡県西部）浜松に所替《ところが》えとなった。

しかし、実高が二十万石といわれた裕福な唐津から、表高と実高がさしてかわらない浜松への転封には、家老以下、藩士の大半が反対であったようだ。それを押し切った忠邦の、中央志向がいかに強いものであったか、想像できるであろうか。

彼は心底、幕藩体制の再構築を己れの責務だと考えていた。

このあたり、のちに歴史に名を残す天保の改革を企てた、張本人だけのことはある。

豊かな財力をもつよりも、政治をしたい——文政八年（一八二五）五月、忠邦は自らが、

「青雲の要路」

と称した、出世コースの大坂城代に昇進した。

ついで翌九年（一八二六）十一月、京都所司代・侍従となり、十一年十月には、ついに西丸老中に昇

任する。西丸老中は、大御所（隠退した将軍）や将軍嗣子の家政を担当したが、残念ながら国政を担うことはできない。幕政を指揮するのは、もっぱら本丸老中でなければならなかった。

天保五年（一八三四）、忠邦はようやく念願の本丸老中に転じたものの、資性英邁にしてよく時勢を見抜き、海外事情にも卓越した見識をもつ人物といわれながら、彼の執政としての前半は、大御所・徳川家斉の在世中にあたり、〝西丸御政事〟と称されていたように、家斉とその側近勢力が幕政の実権を掌握しており、なんらの業績もあげられなかった。

忠邦は内心、内憂外患に焦りを感じていたであろう。

それゆえ彼は、家斉の死（天保十二年閏正月）後、十二代将軍家慶の信任を得てから、それまでの遅れを取り戻そうとして、やや事を急ぎすぎた。

まず忠邦は、無能で大御所の機嫌とりしかしなかった老中の水野出羽守忠成のクビを飛ばし、御側御用取次・水野忠篤《ただあつ》、若年寄・林忠英《ただひで》、小納戸頭取・美濃《みの》部《べ》茂矩《しげのり》の、いわゆる〝三佞人《さんねいじん》〟をはじめとする、家斉側近勢力を粛清。他方で改革派を結集しつつ、五月十五日、官民の日常生活全般に及ぶ奢侈の禁止、物価引き下げ政策などの〝天保の改革〟を宣言した。このあたりのことは、遠山左衛門尉の項でも述べている。また、この改革が川路聖謨の建白書によることも、すでに触れた。

しかし、こうした改革は、実のところ、幕政改革の過程には相違なかったが、真の目的とするところではなかった。忠邦の真意は、幕府の財政を再建し、幕権を再編・強化して、次に江戸湾の防備計画を含む〝国防〟を実現することにあった。ここに、これまでの改革との大きな差異があったわけだ。

天保八年（一八三七）六月、江戸湾に国籍不明の異国船（のちに、アメリカのモリソン号と判明）が、突如、侵入するという事件が起きた。

また、オランダからの情報によって、イギリスがボーニン・アイランド（小笠原諸島）に注目し、同諸島を対日・対清《しん》貿易の拠点とすべく計画している、とのショッキングな知らせも、すでに入手済み。万が一、小笠原諸島がイギリスに占拠されるようなことにでもなれば、江戸湾は封鎖されるかもしれない。

忠邦は忍び寄る外国勢力、異国船の影に脅えながら、幕府財政の再建を主軸とした天保改革を急いだのであった。

しかし、人間にとって日々、慣れ親しんできた習慣・慣例を改めるのは、容易なことではない。社会にはびこる因習を打破し、新しい秩序を打ち立てる〝改革〟は、そうそう簡単には実現するものではなかった。この難問は、区分すれば内憂となる。

一方の外患は、天保十一年（一八四〇）、清国とイギリス両国間で勃発したアヘン戦争が決定的であったかもしれない。その第一報が、その年の六月には長崎に入港したオランダ船によってもたらされた。

「あの中華の大国が……」

忠邦の心中は、さぞや暗澹《あんたん》としたものであったろう。

忠邦失脚への道

内憂外患に焦燥する彼は、三年後、かつて田沼意次が計画しながら、途中で挫折した印旛沼の開発工事に再び、強引に着手する。国防費を捻出するためにも、新たな財源の確保が不可欠であるとともに、浦賀水道を異国船に封鎖された場合、印旛沼開拓によって、江戸湾を利根川の本流とつないで、常陸・上総・下総三国の物産を、江戸に運ぶための軍需回路を設けようとしたのが狙いであった。

——上知《あげち》（地）令の主旨も、同様であったのだ。

江戸の十里四方、大坂の五里四方を、すべて幕府直轄領に編入するこの計画は、財源的見地からと重要都市防備の面からも、表裏一体をなす重要な案件であった。

しかし、幕府の財政はすでに、急速な改革を断行するだけの力がなく、予想以上に脆弱《ぜいじゃく》でありすぎた。なにしろ天保十三年（一八四二）の幕府財政は、歳入が百七十六万余両であったのに対し、忠邦の国防計画によって膨張した歳出は百九十六万余両。ざっと、二十万余両が不足となっており、改革をつづけていくこと自体が難しい。幕末期、高騰の一両を現在の十万円として換算すれば、ほぼ二百億円の赤字ということになろうか。

忠邦はこの不足分については、貨幣を改鋳して補ったものの、このうえ、江戸湾防備計画を推進していくとなれば、支出額はさらに増えつづけることとなる。

また、表高に比べ実高の高い、江戸や大坂の周辺を知行している旗本たちは、己れの領地を替えられることに猛反発であった。忠邦は志のために、さっさと父祖代々の領地を取り替えたが、むしろこちらが例外。大名も旗本も、徹底して上知令に反対した。

もともと、この宰相には政治課題をてきぱきとこなしていく行政能力はともかく、〝財政〟に関するかぎり、その見識はかつての田沼意次ほどの豊かさがあったとはいい難かった。

彼は殿さまであり、その前半生の移封運動からも、その限界はうかがえるところであった。

実高二十万石を名実ともに六万石の所領と替え、それを挽回する手立て——藩士を納得させる政策——を忠邦はもっていなかったではないか。否、それ以前にも問題はあった。

いささか余談になるが、先にも少し触れたように、文化九年（一八一二）、父・忠光の跡を襲って、藩主に就任した彼は、まず、直面していた唐津藩の藩財政の立て直しに着手した。

だが、忠邦の再建方針なるものは、新たに考案・工夫した策といえるものは何一つなく、緊縮政策＝諸事倹約一辺倒の消極策でしかなかった。

しかも、この財政再建策の結果は、かえって藩財政の赤字を大きく膨張させて、毎年のごとく八千六百両もの赤字をもたらしたのである。当然のことながら、ここで忠邦は藩のために、また、領民への善政として、この赤字の解消に全力を傾注しなければならなかったはずだが、国政参加を志向する忠邦は、あろうことか唐津と浜松の国替えを、幕府に進んで願い出たのは先にもみた通りであった。

唐津より、はるかに実高の劣る浜松への国替え申請に、

「なんということを――」

家老の二本松大炊《にほんまつおおい》以下の重臣たちは、真っ青になった。

忠邦は、こうした重臣たちの反対に遭遇すると、開き直って激怒する。

「余は老中となり、天下の政をつかさどり、将軍家に忠節を尽くそうと志している。この一途の志に反対するのは、余に不忠をせよということか」

この言を聞いて、家老の二本松大炊は痛憤のあまりに自害して果ててしまった。

このように、財政感覚の乏しかった人物に、はたして幕政が総攬できたのであろうか。藩士や領民たちも、口にこそ出さなかったが、本音では首を傾げていたに違いあるまい。

もともと、天災や火災にすら、無防備に等しい幕府の財政では、現実問題として江戸湾防備計画などは画餅《がべい》――絵に描いた餅。これ以上進めるのは、不可能であった。なにしろ、財源がない。多くの圧力が加わるとともに、民衆の反発、大名・旗本らの抵抗・巻き返しを招き、幕閣に反対派が台頭、忠邦はついに已れの政治生命を絶たれることとなった。

一般に忠邦の失脚は、空前ともいえる都市改革や年貢増徴、上知（地）令などに対する、各層の反発・抵抗、幕府財政危機の進行などから、幕府内部で孤立したからだ、とされてきた。事実、天保十四年（一八四三）閏九月、忠邦はついに老中を罷免されて改革政治は終了した。

が、翌弘化元年（一八四四）六月、彼は老中に再任され、一度は首座に返り咲いている。しかし弘化二年（一八四五）二月、持病もあって欠勤がちとなったため、ついに辞職となったのだが、忠邦を決定的に失脚へ追い込んだのは、実は老中在任中の〝高島秋帆事件〟の責任を問われたからではないか、と幕閣ではひそかにささやかれていた。

天保十三年（一八四二）十月、幕府の国防に関わっていた、西洋流砲術家（諸組与力格）高島秋帆とその子・浅五郎が、長崎奉行の手によって捕縛された事件――前年の六月、忠邦は江戸防衛計画の一環として、高島秋帆を起用、武州徳丸ヶ原でその西洋流砲術の習練を実施させた。

同時に忠邦は、用人・秋元幸助や代官・江川太郎左衛門を秋帆のもとに入門させるなどして、西洋砲術の普及と熟達、大砲や火薬の製造、研究などにも尽力した。

このころ、すでに秋帆の砲術は佐賀藩、薩摩藩では採用されていたが、幕府が秋帆を起用するに及んで、西洋流砲術はひろく諸藩にも行き渡り、高島流砲術は急速な隆盛をみることとなった。

――そうした中で起きたのが、秋帆の捕縛である。

〝妖怪〟鳥居耀蔵

秋帆が長崎会所の財政を流用、あるいは会所調役頭取の地位を利用した利殖を問うものとして、捏造《ねつぞう》されたものであった。翌天保十四年（一八四三）三月、秋帆は江戸に送られ、江戸南町奉行・鳥居甲斐守忠耀《ただてる》（耀蔵）に取り調べられたものの、吟味は遅々として進まないまま、いつしか沙汰止みとなってしまった。

この事件、通説では水野忠邦の懐刀であった鳥居が、長崎奉行・伊沢政義《いざわまさよし》と結託して仕組んだ冤罪《えんざい》だといわれている。

伊沢はむしろ、利用されたようだ。問題は鳥居であった。

この男は天保の改革をやるために、この世に生まれ出たような幕府官僚であった。が、始末に困るのは、己れの信じる目的のためには手段を選ばず、陰謀、謀略で他人を貶《おとし》め、網を張り、罠を設け、疑獄を起こし、無実の人を罰しても、なんら悔いるところのない強靭《きょうじん》さにあった。

江川太郎左衛門と入れ替わるように幕閣に登場し、軍艦奉行・外国奉行をつとめた栗本鯤《くりもとこん》（鋤雲《じょうん》）は、鳥居のことを次のように述べている。

「刑場の犬は、一度、処刑された罪人の肉の一部を食べると、その味が忘れられなくなり、その後は人を見れば噛みつくようになる。そのため、ついには撲殺されるのだ。鳥居甲斐はいわば、そういう刑場の犬のような男ではなかったろうか」

もともとは、学者の家の出であった。

父は林大学頭述斎《じゅっさい》（衡《たいら》・大内記）であり、その第七子（六男）に、寛政八年（一七九六）十一月、彼は生まれていた。のちに太郎左衛門とも大いに関わりをもつペリーの応接にあたる林復斎《ふくさい》は、鳥居の実弟（寛政十二年生まれ）となる（詳しくは次章）。

文政三年（一八二〇）八月、二十五歳で旗本二千五百石・鳥居一学の養子となり、鳥居家を相続、中奥番に二十八歳で登用されるが、九年後に辞表を出している。仕事が退屈すぎたようだ。二年半、無役を過ごしている。その後、徒頭《かち》―西丸目付となり、やがて本丸目付となった（天保九年閏四月二日）。

この目付という制度は、徳川幕府の特徴を表わすものの一つで、合戦では大将からつかわされ、現場の指揮官がいわれた通りに働いているかどうかを監視する。幕藩体制となってからも、この監察の役目はそのまま残り、大名の目付が大目付、旗本・御家人を監視するのが目付と区分された。

鳥居が本丸目付となった同じ年の十月、尚歯会が開かれている。会合はそれ以外にも多かったようだ。これは蘭癖家の人々が集い、そこから一歩踏み出して、西洋の知識・技術を踏まえ、日本のこれからを考えるという方向性をもっていた。

太郎左衛門や羽倉外記のような代官も参加していれば、渡辺崋山のような田原藩の家老、小関三英《こせきさんえい》のような岸和田藩医、町人医者の高野長英など、顔ぶれは多彩であった。川路聖謨も、ときおり参加している。

こうした会合に触発され、渡辺崋山は「鴃舌或問《げきぜつわくもん》」「慎機論《しんきろん》」を、高野長英は「夢物語」を書いた。もともと鳥居は尚歯会を「蛮社」と呼び、西洋の学問そのものを認めていなかった。あえてこの人物のために弁明を試みるならば、鳥居には鳥居の信念があり、西洋の文物を輸入すれば、その根本にある思想がやがて日本を覆い、幕藩体制は崩壊する、日本が日本でなくなる、との危惧を彼はもっていたのである。

だからであろう。鳥居は生涯、自らの行なった悪辣《あくらつ》な行為を一度も反省していない。

この恐るべき男が〝蛮社の獄〟＝蘭学者への大弾圧を引き起こすのだが、その伏線は天保八年（一八三七）六月のモリソン号事件＝浦賀への入港、その延長線上にあった天保十年（一八三九）正月九日の江戸湾岸巡視が、大きな意味をもっていた。

問題のモリソン号は、マカオにあったアメリカ籍のオリファント社所有の商船。支配人のチャールズ＝キングはマカオに送られてきた日本人漂流民七名を日本に送り届け、あわよくば通商の許可を手に入れたいと考えた。

そして日本へやってきたのだが、浦賀奉行の太田運八郎はモリソン号に向かって、異国船打払令（十二年前に定められた）を実行した。

モリソン号は商船であったため、仰天して去ったが、やすやすと浦賀に入り込まれたことが問題となった。

幕府は長崎での日本人七名の受け取りを、オランダを通じて表明したのだが、このことは世間に伝わらず、ただ打払令を実行したことだけが広まった。

先の尚歯会のメンバーは挙って、いわゆる開明派の人々であり、軍事技術の大きく遅れている日本が欧米列強の船舶を攻撃することは無謀であり、万一、戦争になれば国を失う恐れがある、とまでいい切った。これは義憤で至誠からの心情であった。が、鳥居にすれば大きなお世話——国政は幕府によって運営されるもの、外野席からの評論などもってのほかであった。

そこへ備場巡見の沙汰が、水野忠邦より鳥居に下った。天保九年（一八三八）十二月のことである。このとき、正使の鳥居に対して副使となったのが江川太郎左衛門であった。

おそらく、これまでの建白書を巡見対象地の支配＝代官であることから任命されたのだろうが、鳥居は副使は補助のようなもの、と考えていたようだ。

ところが太郎左衛門の海防・国防意識は、モリソン号事件もあって大いに高められており、必死の彼は当初の相模における備場見分のみの役割を、鳥居が安房・上総、さらには伊豆下田あたりまで巡見を延ばすことを聞くと、自らもその見分への参加を申し出た。

加えて、一番重要な備場新設の場所を測量することについても、太郎左衛門は最新の西洋式測量術の採用を願い出、その専門家の人選を崋山に依頼する。増上寺御霊屋付の代官・奥村喜三郎《おくむらきさぶろう》と伊賀同心の内田弥太郎《うちだやたろう》を崋山は推薦、このことを幕閣に申し出て了承されたにもかかわらず、鳥居は自らが随行させる小笠原貢蔵だけで十分、副使の分際で何をするか、と大いに不愉快となり、奥村の随行をつぶしてしまった。

太郎左衛門は忍の一字で耐え、視察に赴いた。鳥居の率いた正使一行は総勢六十人近い人数。一方の太郎左衛門は二十七人。

結果、測量地図は二種できたが、どのように考えても内田の製作したものが勝っており、水野忠邦もそのように評価したが、ここでいちもつもったのが鳥居であった。彼はこの怒りを決して忘れなかったのである。

天保の改革の失敗は、強圧政治に対する世間の反発に大きな要因があったが、おそらくその大半は水野忠邦の片腕として、実際に民衆の経済や生活を圧迫した鳥居のやりすぎに負うところが大きかった。

天保の改革の真っ只中、彼は目付からさらに、江戸南町奉行に栄進している。天保十二年（一八四一）十二月のことであった。いよいよ、〝妖怪〟の本領が発揮される惨状となる。

忠邦は改革の要である南北町奉行の北へ、遠山景元を配置し、南へは矢部《やべ》駿河守定謙《さだのり》を配した。

ところが遠山は民衆の弾圧に消極的にみえ、矢部は忽然《こつぜん》と反対を表明する有様。しかも一方の矢部は、幕臣きっての逸材といわれた人物。幕府史上、おそらく、最も出世の早かった男ではないか、といわれている。

三百俵という幕臣の家に生まれながら、四十三歳で堺奉行、四十五歳で大坂町奉行、四十二歳（天保七年〈一八三六〉）で勘定奉行となっている。

これから活躍の場が与えられる川路聖謨も、有能な幕吏であったが、彼が勘定奉行になれたのは五十二歳のときであった。

江戸町奉行とともに

ちなみに、勘定奉行は代官の上役であるが、幕閣にあっては〝三奉行〟の一つに数えられ、もう一つの寺社奉行が大名からの登用であることから、事実上、国政を預かる幕閣の勘定奉行は、老中指揮下の最重要ポストとされてきた。

出世の早さだけを述べたいのではない。矢部定謙は聞きしに勝る気骨ある人物で、幕府のおもしろさは、一方で〝妖怪〟を支持する多くの人々をもったかと思えば、清廉潔白、熱血漢の矢部を応援する支持者も事欠かなかった点であろう。

若い頃、江戸城につとめていたおり、城内でのいじめに遭遇した矢部は、いじめた先輩たちをこっぴどくやっつけ、古参者をクビにし、自らもさっさと辞表をたたきつけて、いちはやく幕臣の人気者となったことがあった。

次のような挿話も、あった。

駿河守（定謙）が堺奉行を勤めていた時のことである。堺の富商の何がしの許へ、その弟という者が現われて、合力を乞うた。なりはてた風情で、打見も悪いものだから、富商はこれを取り上げず、そのために訴訟沙汰となった。駿河守が吟味に及んだら、富商の父というは、晩年に馴染の妓を後妻に引き入れたことから、親類に異論が起って、父は別荘に隠居させられて、家は総領が継いだので、名乗り出たのは、その後妻の生むところの子供だった。すなわち富商の異母弟になるのであったが、右のようないきさつから、兄も親類も寄せつけず、他に潜んで暮らしていたところ、その内に生活に窮して、兄に歎き寄ったのであった。駿河守はそのことを知って、富商の兄を諭そうとしたが、兄の方は依然として冷淡な態度をとりつづけて、弟として見ることを承知しない。その時駿河守は、容《かたち》を改めていった。

「古歌にも兄弟の情を詠んで、かようかようにいっているものなどがある。余は不幸にして、兄弟がない。幼い時に寺子屋へ通った折など、他人の兄弟達が、睦じく力を添え合い心を合わせしているのを見ると、自分にも兄弟があったら、どんなによかろうにと、人を羨んだことだった。それで赤の他人でも、気の合う者と、兄弟の縁を結びたいものとも思っており、そのことを心に忘れない。今お前達二人は、まことの兄弟でありながら、弟は兄の不人情を訴え、兄は弟を寄せつけまいとする。他人とでも兄弟になりたいと思う心とは、余りにも相違するではないか。さてさて歎かわしいことではないか」。いう内にも、駿河守自身は、落涙に及んでいた。それを聞いた兄は、たちまち心が折れて、「何とも恐れ入りました。この者は弟に相違ございません。どうか御吟味下げを願いとうございます」という。その一言で事は済んで、弟は兄から応分の株式を受けて、己れも立って行かれるようになった。余（藤田東湖）は、かねがねこの話を聞いていたので、駿河守に会って、直接に訊したら、「なるほど、さようなこともございましたが、何もそれがしの手際というのではございません。つまりは兄の方が剛情で、吟味の席では、それがしもいい負かされて、ほとほと当惑したことでしたが、真心をもって諭しましたら、存外に気を折って、無事に済みました。そのことが世上の噂になったりしたのは、お恥しい次第です。その兄弟の者は、今に無事で、堺に暮らしている由でございます」といった。（『藤田東湖先生日記』）

それだけに水野忠邦とは最初からあわず、その意を汲んだ鳥居にスパイを用いられ、詐術をもって罪に陥れられ、天保八年（一八三七）十二月二十一日、矢部は町奉行の職を追われた。さらには、翌年、三月には罪因の人となり、家名断絶、他家（桑名藩）預けという、切腹一歩前の極刑を科せられている。このようなことは、前代未聞のことであった。

矢部は初審で徹底して事実を語ったが、再審、三審ではいっさいいいわけをしないことを已れの信念としていた。なぜならば、再審で不服をいうことは、徳川幕府へ、ひいては将軍家の不明を語ることになる、との武士道による倫理観があったからだ。鳥居はそれすら利用し、ついに町奉行の座を射止めた（天保十二年十二月）。これは矢部の失脚した七日後のことであった。

〝妖怪〟の執拗さは尋常ではない。かつて測量で已れに楯ついた（と彼が思い込んでいる）奥村喜三郎の蘭学の師・高野長英たち尚歯会にも、容赦なく迫害の矛先を向けた。

町奉行就任より以前、配下の小人目付でもある小笠原貢蔵を呼び、崋山の身辺調査を命じ、著作を調べさせ、さらには荒唐無稽な無人島渡航計画まで捏造し、ついには崋山と小関三英は自殺。長英は長牢のうえ、破獄して逃亡。のちに捕まりそうになり、服毒自殺を遂げている。

実は、鳥居は幕臣をも狙っていたのである。江川太郎左衛門・羽倉外記・川路聖謨の三名であった。このとき、三人を鳥居の魔の手から救ったのは、水野忠邦であった。彼にすれば三人は改革推進になくてはならない人材であり、代官の太郎左衛門と外記（天保十三年より納戸頭）はお咎めなしとし、川路は一応、左遷したことにしてその将来性を温存しようと忠邦ははかっている。

そのため、意外に思われる向きもあろうが、天保の改革スタートに関わる建白書を上書した川路は、天保の改革に参加していない。老中筆頭の忠邦が、気をつかわねばならないほど、鳥居の勢力は改革の中で膨張していた。

天保十四年（一八四三）二月、鳥居の排撃で遠山景元は町奉行から大目付（定員五名・役高三千石）に祭り上げられた。左遷ではないが、改革の実務者の地位から、鳥居は忠邦の意を汲んで追い払ったのである。

同年五月、改革の功により鳥居は五百石の加増（三千石）となっている。同年八月には勘定奉行を兼任——ここまできたとき、彼は四十八歳になっていた。

「名を攘夷といいながら、その実は夷に学んでいるだけではないか」

「やつらは征夷ではない、属夷だ」

とりわけ、鳥居が怒りの矛先を向けたのが、夷狄の兵法＝西洋流砲術であった。

妖怪の末路

「わが国には孫子・呉子の兵法が中国より伝わっている。何を今さら夷狄のものを学ばねばならぬのか。学べば、技術についてやつらの思想が入ってくるぞ。それがわからぬか——」

もし語らせれば、鳥居はこのように語ったのではあるまいか。

その彼の目の前に、不倶戴天の敵が現われた。すでに触れた、高島秋帆であった。

天保十一年（一八四〇）九月の時点で、秋帆が幕府に上書し、同年のアヘン戦争に言及して、さらに、

「清国側の敗北は砲術の未熟にこそ、その根元がある。わが国はよろしく西洋砲術を採用して武備を強化すべきである」

と進言したおりも、これを、

「編小之識見《へんしょうの》」

として非難・排斥している。

ただし、これには異説もあった。

忠邦自身が、鉄砲の原料たる精銅生産の確保に急でありすぎたため、これを担当する長崎会所の経営乱脈を正そうとして、同所の粛正を断行した結果が、思いもよらぬ秋帆の捕縛にまでつながってしまった、というもので、真偽のほどはいまひとつ定かではない。

ともあれ、鳥居は前年の十月に高島秋帆を逮捕している。

どうやら鳥居は、ここまできて、忠邦の改革失敗を見越したようだ。最後の生命線ともいうべき「上知令」に、土壇場まできて反対を表明した。

ついに、主人に嚙みついたのである。

忠邦の心中は、いかばかりであったろうか。

天保十四年（一八四三）六月、江戸・大坂十里四方上知令は発布されたものの、閏八月十二日に撤回され、翌日、忠邦は老中を罷免された。

「わしは老中にも勝った」

と鳥居が思ったかどうか。勘定奉行兼任は十月に解かれたものの、彼はほどなく老中首座になると噂されていた、備後福山藩主・阿部正弘（十万石）を頭から呑んでかかっていた。

なるほど、弘化二年（一八四五）二月に老中首座となった正弘は、〝名宰相〟と一部では謳われてはいるが、時局対策をみるかぎり、当初は祖法墨守の人でしかなかったようだ。正弘は二十五歳にして寺社奉行から、一躍、老中にのぼった人で、鳥居にすれば、御しやすかったかもしれない。

だが、いよいよ開幕するペリー来航にはじまる幕末の檜舞台に、鳥居は立つことができなかった。

なぜならば、天保十五年（一八四四）六月、水野忠邦が再び老中首座に復活したからである。この年は十二月二日に「弘化」と改元するが、これを待たずして、九月六日に鳥居は町奉行の職を解かれ、寄合となっている。これは明らかに、忠邦の報復人事であったろう。

しかしながら、当の忠邦も翌弘化二年（一八四五）の二月に、再び老中を罷免されている。

この前後、幕府は鳥居のこれまでの行ない、とくに蛮社の獄、高島秋帆事件について、徹底的な取り調べを行なっていた。

鳥居はこれまで味方だと思いつづけていた人々に裏切られ、ついに同年二月二十二日、判決を受けることとなる。当初は相良家へ、ついで佐竹家へ、さらには三転して京極家へのお預けがようやく決まり、彼は十月二十八日に江戸を出発している。

阿部正弘が二十七歳の若さで、老中首座となった。二日後に忠邦が老中を逐われていることなどから、正弘が反忠邦派の輿望《よぼう》を担う立場で登場したことは、ほぼ間違いあるまい。

忠邦は〝高島秋帆事件〟の責任を問われたのである。

「秋帆事件の審問を鳥居に命じ、万事指図のうえ、不正の吟味をせること不届き……」

との将軍上意を、正弘が忠邦に達したことは紛れもなかった。

ときに忠邦辞職の、翌三月のことである。この〝将軍上意の達し〟は、阿部幕閣が、秋帆事件を改めて吟味することで、忠邦を弾劾すべく計ったもの。審理は忠邦が老中を逐われた二ヵ月後、京都所司代から老中に抜擢された越後長岡藩主・牧野《まきの》忠雅《ただまさ》が担当して進められた。

ここにいたって、忠邦攻囲シフトは完成していたといえよう。裁断は先の将軍上旨が達せられた、ほぼ半年後の九月に入ってから下された。

讃岐丸亀藩京極家に、永のお預けの身となった鳥居に比し、高島秋帆は中追放処分となって武州・岡部藩の安部家に預けられた。忠邦は減封と隠居を命じられ、また、家督を相続した嫡子・忠精《ただきよ》は、同年十月、出羽・山形へ移封となっている（五万石）。

第四章

開国と攘夷の中で

高島秋帆（松月院蔵）

疑惑の引き金

水野忠邦は多方面にわたり、己れの才気のほどを示した。

かつて水戸藩主・徳川斉昭の命を受けた藤田東湖が、忠邦の屋敷に赴き、十三ヵ条の伺いを一度に問うと、忠邦はその順序通りに誤りなく指示を与えたので、その明敏さに斉昭と東湖が感服した、との逸話も残されている。

忠邦は己れの才覚に頼り、国情を憂うの念が強く、幕政改革を急ぎすぎたのである。ために、幕閣内や諸大名の強い反発を招き、ついに老中を失脚したばかりか、表高の半分にすぎない実高の僻地に移される羽目となってしまった。忠邦に対する評価についてはまちまちだが、浜町の町医師・内田乾隈《かんわい》などは、その著書『破地士等窠《はじしらす》』の中で、

「改革などと聖賢めかして、滔々《とうとう》たる天下を、わが家政のごとくなさんとし、酷薄残忍を煎じ詰めたる毒を流し、億兆の人民を悩すこと疫病より甚し」

と、手厳しく忠邦を責めている。

ただ、あえて彼のために弁明すれば、天保十五年（一八四四）七月、オランダ国王ウィレム二世からアヘン戦争を報じられ、同時に日本の開国をすすめられたおり、老中・阿部正弘が、

「祖宗歴世の法を変ずべけんや」

と頑迷なまでに開国を拒んだのに対して、

「当今のとき、右の如き（アヘン戦争）災厄日本に及ばんとす。若《も》し些《すこ》しの不虞《ふぐ》（恐れない）あらば則《すなわ》ち禍胎《かたい》（災いの徴候）を萌発《ぼうはつ》（芽ばえる）すべし」

と、オランダ国王のすすめに賛意を表したのは、幕閣にあっては忠邦と老中格の堀親寚《ほりちかしげ》（信濃飯田藩主・二万七千石）の二人だけであった。

「――世界の進軍を鑑《かんが》みるに、親書の文面にもあるごとく、このまま鎖国政策をとることは、きわめて危険である。わが国が清国の二の舞を演じぬためにも、この際、大英断をもって、開国の道を歩むべきではなかろうか」

忠邦の視野は、国政担当者として十二分に的を射ていた。

幕府に、否、個人的にも彼を補佐できる有能な財務のスペシャリストがいたならば、あるいは、明治維新に先駆けた水野忠邦の天保の改革も、軌道に乗っていたかもしれない。悔やまれる点ではある。

去っていった人々に対して、石を投げるつもりはないが、筆者は鳥居耀蔵が江川太郎左衛門を暗殺しようと企てたのではないか、と実は疑ってきた。引き金は、高島秋帆であったかと思われる。

まずは、秋帆の人となりについて、見ておきたい。

天保の改革をさかのぼること約二百年前――寛永十一年（一六三四）、長崎に出島を築造した長崎在住の富豪が、二十五名いた。出島町人といい、秋帆はその中の子孫であった。

代々、長崎の町年寄をつとめている。町年寄は士分以下ながら、名字帯刀を許された特別の町人をいった。寛政十年（一七九八）、町年寄・高島四郎兵衛茂紀《しげのり》の三男として、秋帆自身は生まれている。通称を糾之丞《ただのじょう》、のちに四郎太夫。諱《いみな》は舜臣《きみおみ》、字《あざな》を茂敦《しげよし》、秋帆は号である（晩年は喜平）。

長兄の夭折、次兄の他家養子入りで、彼は高島家を継いだが、このあたり弟子となる太郎左衛門とよく似ている。環境も同様。すでに幕末に突入していた長崎は伊豆と同じ、否、それ以上の切迫感をもっていたといってよい。

なにしろ世上、唯一、世界に開かれた〝窓〟ということになっている（対馬も海外取引をしていたが）。防備を固めるために幕府は、地役人に対する砲術の教授を開始する。

採用されたのは、当時、和砲では最先端をいっている、といわれた荻野流増補新術（創始者・坂本天山《さかもとてんざん》）であった。秋帆の父がこれを学び、荻野流の師範となっている。

なるほど荻野流増補新術には、「周発台《しゅうはつだい》」がとりいれられており、自由に砲を旋回させ、俯仰《ふぎょう》すること（見回すこと）ができたが、それに使用できる砲は百目筒が限度であった。

海上より攻めてくる、欧米列強の軍艦には無力でありすぎた。

秋帆は父から和砲を学び、他流のものも研究したが、どうも欧米列強のものとは異なっているように思えてならない。実は、友好国であるはずのオランダも、こと軍事知識に関しては、いっさい日本人に教えるつもりはなく、その点に注意することを商館長にも通達していた。そのため一向に、核心部分がわからない。

少し先、安政元年（一八五四）の七月、長崎への遊学を願い出た江川太郎左衛門に対して、幕閣はこれを却下。そのため彼は柏木忠俊・望月大象・矢田部卿雲の三人を長崎に派遣したが、このおり、とくに「ガラナイト」と称する新型破裂弾について調べてくるように、と厳命した。

ところが、オランダのスンビン号（のち観光丸）の艦長スハービウスは、三人の面会に応じたものの、最新の「ガラナイト」を知る太郎左衛門に驚きつつも、

「まことに遺憾ながら――」

と、「ガラナイト」の製法を伝授することも、実物を見せることもできない、と拒絶した。

「――実は本艦にも、ガラナイトは三十六発積載されていますが、ことごとく国王の封緘《ふうかん》（閉じて封じること）があり、実地の戦闘以外、これを開封することはいっさいできません」

結局、この「ガラナイト」は太郎左衛門の死後、望月大象に長澤綱吉・石井修三らを加えて研究・製造されたが、これほど軍事機密の漏洩をオランダも含め、西洋の国々は恐れ、注意していたのである。

まして、秋帆の時代である。

江川太郎左衛門の蘭学修行

『南国遺事』（寺石正路著）では、シーボルトの参府（江戸入り）へ同行した秋帆が、大坂城を自慢した幕府の役人に、シーボルトが「こんなものは、西洋の火弾《ボンベン》というものを撃ち込めばひとたまりもない」と嘲笑《あざわら》ったのを見て、大いに発奮して西洋流砲術を独学したとあるが、残念ながら町年寄はシーボ

ルトに随行したりはしない。

だが、似たような――日本が軍事技術で遅れているという意味を、痛感させられるような場面はあったのだろう。研究者の間では、文政六年（一八二三）七月に着任した、オランダ商館長ヨアン＝ウィルレム＝ド＝スチュルレムが秋帆の師ではないか、と考えられてきた。この人物はオランダ陸軍の大佐であり、かつてはナポレオン戦争にも従軍した戦歴をもっていた。

秋帆は蘭語ができなかったので、自らの疑問点を箇条書きにして通詞に示し、これらをオランダ語へ直してもらって、筆談により一つ一つ疑問を解いていったようだ。

この気の遠くなるような作業を、彼は黙々とつづけた。しかもそれは、決して他人に強要されてのことではなく、一日本人として義侠心からであったといってよい。

そのため、「ボンベン」、「グレナーデン」といったオランダ語の単語は、そのままカタカナで表記している。幕末戦争でしきりにつかわれた和訳、「破裂弾」、「柘榴《ざくろ》弾」の名前はまだ、日本に定着するどころか、皆目、知られてすらいなかった。

秋帆は懸命に蘭書を取り寄せ、通詞に訳してもらい、さらには本物の武器を入手。実地演習へと遮二《しゃに》無二《むに》つき進んでいく。

ほかにも懐中時計、ウェイランド科学辞典、望遠鏡、銀笛（軍用）などを西洋の最新式火器とその付属品、製造機械とともに購入している。（有馬成甫《ありませいほ》著『高島秋帆』）

秋帆は輸入した武器を実地に使用し、理解を深めるとこれを転売して、出た利益を次の購入資金にあてていた。売値はだいたい、仕入れの三倍程度であったようだ。

天保六年（一八三五）、秋帆は日本で最初の臼砲も鋳造しており、この頃、「高島流砲術」の一流を立てた。加えて、西洋銃陣（歩兵教練）をも教授するまでになっている。

その成果を人々の前で披露したのが、天保十二年（一八四一）五月九日、武蔵国豊島郡徳丸ヶ原（現・東京都板橋区）での西洋砲術の演習であった。

この演習には、太郎左衛門の家来である柏木忠俊、斎藤弥九郎たちも参加している。その直前、まず太郎左衛門が入門し、ついで下曾根《しもそね》金三郎《きんざぶろう》（信敦《のぶあつ》）が幕府側の人物として門をたたいたからである。

それ以前から太郎左衛門は、蘭学の修行を積んでいた。おそらく興味をもったのは、剣術修行の時代であったろう。が、この段階で彼は、明確な修行目的をもっていなかったはずだ。代官見習となり、韮山代官となる過程で、欧米列強のアジア進出が、日本から伊豆という地域へと結びついた。

「伊豆は地勢から見て、江戸の扼喉《やくこう》（のどを押さえつける）たるべし」

天保八年（一八三七）正月の、彼の最初の海防建議書にも、そのことは述べられていた。

伊豆を守るためには洋式軍艦が必要であり、軍艦は平時において商船・鯨漁・廻米船に用いることも、太郎左衛門は語っていた。無論、陸上の備場には大砲・小銃・硝石・硫黄などを備える必要があることも、この時点で述べられていた。

この頃、彼に西洋への目を開かせたのは幡崎《はたざき》鼎《かなえ》であったといわれている。

もとはシーボルトの給仕をしていた人物で、オランダ語を習得。シーボルトが日本の地図を持ち出そうとして大騒動となった、シーボルト事件で詮議を受け、文政十三年（一八三〇）三月に逐電、永尋ね（永久捜索）の身の上となった。

しかし、時代は幡崎のオランダ語を必要としていた。水戸徳川家がひそかに彼を登用し、太郎左衛門とも関わりができた。おそらく、そうしたことで幡崎は、自分が永尋ねの身の上であることを忘れてしまったのかもしれない。長崎に水戸藩の用事＝蘭書購入を命ぜられ、現地へ赴いたところを、長崎奉行所に逮捕されてしまった。

太郎左衛門は斎藤弥九郎を使い、護送される幡崎に、そっと金子《きんす》を送ったものの、江戸における彼の判決は追放。伊勢菰野《この》藩土方家のお預けとなる。これで太郎左衛門は、蘭学の知識を幡崎に頼れなくなってしまう。

そこで彼は、以前から道場仲間でもあった渡辺崋山を頼った。

二人には斎藤弥九郎という共通の知人もいた。弥九郎はこの頃、崋山より三人扶持をもらい、田原藩の剣術指南役にもなっている。天保八年（一八三七）八月に太郎左衛門のもとを崋山が訪ねたが、不在。九月に江戸の江川屋敷を訪れて、ようやく崋山は太郎左衛門と会えた。

「伊豆は海岸線が多く、異国船の来航についてどうすればいいか、地理をご教授いただきたい」

と太郎左衛門はいったという。

それから前章でもみたように、尚歯会（蛮社）のメンバーにも加わり、家来に蘭学者を抱え、太郎左衛門の蘭学修行が本格的にはじまったのだが、くり返し出された彼の建白書が無視されたように、太郎左衛門の幕閣への働きかけは、結局、実を結ばなかった。
その間も、多忙な彼には代官としての職責が待っていた。

大塩平八郎の乱

いささか前後するが、天保年間（一八三〇～四四）、徳川幕府の政治腐敗が進む一方で、天候不順による不作がつづいたことから、農村部の荒廃はいっそう深刻なものとなっていた。とくに天保四年（一八三三）から同六年まで断続的につづいた大飢饉では、全国におびただしい餓死者が出た。

各地で一揆や打ちこわしが頻発し、農民や下層町民が困窮を訴えていたにもかかわらず、大半の役人は救済の手を差し伸べようともしなかった。そればかりか、大商人と結託して利益をむさぼるのがさも当然という有様。

「天下の台所」といわれた大坂でも、米不足は深刻であり、米価は天保以前の二倍に跳ね上がっていた。飢えのために行き倒れになる者が、町中のそこかしこにみられたという。

こうした悪政に怒り、「救民」の旗を掲げて武装決起したのが、大塩平八郎であった。

平八郎は、親代々が大坂東町奉行所の与力をつとめた家に生まれている。十年間の与力見習を経て、十四年間、与力として働き、名与力の評判をとった。ところがどういうわけか、三十八歳で跡を息子の格之助《かくのすけ》に譲り、自身は隠居。自宅に陽明学の塾を開いた。

陽明学者としても名を知られていた平八郎のもとには、その気迫に満ちた講義を聴くべく、多くの門人が集まってくる。

平八郎には、善を知っていながら善を行なわないのは下等な人間だ、との信念があった。庶民の苦しみをよそに、自己の利益のみをはかる腐敗役人と悪徳豪商――。

息子の格之助を通じて、意見書をしばしば奉行所へ差し出したが、効果はまったくなかった。それどころか、隠居した与力の身分で天下の政に意見するとは何事か、と叱責される始末。叱りつけたのは、天保七年（一八三六）に大坂東町奉行についた跡部《あとべ》良弼《よしすけ》であった。彼は大坂の米不足が深刻であるにもかかわらず、江戸への廻米《かいまい》（生産地から都市へ送る米）に力を注いだ。なぜならば、跡部は老中・水野忠邦の実弟であったからだ。幕閣内で、己れの評判を高めたいがための行動であったことは明々白々であった。

次のような挿話が、伊東泰歳寄の『藤田東湖先生日記』に載っていた。以下は要約。

丙申（天保七年）の秋、大坂町奉行の矢部《やべ》駿河守（定謙《さだのり》）が勘定奉行に転じ、跡部山城守（良弼）が、矢部の後任となった。更替の時に、跡部は矢部に事を問うた時に、矢部は、「与力の隠居に大塩平八郎という者がいます。非常な人物ではありますが、譬《たと》えていいますなら悍馬のような人間です。その気を刺戟せぬようにすれば御用にも立ちましょうが、奉行の威勢で、これを操ろうとしますと、あぶないことになります」といった。跡部は黙って聞いていたが、跡で人に語って、「矢部は人物と聞いていたが、案に相違した。たった一人の与力の隠居を、御するの御し得ぬのなどというは何事か」と嘲《あざけ》った。しかるにその翌年にいたって、平八郎が乱を起し、程なく誅《しおき》に服したけれども、跡部は器量を落した。

東湖によれば、矢部は平八郎を叛逆者とは思っていなかったようだ。

いつかわたくし（矢部）は平八郎を招いた時に、一緒に食事をしましたが、国のことについて話し合っていた時で、平八郎は忠憤の余りに、膳に附けた魚のかながしらを、頭からめりめり嚙み砕きました。

跡部にも、平八郎は建白書を提出している。が、案の定、握りつぶされるだけであった。ここにいたって平八郎は、ついに反乱を起こす決心を固めた。

まず、檄文を門弟に回覧。幕政を批判したうえで、奉行所役人と豪商を誅殺《ちゅうさつ》するために蜂起せよと訴えた。同じものを印刷して、近隣の村々にも配っている。

次に、金一朱《きんいっしゅ》に交換できる施行札《せぎょうふだ》なるものを一万枚作って、大坂市中や近郊の貧民に配った。この札は、市中の本屋で換金してもらえるようになっていた。この資金のもとは、平八郎が自らの蔵書を売り払って得た約七百両であった。この施行札は、「天満《てんま》で火事が起こったら、すぐに駆けつけてくれ」との言葉と交換に手渡したという。天満には、平八郎の自宅があった。

このほか、門弟を通じて大砲などの武器・弾薬が調えられ作戦も立案された。

天保八年（一八三七）二月十九日午前八時頃——平八郎は自宅向かいの与力屋敷に大砲を撃ち込むと、自邸に火を放った。突如として起こった大音響に、住民は慌てふためいたという。

「われらとともに、悪徳の役人を討て！　ともに悪徳の商人を懲らしめよ！」

平八郎らはそう叫びながら、先頭に「救民」の旗を高く掲げて、商人の町・船場《せんば》を目指した。

そうこうするうちに弊衣の職人や人夫、農民などが続々と駆けつけ、総勢は三百人を超える。正午すぎ、一行は船場に到着し、豪商の屋敷を襲い始めた。

「ここが、米の売り惜しみをした商人ぞ。それ、焼き払ってしまえ！」

平八郎が大声で指揮する。軍勢は大商家に、次々と火を放った。

太郎左衛門に救われていた鳥居耀蔵

その頃になって、ようやく大坂城から幕府の鎮圧軍が、押っ取り刀でやってきた。

大砲まで用意してきた鎮圧軍は、まず鉄砲を撃ちかける。が、長い泰平の世に慣れ、実戦の経験がない武士たちのすることである。その一部始終は、無様《ぶざま》の一言に尽きた。鉄砲の音に驚いた馬を押さえ切れずに、落馬する指揮官が後を絶たない。

ところが、そんな頼りない幕府軍よりも、反乱軍の方はもっと不甲斐《ふがい》なかった。一斉射撃の銃声を聞いただけで、農民や町民は散り散りに逃げ惑《まど》う有様となる。平八郎と格之助の親子も、混乱に乗じて現場から逃走せざるを得なくなった。

結局、小規模の戦闘が二度ほどあっただけで、反乱はあっさり片付けられてしまう。ただ、火事はその後も燃え広がり、大坂の五分の二を焼いてからやっと鎮火するにいたった。

事件後、逃げた一党がひとりふたりと捕縛されていく中で、平八郎と格之助の行方だけは、幕府の懸命な探索にもかかわらず、杳《よう》として知れなかった。

なぜ、父子は潜伏しつづけていたのかというと、平八郎にはどうしても確かめたいことが、一つあったからだという。

蜂起の二日前、幕政の御意見番であり、〝御三家〟の一つ、水戸藩主の徳川斉昭やときの老中たちに宛てて、平八郎は密書を送っていた。幕府要人たちの不正を告発する証拠も添えてあったという。自分たちの決起を知れば、事の重大さを真剣に受けとめてくれるだろうと期待し、なんらかの反応が現われるのを待ったのだが、これらの密書はついに誰の手にも届かず、どうしたことか、伊豆山中で捨てられてしまっていた。

否、密書をそれと知らずに運んだ飛脚が、箱根への登り口で追剝《おいはぎ》にあい、荷物を奪われてしまったともいう。この密書の中には、林大学頭述斎に宛てた、大塩平八郎の書状もあったようだ。述斎は彼に多額の借金があった。その借金証文を、挙兵にあたって返還すべく、平八郎は飛脚に託したのだが、これも途中で盗まれてしまった。

もし、幕閣の知るところとなれば、述斎はただではすむまい。そこで彼はこの捜査を極秘のうちに、伊豆韮山の代官・江川太郎左衛門に依頼したのである。

追剝は間もなく捕らえられ、密書はことごとく発見され、述斎のものは内々に太郎左衛門から述斎の手元へと返された。彼が韮山代官に感謝したのは、いうまでもない。

——この述斎の三男が、鳥居耀蔵であった。

父のみではない。鳥居本人も、太郎左衛門に救われていた。天保七年（一八三六）、伊豆国田方郡大《おお》平《だいら》柿木《かきぎ》村（現・静岡県伊豆市太平柿木）にあった、彼の知行地が凶作で、二十人の餓死者を出したおり、この窮状を太郎左衛門にすがって、助けてもらっていたのである。

太郎左衛門は廻村して現地を訪れ、病人には調薬を与え、村には貸渡金を出すことで、この窮状を救っている。鳥居は喜び、太郎左衛門の来訪を切望。相手は目付である。太郎左衛門が彼の屋敷を訪れ、その接待を受けている。

しかし鳥居は、それはそれ、これはこれで、恩人である太郎左衛門を目の敵として、その失脚に力《ちから》瘤《こぶ》を入れつづけた。否、それどころではない、生命《いのち》まで狙った疑惑があった（詳しくは後述）。

大塩平八郎の事件は、四十日後の三月二十七日、平八郎父子の潜伏先を突き止められたことで、一気に幕引きとなった。

絶望の中で幕吏に包囲され、そのことを知った父子は、部屋に火薬を撒き、壮絶な爆死を遂げたのである。こんな平八郎の生き方に心を揺さぶられた同志たちは、その翌月から各地で次々と反乱の狼煙《のろし》をあげた。また、江戸、大坂、京都では、大塩平八郎の名をかたった脅迫状が連日のように奉行所に届いたという。

義士・大塩平八郎の人気は、幕末まで途絶えることはなかった。

大塩の残党による不穏な噂は、太郎左衛門の支配下である甲州にも飛び火した。

大飢饉と連動した一揆、打ちこわしが頻繁に起こっている。武州・相州に残党が潜伏し、今までにない大規模な反乱を企てている、との風聞が、広範囲にわたって流れた。

ある者は、房州沖に来たアメリカ船に大塩平八郎が乗っていた、といい、とりわけ甲斐の代官・井上《いのうえ》十左衛門《じゅうざえもん》・西村貞太郎の管轄である十九万石は、それまでの圧政もあって、領民の暴発が懸念されていた。

大塩事件の余波と種痘

太郎左衛門は斎藤弥九郎とともに、甲州の民情視察を思い立ち、刀剣商人に扮して甲斐へ。このことは少し、前に触れた。さらには、武蔵・相模を巡廻。この「微行」の結果、民情そのものが悪いのではなく、支配代官とその属吏が悪質であることが判明した。

なにしろ、元〆手代の中には、一年で二千両も私腹を肥やしていた者もあった。代官の巡見も費用がかさみ、村々は一夜分で十五両、昼食で五、六両も負担させられていた。

そのためであろう、すれたいい甲州の領民たちは、新任の代官が赴任してくると、まず何でもいいから訴訟を起こして、その裁断を確認してから、代官の遇し方を考えたという。低能下劣で気の弱い代官が来れば、ここぞとばかりに無宿無頼の徒を集めて、代官をすらを恐喝したという。

太郎左衛門はこの甲州を別な代官とともに預けられることになるが、直接、自らが下々の者の生活を知り、その改善、仁政を心がけたおかげで、民情は大いに改善された。

なにしろ天災による飢饉は、周期的にやってくる。太郎左衛門は考え得るかぎりの手を打って、これに備えた。

「世直《よなおし》江川大明神」

と大書したのぼりや旗を、農民が神社に奉納したという一事をもってしても、その成果のほどがうかがえよう。

——民情と蘭学が結びついたのが、種痘であった。

嘉永二、三年（一八四九、五〇）頃に天然痘《てんねんとう》が大流行したときも、太郎左衛門の決断は早かった。十人に一人は生命を失い、幸い生命をとりとめても顔にあばたが残ってしまう。

当時、〝新知識〟であったイギリスのジェンナーの発明による種痘を、すぐさま采配地の領民に実施しようとした。が、迷信の中に暮らす農民たちの多くは、これを〝夷狄の魔法〟と恐れ、なかなか従おうとしない。

種痘を運ぶのも大変であった。人を介さなければ種子は運べなかった。太郎左衛門は三人の子供に肥田春安をつけて、江戸の伊東玄朴のもとへ送り、うち二人が無事に生還。太郎左衛門は亡くなった子供の父親に詫び、多額の香資《こうし》を贈り、この父を「長百姓」（村長に準ずる）に引きあげたという。

子供が一人亡くなったこともあり、ますます従おうとしない領民たちに対して、太郎左衛門は怒ることなく、それでは——と率先して、自らの三男の英敏と三女のたかに種痘を施した。

これを目撃した領民はようやく納得し、種痘を受け、その広大な支配地は天然痘の災難からまぬがれたのである。太郎左衛門がわが子に種痘させたのは、ジェンナーが八歳のわが子フィリップに種痘を試みた、わずか五十三年後のことであった。

太郎左衛門の功績の多くは、西洋事情の研究にあたっていた「尚歯会」（反対派からは〝蛮社〟と呼ばれた）に参加しての成果であったといえる。

蘭書を中心に、身分にこだわらず洋学の研究にいそしんだこの会のメンバーは、渡辺崋山・高野長英・小関三英を中心に、羽倉外記・川路聖謨・下曾根金三郎・鈴木春山《すずきしゅんさん》・鷹見泉石《たかみせんせき》・佐藤信淵《さとうのぶひろ》といった人々が、会合に顔を出した。

もっとも、西洋事情の研究は、時代の最先端の知識を得ることにつながり、世界の大勢が理解できるようになると、矛先はどうしても幕政改革への建白——反対派、為政者にすれば批判——とならざるを得ず、幕府は「尚歯会」を反幕結社とみなし、有形・無形の圧力をメンバーたちに加えた。このことは前章でみている。幕府の身内ともいうべき代官の太郎左衛門や羽倉外記には、ことのほか風当たりは強かったが、二人は決して西洋研究をやめなかった。

説得、脅迫でうまくいかなかった幕府（鳥居耀蔵主導）は、ついに天保十年（一八三九）、このグループが無人島への渡航を企てた、と事実無根の計画をでっちあげ、大弾圧を加える。いわゆる〝蛮社の獄〟であったが、この大弾圧を直接、指揮した鳥居も、さすがに太郎左衛門には手を出せなかった。「尚歯会」のメンバーの逮捕を横目にみながら、太郎左衛門は、自らの信じる道を曲げることなく、メンバーの助命運動をしつつ、翌天保十一年（一八四〇）には、幕府へ洋式砲術の採用を上申した、長崎の高島秋帆のもとに入門を願い出ている。代官ゆえの許可制度であったが、幕閣にも志を同じくする人はいたようだ。

徳丸ヶ原での演習は、秋帆の西洋軍事学のレベルが、明らかに幕府のそれを上回っていることを世間に印象づけた。

佐賀藩からも平山山平が入門し、ここから幕末、〝一大科学立藩〟となる佐賀藩がスタートする。薩摩藩も、それにつづいて門人を送り込んだ。

この間、中国では天保十一年にアヘン戦争が勃発した。この事件は翌年、オランダの風説書によって詳しく日本へ伝えられ、これに感応するように秋帆は、わが国の兵制改革に関する意見書を長崎奉行・田口加賀守喜行《よしゆき》に提出している。

ところが江戸に送られたこの上書は、老中の水野越前守忠邦を経て、目付の鳥居耀蔵に諮問され、前述の徳丸ヶ原での演習へとつながった。が、幕府の検視役は西洋流を頭から否定。取り扱いが至極不出来だとか、陣形変換や進退は児戯に類するとか、とにかく西洋流は日本在来の砲術に勝てない、と無理やり結論づけた。

あげく、幕府内の守旧派と革新派の対立に秋帆は巻き込まれ、謀叛の嫌疑をかけられて、逮捕されたわけだが、この間、一貫して秋帆の無罪を主張しつづけたのが、太郎左衛門であった。

元護持院二番ヶ原の仇討ち

水野忠邦・鳥居耀蔵の失脚は、同時に鳥居のほか天保の改革に関わった〝水野側近の三羽烏〟――をも失脚処罰させることにつながった。書物奉行で天文方見習の渋川六蔵は、身分の上では大したことはなかったが、蘭学者の情報、噂に強かった。鳥居のスパイ工作を担当した主謀者といってよい。渋川は家禄没収のうえ、豊後臼杵藩五万石の稲葉家に終身禁固となっている。

二人目は、天保の改革にあって軍資金をつくるべく、通貨改鋳を担当した実務者の御金改役・後藤三右衛門《ごとうさんえもん》――彼は自ら勘定組頭への昇進を目指して、鳥居の悪事に荷担したが露顕してしまい、身分が御用達商人であったため死罪となった。

第三章でみた矢部定謙をはめた、目付で鳥居派といわれた榊原主計頭忠義《さかきばらかずえのかみただよし》は左遷され、小普請組の石河疇之丞《いしかわちゅうのじょう》(七十俵五人扶持)、浜中三右衛門(二十五俵二人扶持)は追放。小人目付の金田故三郎は三宅島へ配流処分となった。

こうした鳥居の連累者が次々と判決を受けたのは、弘化二年(一八四五)の二月から六月にかけてであったが、三羽烏の残る一人、本庄茂平次《ほんじょうもへいじ》の名前が、なぜか処罰リストには載っていなかった。

この人物は長崎の出身、外国貿易を幕府の直轄で行なう長崎会所（オランダ貿易と唐貿易に二分）の下っ端に連なっていたこともあったようだ。

やめて江戸に出て、一説に下谷広徳寺前で町医者を開業。この頃は本庄辰輔《たつすけ》と名乗っていたが、長崎会所の情報を知りたがっていた鳥居の家来に、岸本幸輔という者があり、この幸輔が茂平次の身元保証人をつとめていたことから、鳥居邸へ出入りするようになった。

長崎会所の詳細を長崎へ行って調査し、書類にして鳥居へ提出。認められるようになり、天保十二年（一八四一）十二月、鳥居が町奉行に昇進したおり、家来となった。「茂平次」は諸説あるが、鳥居家の家人となってからの名乗りのように思われる。

高島秋帆が長崎会所頭取となり、さらに西洋流砲術の新知識をもって幕府の諸組与力格に取り立てられた（天保十二年三月）――この前年の四月、少なくとも茂平次は長崎会所改革案を鳥居に見せ、秋帆逮捕の方向をつくったことは間違いない。

つまり、この男こそが、高島秋帆の長崎会所事件をでっちあげた張本人であったが、彼は鳥居以下が処罰される前に、意外にも熊倉伝十郎（三十三歳）と小松典膳（四十七歳）の二人によって仇討ちされ、討ち果たされていた。弘化三年（一八四六）八月六日のことである。茂平次はこのとき、四十五歳であった。

――ここで興味深いのが、この仇討ちの前提に、一つの闇討ち事件があったことである。

天保九年（一八三八）十二月二十三日の夜、直心影流の剣客・井上伝兵衛《でんべえ》が下谷御成小路（現・東京

都千代田区）で闇討ちされ、殺害されるという事件があった。

この下手人が、鳥居の家来となっていた茂平次で、その理由を彼は、ある貸金の取り立てを、徒士の井上七之助の養父で隠居の伝兵衛に頼んだところ、それを聞き入れなかったのみならず、伝兵衛が逆に茂平次に意見を加えたことを逆恨みし、闇討ちを仕掛けたというのだ。

実兄・伝兵衛が闇討ちされた、との悲報に接して、実弟で伊予松山藩士となっていた熊倉伝之丞は、翌天保十年（一八三九）二月に主家を立ちのき、仇を求めて江戸に出た。この伝之丞の子・伝十郎も、三月に主家を去り、父と合流。町奉行所へ仇討ちの手続きを願い出、八方手を尽くして真相を探るうちに、ようやく茂平次の犯行と知れ、これをつけ狙った。

が、この頃、飛ぶ鳥を落とす勢いの鳥居の家来である茂平次は、自分が狙われていることを察知し、逆に返り討ちを仕掛けて、伝之丞を殺害させたという。

一方、伝兵衛の弟子である大和十津川の牢人・小松典膳も、諸国兵法修行中に師の凶報横死を知り、仇討ちを思い立って、残る伝十郎と合流した。

ところが茂平次は、とかげの尻尾切りのように、主人の鳥居から縁を切られて長崎へ戻っており、江戸には不在であった。鳥居に対する審問が弘化二年（一八四五）二月よりスタート、関連して茂平次も逮捕され、彼自身は「遠島処分」の刑が下った。その実行直前、牢近くで火事が起こり、牢内にいた茂平次はほかの囚人たちと一時の解き放しとなり、その後、牢舎へ舞い戻った。

「神妙なり」

と、ここで罪一等を減じられて、遠島から中追放となった彼は、江戸を離れようとした矢先、神田橋の元護持院二番ヶ原で待ち構えていた熊倉伝十郎、小松典膳の両名に討ち果たされた。おそらく町奉行所は、仇討ち届けのあったことから、茂平次の出牢日時を、伝十郎たちに事前に通報していたのだろう。

江川太郎左衛門暗殺計画の疑惑

——この仇討ちに、問題はない。では、なぜこの仇討ちの詳細を述べたのか。

そもそも討たれた井上伝兵衛について、鳥居耀蔵が江川太郎左衛門暗殺をもちかけたのではないか、との疑念を筆者が抱いてきたからにほかならない。

すでに登場した栗本鋤雲は、茂平次が井上伝兵衛を殺害する根拠が薄弱なことに気がついていた。改めて調べてみると、鳥居自身が、伝兵衛に剣術を学んでいたことが知れる。

さらには、ある日、伝兵衛に内密に、鳥居が何事かを依頼し、それに対して伝兵衛が頑なに拒絶、逆に鳥居に意見をしたという噂を聞き込んだ。その噂話によると、鳥居は怒り出し、やがて頼んだ内容が世に漏れては一大事と、茂平次を呼んで伝兵衛を暗殺するように、と命じたというのだ。

鋤雲によれば、茂平次も伝兵衛の剣の弟子であったという。

つまり、鳥居家の剣術指南を伝兵衛は行なっていたことになる。

暗殺の主犯が、もしも鳥居耀蔵であったならば、では、その狙った相手は誰であったろうか。

剣の使い手であり、この時期、いそぎ死んでもらわねば鳥居にとって都合の悪い者。鳥居が得意とする無実の人を罠にはめ、無理やり罪をなすりつけるやり方の通用しない者。同時に、駕籠や供回りにこだわらず、働きまわる者――云々。

筆者は江川太郎左衛門（もしくは斎藤弥九郎）ではなかったか、と疑ってきた。

伝兵衛の闇討ちは天保九年（一八三八）十二月十三日、この九日前に太郎左衛門は備場巡見の命を正式に受けている。鳥居の耳には、この男が蘭学の技術者を巡見に同行させようとしているとの情報は、すでにもたらされていたであろう。

鳥居は西洋の、技術の背後に恐怖していた。思想である。技術と一緒に西洋のキリスト教に裏打ちされた思想が、日本国内に流入してくるに違いない。

「征夷ニ在ラズ属夷ニ在ルヲ――」

鳥居としては、なんとしてもこの文化侵略を、食い止めたかったはずだ。已れの強権をもってしても潰し得ないものがあるとすれば、同じ幕府の中にあって、別個に水野忠邦に信頼され、保護されている実直至誠な江川太郎左衛門を、特別に敵視してもおかしくはなかったろう。

現に忠邦は川路聖謨を左遷することによって、鳥居から守る処置をとっていた。

「江川を、斬ってしまえ」

鳥居ならば、あり得ないことではなかったと思う。

しかし、彼は人を見る目がなかった。直心影流の使い手・井上伝兵衛はまさに、〝剣士の鑑〟のような人物であったのだから。そのことを証言する挿話が、天保九年（一八三八）、豊前中津藩からやってきたのちの剣豪、島田虎之助《しまだとらのすけ》（直親《なおちか》）との関わりの中で語られていた。

虎之助は、中津藩剣術師範の堀十郎佐衛門《ほりじゅうろうざえもん》の道場で一刀流を学び、十五、六歳ですでに藩中に敵なし、十八歳で九州一円に兵法修行に出、ついに負けることがなかった。

「日本一になってみせる」

虎之助はついに諸国兵法修行を思い立ち、まったくの負け知らずのまま、当時江戸で、〝日本一〟の評判を得ていた男谷《おだに》道場へ乗り込んだのである。

道場主の男谷精一郎《せいいちろう》は、井上伝兵衛と同じ、直心影流の剣客であった。他流試合を禁止する道場が多い中で、精一郎は「他流試合、大いに歓迎」の看板をあげていた。

ついでながら、男谷精一郎は、越後の小千谷《おぢや》から出てきて高利貸し＝米山《よねやま》（男谷）検校《けんぎょう》の、曾孫にあたる人物。検校が水戸藩に十七万両とも七十万両ともいわれる巨額の金を貸したことから、自身も水戸藩の後押しで「検校」（盲目の最高位）となり、その二男・鉄之丞信連（鳩斎）は水戸藩士に二百石で召し抱えられた。

この信連の跡を継いだのが、忠之丞信孝であり、その二男（妾腹）が新太郎、すなわち男谷精一郎信《のぶ》友《とも》であった。今でも人名事典に誤りが多いが、精一郎は鳩斎の子ではなく、孫である。

その精一郎が、同じ検校の子で幕臣の株を父から買ってもらった、平蔵信俊（のち忠恕《ただひろ》）の長子・彦四郎燕斎の養子に入った。

この彦四郎の弟に、御家人株を同様に父・平蔵から買ってもらった勝左衛門太郎惟寅《さえもんたろうこれとら》（小吉《こきち》）がいて、この人物も直心影流を使い、その子が麟太郎《りんたろう》（海舟）となる。

つまり、養子入りした精一郎はその時点で、海舟の従兄弟となったわけだ。

ちなみに、精一郎の養父・彦四郎も信州中之条の陣屋をはじめ、いくつかの代官に任じられていた。

一方の精一郎は書院番―御徒頭《おかちがしら》―先手組―講武所頭取―同師範役―同奉行―御旗奉行―西丸御留守居と昇進し、のちに三千石下総守に任官している。

井上伝兵衛と直心影流の人々

そもそも、直心影流という流儀は、日本三大剣術の源流――その一つに数えられる、陰流の流れを汲んでいた。宝暦六年（一七五六）に藤川近義《ふじかわちかよし》が下谷長者町に道場を開き、その跡を高弟の赤石郡司兵衛《あかしぐんじべえ》が継承。その跡目を団野源之進義高が継いだ。晩年には、真帆斎《しんぽさい》と称している。寛政七年（一七九五）に本所亀沢町に道場を開き、多くの門人を教えたが、その教授方法が懇切丁寧で、人柄も慈父のごとく、と伝えられ、この道統を男谷精一郎が継いだ。

一方の井上伝兵衛は藤川の門人で、勝小吉の証言では、当時、一番門人が多かった剣客だった、とされている。下谷御徒町に住み、自身は御徒。下谷車坂に自らの道場をもっていた。

それはさておき、島田虎之助である。彼は男谷精一郎に立ち合いを望んだ。

「ぜひに、一手のご教示を――」

と迫る虎之助に、では、とさっそく立ち合ったものの、精一郎は穏健そのもので、覇気をまったく面《おもて》にあらわさなかったという。

一本目、軽く精一郎が籠手《こて》を打つ。虎之助にはそれが浅くて、一本には思えなかったようだ。二本目、虎之助が猛然と飛び込むと、精一郎の籠手を打ち返した。そして三本目、精一郎が今度も軽く面を打って、試合はなんとなく終わってしまう。

形のうえでは二対一だが、虎之助は己れが一本勝ちしたと信じて疑わなかった。

（男谷先生の一本は、いずれも浅い。真剣勝負ならば……）

精一郎はそんな虎之助に、寛容な笑顔を浮かべた。

「なかなかの、お腕前でござるな」

と褒めもした。虎之助にすれば、精一郎の言葉が精一杯の負け惜しみに聞こえたようだ。人間、慢心しているときはこのような錯覚をもつものなのかもしれない。

所詮、日本一とはいえ、男谷とて大した剣士ではない、と虎之助はますます天狗になったようだ。つづいて彼が訪れたのが、同じ流儀の井上伝兵衛の道場であった。

虎之助が立ち合いを申し入れると、伝兵衛は遠慮会釈なく、この天狗をメッタ打ちにした。虎之助はとても歯がたたない。脱帽して伝兵衛に、改めて入門を願い出た。

すると伝兵衛は、意外なことをいう。

「あなたには見所がある。師を選ぶことだ。私ぐらいの腕なら、この江戸には掃いて捨てるほどにいる。入門するなら、日本一の男谷精一郎どののもとへ参られよ」

虎之助にしてみれば、その人には一本勝ちした、との思い込みがある。納得できない顔つきのまま、その顚末を伝兵衛に語ると、彼は大笑いしたという。

「島田さん、それはあなたが田舎者ゆえ、男谷どのに軽くあしらわれたのだ。それすらわからぬようでは、まだまだ修行が足りませんなァ」

半信半疑の虎之助に、伝兵衛は手ずから紹介状を書いてやると、改めて男谷道場へ赴くよう、虎之助を諭した。

今度は井上の紹介状がある。精一郎はいっさいの手加減をしなかった。

虎之助はなんとか打ち込みたいともがいたが、打ち損じどころか一歩も踏み込むことができない。精一郎の内なる鋭い気迫に押され、まるで金縛りにでもあったように脂汗が流れるばかりで、気がつけばいつの間にか、道場の羽目板を背にするまでに追いつめられていた。ようやく虎之助にも、その凄さが理解できたようだ。

精一郎の強さは、幕末の日本にあって群を抜いていた。それは剣一筋で、ついには三千石を領した一事でも知れよう。こうした幕臣は幕末、ひとり彼だけであった。海舟は精一郎の弟子であり、門人となった虎之助が独立してからは、そちらの内弟子となっている。

それにしても、剣聖・男谷精一郎と並び称せられる島田虎之助、その虎之助を完膚なきまでに打ち負かした井上伝兵衛が、弟子の本庄茂平次に暗殺されるとは――。

その夜、伝兵衛は駿河台に茶会があり、多少酔っていたうえに、傘をもっていた。その帰り路を待ち伏せされ、不慮の横死を遂げている。五十二、三であったというが、茂平次はおそらく、用意周到に闇討ちを計画し、口封じを行なったのであろう。

いまひとつ、実は江川太郎左衛門は直心影流と近しい関係にあった。江戸の江川屋敷が本所亀沢町の団野真帆斎の道場に近かったこともあり、おそらく伝兵衛とも精一郎とも、彼は何度も話をしたことがあったに違いない。その証左に、彼はのちに団野の娘を自らの部下となったジョン万次郎（中浜《なかはま》）の妻にもらいうけている（詳しくは後述）。

秋帆の後日譚

幕府の公認を得て、鉄砲方・下曾根金三郎より早く、高島流砲術指南の許可を受け、高島秋帆の門人となった太郎左衛門は、短期日（約五ヵ月）で秋帆本人より伝授を受けている。これ以前、秋帆に学んでいたのが肥前佐賀藩と薩摩藩であった。

相変わらず、鳥居耀蔵の直接・間接の妨害はつづいた。太郎左衛門は「忍」の一字でしのんだが、やがて鳥居の魔の手にかかって秋帆は捕らわれの身となる。

彼のみではなく、一族一門がことごとく検挙され、秋帆本人は伝馬町の揚屋に投檻《とうかん》され（四十六歳）、しばらくは捨て置かれて、弘化三年（一八四六）になってようやく、前年の水野忠邦・鳥居耀蔵らの処罰が終わってのち、「吟味仕直し」の結果、判決が下った。中追放であり、安部《あべ》虎之助《とらのすけ》（岡部藩）にお預けの身の上となる（四十九歳）。

太郎左衛門は未決監に秋帆がある間は衣食、金品を差し入れ、その安否を常に気遣い、安部家へも種々の手づるを求めて金品を贈り、門人としての礼を尽くしつづけた。

もしも、太郎左衛門の献身的な求解活動がなければ、秋帆は幽囚生活のうちに、その生命《いのち》をつなぎ得なかったかもしれない。

秋帆が釈放され、太郎左衛門のもとに身を寄せたのは嘉永六年（一八五三）、ペリーやプチャーチンが来航し、いよいよ幕末が本格的に火花を散らすようになってのことであった。このとき秋帆は、すでに五十六歳となっていた（太郎左衛門は五十三歳）。

老中首座・阿部正弘は秋帆の長い逆境を思い、

「火技中興、洋兵開祖」

の称を贈っている。

秋帆はこれを名誉として受け入れ、終生、書画の刻印に用いたという。

太郎左衛門はまず、なによりも秋帆の心身をいたわり、風呂や酒肴でこれまでの苦労をねぎらったが、秋帆は高島流砲術がその後、どうなったのか心配でならなかったようだ。

一夜明けた未明、太郎左衛門の部屋に現われ、銃陣の稽古を見たい、教場に連れていってほしい、と

願い出た。秋帆の体を心配して、もう少し休息を、と太郎左衛門は止めたが、秋帆は聞かず、

「ぜひにも——」

と願い出た。この気迫を嬉しく思った太郎左衛門は、師を高島流砲術の教場へ連れていく。

秋帆は驚嘆した。銃陣や布陣、散兵、そのほかの動きが、見違えているではないか。

（はるかに、迅速果敢となっている……）

銃身も形を一変していた。多く用いられていた燧打《ひうち》は雷管打に改良され、新式銃の操法を秋帆が太郎左衛門の弟子に教わる場面もあった。そしてなによりも秋帆を驚かせたのは、その号令であった。

これまで彼が指導してきた高島流砲術＝陸軍の調練は、ことごとくがオランダ語をそのまま用いて、号令がかけられていた。

太郎左衛門はこれを日本語に改め、根づかせた功労者でもあった。

国語の語法でいえば、「気を張れ」「前につづけ」「右へ廻れ」「銃を肩に担え」「刀を付けよ」などというべきところを、それではいかにも悠長で元気を欠き、気合いがこもらない、と太郎左衛門は独自に動詞を先に、名詞を後にして工夫し、

「肩へ銃」「付け刀」

と、まずは呼び改めてみた。しかし、「じゅう」「とう」では呼びづらい。語力も弱々しい。そこであえて、古式ゆかしく「肩へ筒《つつ》」、「付けえ剣《けん》」と号令しやすいように改称した。

「気ヲ付ケ」

「前ヘナラヘ」

「右向ケ右」

「廻レ右」

すべて、太郎左衛門の造語といってよい。

服装についても、韮山笠《がさ》にたっつけをうがち、ぶっさきの陣羽織をつけさせることを考案。幕末の兵制改革は高島秋帆から、太郎左衛門の手を経て具体化されたのである。

「わが流砲術は……、進化を遂げていた……」

秋帆は地面に座り込むと、太郎左衛門に師弟逆の礼を示し、

「ありがとうございました」

をくり返した。その目には涙が……。太郎左衛門ももらい泣きしつつ、

「すべては先生の、ご教導のおかげでございます」

ようやく、それだけを口にした。

十年十ヵ月余の歳月を経て、ようやく青天白日の身となった秋帆は、後世、

「唯この一篇あり、秋帆千古に朽ちず」（長田権次郎著『徳川三百年史』）

と評された、「嘉永上書」を幕府へ差し出した。

アヘン戦争における清国の敗因を、「火器」の優越によるものと述べた彼は、武備を怠った結果とも断じ、他国蔑視の風潮にもその要因を求めた。と、同時にわが国の陣法も時代遅れだ、と断言。

「火器の精密と熟練のものとを多く持たない限り、夷狄《いてき》との戦《いくさ》は覚束なし」

といい切った。

黒船の焼打ちも不可能だ、とも。

そしてなにより秋帆の偉大さは、嘉永六年（一八五三）の時点で正々堂々、開国を主張した点に尽きた。

――ただ一人の、快挙といってよい。

ちなみに、鳥居と組んで秋帆を追い詰めた伊沢美作守政義（息子の正達が鳥居の四女と結婚）は、このとき「御役御免差控」となっている。

釈放された秋帆は、幕臣（小十人格）となり、「講武所」が設置されると砲術師範役を命ぜられ、幕府の近代軍事化に寄与し、機構名が「陸軍所」にかわる慶応二年（一八六六）の、改名の十ヵ月前、正月十四日に病没している。享年は六十九であった。

韮山塾の日々

秋帆の徳丸ヶ原における実演のおり、すでに家臣の柏木忠俊や斎藤弥九郎に命じて、小筒の打ち方を演じさせていた太郎左衛門は、師の悲運と対峙しながらも、反対派の圧力に屈することなく、

「高島流洋式砲術教授」

との看板を掲げ、生涯、門人約四千人を教えたといわれている。この中には、佐久間象山・本多忠徳・川路聖謨・橋本左内《はしもとさない》・桂小五郎・黒田清隆《くろだきよたか》・大山巌《おおやまいわお》・伊東祐亨《いとうすけゆき》・山尾庸三らの名前もあった。

太郎左衛門は当初、幕府が秋帆より買い上げた徳丸ヶ原で使用した砲四門の借用からとりかかり、幕府鉄砲方の田付四郎兵衛《たつけしろべえ》や井上左太夫《いのうえさだゆう》らの妨害を受けながらも、どうにか兵器を入手。江戸、ついで韮山において大砲・小銃の伝授を開始する。

天保十三年（一八四二）九月の佐久間象山が江戸にて入門してから、十月の江戸を出るまでの間に、門人となった者は直参・諸藩士あわせて百余名。その後、稽古は太郎左衛門の移動とともに韮山でも行なわれるようになり、韮山塾を形成することになる。

また、幕府より大砲製作の許可を得て、彼は韮山で鋳砲を試み、青銅砲を造っては試し撃ちを試みていた。

江戸において実地に大砲を撃つ訓練は、なかなか許可されず、市中を離れた射撃場まで移動せねばならなかった。が、韮山ではその手の配慮がいらない。最高責任者は代官なのであるから。

塾生は韮山屋敷に寝起きし、「御台所」で食事し、教練には江川家の家来も参加した。

太郎左衛門はこの点、厳格に区別をし、塾生が自分を「殿さま」と呼ぶことを許さず、「先生」と呼ばせ、江川家の内々のことには決して彼らを参加させなかった。

塾では酒は厳禁。くり返し実戦を想定して行なわれた狩りでも酒は認められず、一つのやかんで水を分けあい、酒はたまさかの釣りなどのときに振る舞われるだけであった。

「敬慎第一・実用専務」（詳しくは終章）がスローガンに掲げられ、小銃・大砲などが研究・試射された。

　オランダ書物の翻訳も進められ、武器・弾薬・火薬の進歩には可能なかぎり追いつくべく、日夜、研鑽がなされていた。この頃、韮山塾は明治の陸軍士官学校を先駆けたような風貌をしていたのかもしれない。

　弘化三年（一八四六）四月から六月には、この多忙の中、太郎左衛門は伊豆諸島――七島および八丈島への巡見を行ない、これまで何人もやめさせることのできなかった島の迷信、異様な風俗や習慣を徹底的に破壊、「神明が祟《たた》って不漁となる」と反発した島人たちに、

「海神よりも、お代官さまの方が偉いらしい」

といわせ、風儀を一新する場面もあった。

　嘉永二年（一八四九）閏四月には、下田にイギリス船マリナー号が無断入港してきたおり、この退帆交渉に立ったのも、太郎左衛門であった。

　最初、下田奉行が、「出ていくように」と交渉したが、埒があかず、先方の艦長は逆に奉行の身分を反問し、

「その程度の身分で交渉に来るな――」

と開き直った。困惑した幕府は、太郎左衛門に改めての交渉をまかせたのである。

　すると彼は、江戸の越後屋呉服店（のち三越）にあった、高価な蜀紅《しょくこう》の錦の装束を購入。それを野袴

に作り、輝くばかりの陣羽織を着込んで、腰には黄金造りの大小をたばさみ、家来の手代たちにも華やかな袴・割羽織を新調して着せ、意気揚々と下田へ駆けつけた。

そして先発させた通詞に、

「人口十五万人を支配する役人が、これよりまかり越す」

と伝えさせた。なるほど、太郎左衛門の支配地高からすれば、それぐらいの領民はあったろう。先方は身分を聞いて驚き、水兵を整列させて太郎左衛門を待った。

すると、そこに威風堂々、絢爛《けんらん》たる豪華な衣装を身にまとった人物が現われたではないか。それでなくとも太郎左衛門は、大兵肥満、偉軀といってよい。あたりを威圧する鋭く大きな瞳で、

「せっかくのご来航だが、国法では外国船の碇泊を認めておりません。薪炭など入用なものは差し上げますから、明朝には出ていってもらいたい」

そういうと、先方は威に呑まれたのか、黙ってこれに従った。

太郎左衛門の原動力

これより前、天保十四年(一八四三)五月、名声の高まる太郎左衛門は、鉄砲方兼務を命ぜられ、五百俵を給され、別に役料三百俵を受けて若年寄支配へと進む。

このおり、与力十五騎、同心五十人を付されている(弘化元年十一月に鉄砲方解任)。

それにしてもなぜ、太郎左衛門はこれだけのことを、生涯の半分の短期間になし得たのか。唯々諾々と世襲をくり返す代官の多い中にあって、彼は父の遺志を継ぎ、よりいっそう、民事に活かすために最先端の洋学を学び、はからずも日本の置かれている立場を知った。

幕末における彼の存在は、見方によれば奇跡的ですらあった。

一般によく、幕臣を批判する言葉に、

「直参旗本はだらしがない、〝いざ鎌倉〟の秋《とき》に、何の役にも立たなかったではないか」

というのがあった。

幕末のおりの、不甲斐なさをいったものだが、これは彼ら徳川家に禄を食《は》む者たちにとっては、抗弁するのもむなしい、無理難題であったろう。なにぶんにも、徳川家康の開いた幕藩体制の中にあっては、武士は日々、〝無事泰平〟であることが求められた。極論すれば何もせず、ただ家代々の家禄を次代へ滞りなく引き継がせることのみに注意するよう、教育されたといっても過言ではない。

当然、事なかれ主義に徹する家風が、その根幹をなした。

なまじ優秀な人物が現われたりすると、政敵に狙われ、その反動で次代は減俸か、活躍度によっては、お家断絶の事態が起きぬともかぎらない、また、凡庸すぎたり放蕩無頼な人間が出ても、お家は保てない、と〝直参〟たちは考えた。

「お家大事――」

こうした守成の姿勢を、二百五十年もつづけていれば、その中から覇気があり、〝気骨ある侍〟が、どうして生まれてくることができようか。その難しさは、改めて述べるまでもあるまい。

確かに、幕末の動乱期、綺羅星《きらぼし》のごとく英雄・豪傑は登場したが、その多くは身分制度を超えての〝下剋上〟であり、たとえば〝直参〟＝幕臣であっても、男谷精一郎、勝海舟はすでにみたように、曾祖父は越後の盲人按摩であったし、海舟の海軍の後輩・榎本武揚も父の代までは町人であった。川路聖謨も、父の代に幕府の徒士となっていた。この三人のみならず、維新時に活躍した幕臣の多くは、外部からの流入組であったといえる。

彼ら新参の幕臣たちは、それゆえに幕府や武士に、強烈な理想・憧憬《しょうけい》をもつことができたが、太郎左衛門は代々、代官職をつとめる家に生まれ育っている。

知れば知るほど黙していられない危機的な状況に、日本は追いつめられていた。逃げることも、沈黙することも許されない切迫した思いが、彼をして生命《いのち》懸《が》けの努力を自らに強いることにつながったのだろう。この思いはおそらく、高島秋帆も同じであったかと思われる。〝蛮社の獄〟で一生を台なしにされた人々の心底も、同断であったに相違ない。

「使命感」

が、江川太郎左衛門を突き動かしたとしかいいようがない。

日本が世界に誇る大国と畏敬していた清国が、イギリスの近代兵器の前に脆《もろ》くも敗れ去り、香港の割譲と五港の開港といった屈辱的な条約を結んだことは、太郎左衛門のみならず、心ある日本の知識者を震撼させたといってよかった。

加えて、ロシア対トルコ・英・仏連合軍の争いである「クリミア戦争」が勃発。折悪しく日本の開国を迫って、露・英・仏の艦隊が極東海域に集結していた。万一、三国の艦隊が衝突する事態となれば、日本近海が主戦場にされる可能性はすこぶる濃厚であった。

太郎左衛門は、列強が理のないところに理をつけて、無理やり戦端を開く恐れのあることを知っていた。弱肉強食こそが、欧米列強の判断基準であることも。

では、どうすれば日本を守ることができるのか。

彼は幕閣に建策して、異国船の打払令を薪水給与令に改めさせ、大船建造の禁を撤廃せしめ、近代海軍の創設と農兵制採用を力説した。日本が独自に強くなる以外、その独立を全うして生き残れる道はなかった。

「第一には砲術、第二には艦船、第三には城制、この三つを修備仕り候得ば、実に地球中無比の強国の趣《おもむ》きと相聞え、万国愈よ《いよい》（日本の）御国威に敬伏《けいふく》仕るべく存じ奉り候」

太郎左衛門は江戸と韮山で江川塾を主宰しつづけ、かたわら自ら江戸湾に台場（砲台）を築造した。

そして、これらに装備する大砲を製造するために、韮山に反射炉を設けて、近代軍事兵器の製造・設置態勢を整えようとした。

台場建造と韮山反射炉

彼が造った砲台というのは、その海防構想からはかけ離れたものであったが、皮肉にもそのなした生涯の事業の中で、現在に残る最大規模の遺物となった。

「品川台場」

である。嘉永六年（一八五三）六月から七月にかけて、武蔵・相模・安房・上総・下総の海岸見分を行なった太郎左衛門は、その見分報告書の中で、まず、軍船の購入と製造、航海術の習熟を説き、海軍の創設を力説した。

ついで広域な江戸湾防備の一環として、連珠のごとく台場を並べ、防御線を構築することを説いた。だが、幕藩体制は国内軍事体制によって創られたものであり、そもそも海外からの敵に向かって発想されたものではなかった。そのため、海軍が大半の人々には理解できず、広い海岸線を防御する方法論すらもちあわせていなかった。それに比べ、彼らには砲台は理解しやすかったであろう。機能は城塞と同じであるのだから。第一、金がなかった。

「無理に無理を重ねた、空中の楼閣のようなものだ。計画は幻想にすぎず、完成はすまい」

勘定奉行になっていた川路聖謨にいわせれば、勘定吟味役格（嘉永六年〈一八五三〉六月）に昇進した友人・江川太郎左衛門のいうことは画餅に思えたであろう。

結局、海軍を後回しにして、ヘンケルベルツの築城術＝間隔連堡中のリニー式にならい、十一基の砲塁を計画。しかし、実際には財政難のため、うち五基の完成をみるにとどまった。これは明らかに、太郎左衛門にとって不本意な結果であったろう。

台場予算を削減すべく詰め寄る川路に対して、

「これでは竹の先に紙を巻いて、品川の沖に立てておくも同然ではありませぬか」

太郎左衛門はいい放った。一つ間違えば身分上、切腹である。

だが、彼のいい分は正しかったであろう。はたしてイギリスやフランスの軍艦が、広い海岸線の中、わずかに備えつけてある砲台に、わざわざ向かってきてくれるだろうか。そういう間抜けな軍艦はまずいまい。可能性は皆無であった。しかも、艦砲の射程は年々のびている。実用性はこの点でも、きわめて低かった。

しかし、それでも幕閣の人々にとっては、きわめて現実性に富んだ危機意識の精一杯の発露であったのだ。欧米列強は日本を侵略しにくる――この病的な思い込みに加えて、財政破綻の幕府は、その危機意識の軸をできる範囲に限定して、旋回させた。

この当時、世界最大の大要塞はロシアのセヴァストポリ要塞であったろう。これが完成したのは日本では文政八年（一八二五）のこと。しかしながら、幕末の日本に、幕府の手でこのような大要塞が造れる道理はなかったのだ。

オランダの海軍士官が、この品川の台場（砲台）を見れば、彼はおそらく、

「設計施工者のエガワは、タクチーキ（戦術）あるを知りて、ストラトギー（戦略）を知らない」と、酷評するに相違なかった。

太郎左衛門は、戦略と戦術を分けて考える頭脳をもっていた。戦略的展望を働かせる眼力ももっている。が、財政破綻の幕府では、頼りは商人からの御用金と貨幣の改鋳だけ。これでは、現実にどう対処することもできなかった。

〽死んでしまおうか　お台場にゆこうか
　死ぬにゃ増しだよ　お台場の土担《つちかつ》ぎ

現場で歌われた詩をみるかぎり、それでも品川砲台の築造は、かなりの難工事であったようだ。併せて、反射炉の建造も大変であったろう。いずれも、未知なるものへの挑戦であった。

現在、静岡県伊豆の国市に残る「韮山反射炉」は、炉体《ろたい》と煙突のみである。

炉は連双《れんそう》二基（四炉）で湯口《ゆぐち》側で直交している。炉体は外側が伊豆石積み、内部が耐火レンガのアーチ積みとなっていた。炉体内部は天井がアーチ状に造られ、煙突側に向かってしぼられており、炉床《ろしょう》に置いた銑鉄《せんてつ》に熱を集中させるための工夫がみられる。

なお、炉体および煙突に使用された耐火レンガは、約二万数千個——創業した当時は漆喰《しっくい》で表面を塗られた白亜の塔であったという。この反射炉はオランダの「大砲鋳造法」の原図を模倣しつつも、随所に日本風の改良・工夫がうかがえた。

反射炉は山口県萩市にもあるが、ほぼ完全に近い姿で残っているのは韮山のほかにはあるまい。皮肉なことに、産業革命の進んだ西欧諸国では、いち早く反射炉が不要となったため、見方を変えれば、「韮山反射炉」は世界唯一の産業遺産といえなくもない（「史跡韮山反射炉保存修理事業報告書」他より）。

当初、伊豆下田で築造を開始した反射炉は、上陸した外国人の干渉を理由に、安政元年（一八五四）四月、伊豆韮山へ移築。完成したのは同四年（一八五七）六月、翌月には溶解テストに成功している（ただし、このときすでに江川太郎左衛門はこの世にはいなかった）。

パン祖の意味するもの

まるで、一身に日本の存亡を担うような奔走ぶりで、五十四年の生涯を走り抜けた太郎左衛門であったが、彼は国土防衛の切り札として、いまひとつ、重大な開発に着手していた。

――パン（麵麭）であった。

十六世紀の後半、南蛮人によって鉄砲とともに日本へもたらされたパンは、キリシタンの聖餐式に用いられることから、徳川幕府の耶蘇《ヤソ》教禁止の政策で抑圧され、江戸時代、長崎においてのみ、細々と在留オランダ人のために供給される程度にとどまっていた。

太郎左衛門はこれを、国土防衛戦に関連して蘇《よみがえ》らせている。

天保十三年（一八四二）四月十二日、当時の長崎町年寄・高島秋帆の協力を得て、炭焼窯《すみやきがま》様式のパン焼窯を構築した。

この頃、太郎左衛門はイギリス艦隊が香港から北上して、一挙に日本を襲うことを最も懸念していた。火力に劣る日本の武士は、おそらく水際で敵軍を撃退はできまい。陸戦になる。それも敵の圧倒的に優勢な火力を考えれば、戦闘はゲリラ戦にならざるを得ない。このおりに大切なことは、敵に伏兵の位置を気づかれないことだ。

それには炊煙をたてず、炊爨《すいさん》を必要としない軍糧——すなわち、パンを将士に携行せしめるほかはない。太郎左衛門の苦慮した戦術的発想によって、パンは再び日本人のもとへ帰ってきたといえる。

彼は日本独特の酒だね生地法を考案工夫し、アメリカ風をもったジョン万次郎（詳しくは後述）から学び、ロシアパンの製法も習得。塾の門人に伝えて、広く全国へパンの製造技術を伝播させた。

「日本のパンの歴史」と題する一文が、締木《しめき》信太郎著『パンの百科』に載っていた。「兵食に始まったパン」の項には、次のようにあった。

「イタリアのビスコッティノはローマの軍隊が遠方へ携帯していった小さいパンである」とイギリスの歴史家ギボンは『ローマ帝国衰亡史』に書いている。中世、エルサレムに遠征した十字軍の兵士たちは小休止の時、プティ・パンをたべた。細長いパニョッタ（小さいパーネ）も兵食に使った。

幕末、水戸、薩摩、長州の各藩でパンを真剣にとりあげたのは携帯食糧として軍用にするためであった。水戸藩は中国の大餅《ターピン》に似た丸平型で、まんなかに角のアナをあけたもので、ここに紐を通していくつも腰にさげるというものであった。これは兵糧パンといった。薩摩藩は兵糧麵麭を、そしてこれは蒸餅ともいった。長州藩の備急餅は多年、陶磁器を焼いていた窯に目をつけてこれを利用した。当時のパン焼窯としては最適のものであった。長崎カステーラでさえ鉄の大鍋に焜炉《こんろ》をおいて、もうひとつの鉄鍋を冠せ、この上に炭火をのせて焼くといった時代だったから。窯の火加減のうまさでは陶工大賀伊助は最適の人であった。パンのつくりかたは長崎に多年いた中島治平が指導した。伊豆韮山代官江川太郎左衛門もまた兵食としてのパンの研究に熱心な人であった。

明治五年（一八七二）、海軍は乾《かん》パン「麵糧」を、少しおくれて陸軍は「重焼麵麭」を軍用食とした。十八年、これらは「乾パン」というようになった。明治三十一年陸軍糧秣本廠《りくぐんりょうまつほんしょう》は福岡技師をヨーロッパに派遣して軍用パンの研究に当らせた。かれが持ち帰った軍用パンはオーストリアのが特にすぐれていた。（中略）イギリスのは円板状、フランスのは円板状で厚く、ドイツのは小さかった。どれも表面に針あながあけてあった。検討の結果オーストリアのを採用した。

明治になるとパン食は、脚気（ビタミンB欠乏症）を克服するとして珍重されるに及び、ようやく日本の兵食としても重視されるようになり、やがて文明開化のムードの中に溶け込んでいく。

太郎左衛門の心中を察した『近世日本国民史』の著者・徳富蘇峰《とくとみそほう》は、その頌徳碑の讃を頼まれたものの、胸がつまり、

「江川坦庵《たんなん》先生維新曙期之先覚者也　材兼文武識通東西　百芸皆譲乃　製麵麭《パン》術亦《また》本邦之開祖也　昭和後学蘇峰正敬誌」

とのみしか書けなかったという。

門人第一号・佐久間象山の登場

勝海舟の義弟でもある佐久間象山が、西洋流砲術を学ぶため、太郎左衛門のもとへ入門したのは、天保十三年（一八四二）九月七日のことであった。

彼は翌年二月まで、伊豆韮山にあって高島秋帆直伝の兵法を学んだ。このとき、象山は三十一歳、師の太郎左衛門は四十二歳であった。

この象山の入門は、彼の主君である信州松代藩主・真田幸貫《さなだゆきつら》（父は松平定信）が、天保十二年（一八四二）六月に幕府老中となり、海防掛を命ぜられたために、象山は主命で西洋流砲術および練兵の実際を、太郎左衛門に学ぶことになったのである。

それ以前、真田幸貫は藩邸に太郎左衛門を招き、柏木忠俊ら門弟十名の高島流砲術の調練を実地に見学したこともあるという。

象山は八月五日に一度、太郎左衛門のもとを訪れたようだが、このとき、太郎左衛門はその申し出に明確な返事をしていない。鳥居耀蔵との確執があったからだが、翌日も象山は江川屋敷に出向いた。が、今度は太郎左衛門は留守。このとき、強引に束脩金《そくしゅうきん》百疋を象山は置いていったという。

幕末期、和漢洋の三つの学問を極め、凄まじいばかりの才覚を発揮した佐久間象山は、自他共に認める偉大な先覚者であった。

文化八年（一八一一）生まれの象山は、諱は啓《ひらき》、通称は啓之助《けいのすけ》、修理《しゅり》である。信州松代藩の下士（五両五人扶持）に生まれながら、その学才のみで栄達し、藩主・真田幸貫が幕府の老中、海防掛をつとめるにあたり、顧問となっている。おそらく、その博学・見識において、あるいは手にする海外情報の質量においても、象山は時代に隔絶していたといえよう。

厄介な、というのもおかしいが、この偉大な人物の最大の長所、最悪の欠点は、そのことを当の象山本人が、最も強く自覚していたところにあった。しかも彼は、性格が狷介《けんかい》でありすぎた。およそ人と慇《いん》懃《ぎん》に、接することが生涯できない。

佐久間は顔つきからして、すでに一種奇妙なのに、平生緞子《どんす》の羽織に古代模様の袴をはいて、いかにもおれは天下の師だというように厳然と構えていて、元来、勝気の強い男だった。よせばいいのに、漢学者が来ると洋学をもっておどしつけ、洋学者が来ると漢学をもってやっつけてしまう。書生だからといって、手かげんしたりしない。直《じか》に叱りとばすというふうで、どうにも始末にいけなかった。

（勝部眞長編『氷川清話』角川文庫）

後年、象山の義理の兄にあたる海舟は回想している。

それにしても、象山の秀才ぶりは元服前から藩内につとに知られていたようだ。二十一歳のときに、藩主幸貫の世子・幸良《ゆきなが》の近習に抜擢されている。その幸貫がいう。

「予の家中にあって、ずばぬけた駿足は啓之助（象山）であり、将来、どんな者になるか楽しみだ。しかし、ちと駻《かん》が強すぎて、頗《すこぶ》る難物である。恐らく予の外には、よくこれを馭《ぎょ》し得る者はあるまい」

象山は心から、主君幸貫を敬慕していた。

が、幸貫への態度は例外中の例外。学問の師や先輩は、象山の性格を危惧し、不羈《ふき》を改めるように再三忠告したが、耳を貸すような男ではなかった。

——その傲岸不遜《ごうがんふそん》な男が、江川邸にはじめて姿を現わしたとき、一つのエピソードを残していた。

太郎左衛門も、象山の名前はかねてから聞いていたので、取り次ぎの家来に、

「客はどんな人物か」

と尋ねた。すると取り次ぎは、

「容貌魁偉《ようぼうかいい》で、風采は甚だ勿体《もったい》ぶった人物に見受けられます」

と答えた。

「よろしい。表座敷に待たせておきなさい」

やがて太郎左衛門が出てきて、襟を正して象山の前に座った。

しかし象山は、自分から頭を下げようとも、挨拶をしようともしない。

太郎左衛門もまた、一言も発しない。黙って向かい合っていたが、ほどなく太郎左衛門は奥に入ってしまい、出てこない。

象山は待つこと数時間、莨盆《たばこぼん》と睨めっこしていたが、埒《らち》があかない。何度か手をたたいたが、誰も答える者がない。たまたま、老僕が庭のあたりで咳をしているのを聞きつけ、象山は彼に、

「江川先生はお会いくださいませぬか」

と問うと、

「はい、主人が先刻申しますには、信州の野猿は礼節をわきまえず、早く帰れといえ、と申されておりました」

これを聞いた象山は、カッと怒り、さて、帰ろうかと思ったが、このまま帰っては、主の命に背くことになる。やむを得ず、生涯に一度の我慢をしようと心に決めて、

「いや、拙者、甚だ先生にご無礼をいたしました。どうか、拙者のあやまちをお許しくださいますよう、お取り次ぎ願いたい」

と老僕に頭を下げた。

太郎左衛門の象山教育

すると太郎左衛門は、

「よし。客に申せ。主人は今回、一間《ひとま》相隔てて面会するでありましょう、と」

ややあって、老僕が二間《けん》の唐紙《からかみ》を引き開けると、太郎左衛門は座布団の上に端座し、象山は遠くにこれを拝して来意を告げ、ここに師弟の約を結ぶこととなった。

太郎左衛門は、象山の振る舞いを一見して、この人物が傑物であることを理解すると同時に、その難癖も見抜いたのである。

象山は豪傑をもって自ら任じ、頑強不屈であるが、謙譲の徳を欠き、人を容れる度量も薄い。そうした欠点を矯《た》め直そうとして、太郎左衛門は象山を最初から鍛え直したというのだ。良き師というものは、初対面の弟子を、あらゆる角度から観察し、計量するものだ、と筆者の恩師・勝部眞長は笑って語ったことがある。

その勝部の著書に『統率の原理と心術』（啓正社）があり、その中に次のような「江川坦庵の教育」という項があった。

ある日、江川は象山を乗馬に誘った。翌朝七ツ時（午前四時）、という約束であったが、象山はやや寝坊して、朝食をとる暇もなく、ねむたい目をこすりながら玄関に出て行くと、江川は既に支度して、馬をひかせて悠々と待っている。

「これはこれはよくまいられた。いざまいろう。程なく夜も明けるであろう。弁当はここにある」

と、一包みを象山に渡し、もう一つは自分の腰に結びつけ、江川は先きに馬を走らせた。

秋晴れの伊豆の山々は、さながら絵に書いたごとく、二人は山から谷へ、谷から山へと乗り廻り、十二時頃とある民家に寄って、馬を休め、まぐさを与えた。この時象山は空腹に堪えかね、弁当の包みを出してあけてみると、大きな握り飯が三つあった。その一つを、茶も飲まずにいきなり食べてしまった。二つめも半分まで片付けた。しかし、江川は泰然として腹の空いた様子もなく、四方の景色を眺めている。やがて馬の支度もできて、「いざまいろう」と、再び馬の手綱を取って乗り継ぎ、江川はあの山、この山の名前や、そのいわれをさも興深く説明して聞かせるが、象山の方は尻が痛いのと、咽喉のかわくのとで、さっぱり面白くない。ただ負けてはならぬという根性だけで江川の後について行った。やがて丘の麓に清水の湧く所を見つけ、江川は馬を止めて、「このあたりで休もう」と、まず馬に水を飲ませて休ませると、象山もこれを見て自分の馬に同じことをしてやる。そして草の上に両人相対して弁当を食いはじめた。象山は残りの一個半を清水と共に一気に平らげてしまった。江川の方は一個をゆっくり食べて残りは腰に結びつけ、再び馬の腹帯を締め直して、悠然とうちまたがって乗り出した。やがて夕日が西の山に傾く頃、ある村落に辿り着くと、江川は、

「佐久間氏《うじ》、ここで一休みして弁当にしよう」

と言って、馬から下り、民家の縁側を借りて腰をおろした。江川が握り飯を出して食べているのに、象山はもはや食うものがない。

「佐久間氏、弁当はどうされたか」

象山は正直に、空腹の余りみな先刻すましたことを告げると、江川は急に容《かたち》を改め、

「佐久間氏、武士の用意は平常にある。弁当のことは些細であるけれど、万一、今から急変があって、他へ出張せねばならぬとすれば、御身は空腹にて、ものの用にはたたぬこととなろう。以後はよく心得おかれよ」

象山はこのことから大いに悟るところあり、江川の何事にも用意周到なのに感じて、以後は江川の言うことに従順になったという。

教育は単なる技術の伝授ではない。人間的なもの、人格的なもので弟子を引きつけるものがなければ、師と呼ばれるに価しないのである。

象山が太郎左衛門の胆力に感服し、心から畏敬の念を抱いた、というエピソードはほかにもあった。

江梨山《えなしざん》の古宇《こう》郷（現・静岡県沼津市）に「殿さま（太郎左衛門）の首切りたづま」というところと、「象山の畜生たづま」と称するところがあるという。

猪はもともと、往来する道が決まっていて、いわゆる猪の道を押さえて、その要所要所に張番をすれば、犬をかけて追わせると、ひょいと猪が出てくるというのだ。

この逃げ出してくる猪を、射止める張番の立つべき要所を「たづま」といった。

太郎左衛門は実戦をかねた狩りを、家臣や塾生たちとしょっちゅうしており、「たづま」の岩陰に立つや一刀両断、神道無念流の腕前で猪を仕留めた。その場所を「殿さまの首切りたづま」と呼んだのだが、そのことを象山に話すと、なんでも日本一を任じる彼は、自らも「たづま」に立って犬の吠えるのを待った。

声が近づいてくる。猪のうなる声もする。象山は「よし」と、太刀の鞘《さや》を払って待ち構えていると、そこへ荒れ狂った手負いの猪が疾風のように走りきたった。

「よしきた」

と刀を振りかぶった象山だが、鋭い牙を長々とむき出し、殺気をみなぎらせて殺到してくる猪をみて、つい躊躇し、条件反射で一歩、後方へ飛びのいてしまった。その瞬間、猪は一目散に林の中へと逃げ込んでしまった。

狩人たちは、この象山の無様な失敗を、

「象山の畜生たづま」

と呼ぶようになったという。

独立独歩の象山

佐久間象山は主君の依頼により、西洋流砲術を江川太郎左衛門に学ぶこととなるが、多忙な太郎左衛門は、なかなか大砲の製造や海防の秘策を講義してくれない。鳥居耀蔵に狙われているため、安易に動けなかった、というべきかもしれない。

しかし象山には、このあたりのことが皆目、理解できなかった。

「お一、二、三……、こんなこと、いつまでもやってはおれぬ」

それでなくとも、自負心の強い男である。半年もすると、銃を担いでの操練に我慢ができなくなり、さっさと見切りをつけて退塾してしまった。

このあと象山は、ほぼ独力で西洋流砲術の取得に立ち向かうのだが、このとき、彼はすでに三十代半ばとなっていた。


西洋学は手広なものですから、精出してつとめねば進歩しません。それに私（象山）は晩学なので、格別苦学しなければ達成できません。昼夜となく勉強いたし、夜分も冬夏にかかわらず、九ツ八ツ（午前十二時から二時）になってしまいます。

（八田嘉右衛門宛の書簡より）


しかし、恐るべきはやはり象山であった。

まったく蘭学を知らず、オランダ文字が読めなかったものが、蘭学者・坪《つぼ》井《い》信道《しんどう》の弟子・黒川良安《くろかわりょうあん》との交換教授――象山が黒川に漢学を教え、黒川が象山に蘭学を仕込む――で、アー・ベー・セーのイロハから入って、八ヵ月あまりで原書を読みこなせるまでになったという。無論、太郎左衛門のもとでの勉学もあったればこそであろうが……。

さらに、いまだ片言しかオランダ語が読めないのに、ショメールの百科全書を引いて硝子《ガラス》の製造を試みたり、弘化四、五年（一八四七、四八＝嘉永元年）にはベウセルの砲術書を読んで、いきなり三斤《ポンド》野戦砲一門、十二拇《ボイム》野戦砲二門、十三拇天砲三門を試作したり、実演試射をやってのけている。

この破天荒な度胸のよさは、太郎左衛門にはない。象山ならではのものであったろう。もとより、多くの失敗も記録されている。砲身が破裂し、多くの怪我人が出たこともあった。それに伴う、非難中傷も殺到した。だが、めげるような男ではない。

「なァに、古語にも三度肱《ひじ》を屈して名医になるというではないか。失敗はそれ、成功の基。諸大名も日本国のため、拙者に金をかけたがよろしい。天下広しといえども、拙者のほかには、これだけのことがやれる者はいまい。度々、失敗するうちには、やがて名人になるおりもありましょうからなァ」

しかし、先進国であるヨーロッパの兵学者が、こうした象山の〝暴挙〟を聞けば、あるいは卒倒したかもしれない。どこの世界に、系統だった学問を積み上げずに、いきなり大砲を造る学者がいるであろうか。

「この世でおれほど、偉大な人物はいまい」

象山が信じて疑わなかったのも、無理はなかった。

余談ながら、この偉大と自称する大学者をして、なおままならないことがたった一つだけ存在した。子宝である。自らの遺伝子をもつ子供を、多く育てれば国のためになる、と心底、信じて疑わなかった象山だが、幾人もの妾をもちながら、満足に育ったのは二男の恪二郎《かくじろう》ただ一人だけであった。ほかは皆、天逝《ようせい》してしまっている。

焦った象山は、勝海舟に懇願し、その妹の順子を正妻としたが、やはり子供は生まれなかった。当然のことながら、象山は一人息子の恪二郎に、満幅の期待を寄せた。

しかし、所詮は恪二郎は象山ではない。

元治元年（一八六四）七月、象山は京都三条木屋町で暗殺され、五十四歳の生涯を閉じた。このとき、恪二郎は十七歳であった。

「後ろ疵《きず》を受けて落命するとは、武士として不覚である」

象山の常日頃の性格——尊大で人を見下すのが災いして、藩内の政敵から指弾され、佐久間家は断絶となってしまう。

このおりの、恪二郎の心境は複雑であったに違いない。父を亡くし、家禄を失ったことよりも、彼にとっては己れの魂の解放感に、むしろ喜びを感じていたかもしれなかった。

ところが、象山の友人たちがいらぬ世話を焼いた。

「父を襲った仇を捜し、討って家名を再興すべし」

恪二郎はしかたなく、新撰組に〝客分〟として入隊する。ところが、

「隊士ノ粗暴ヲ見慣ヒ、荒々シキ行状ヲナス」（『壬生浪士始末記』）

ついには、人をあやめて新撰組を脱走するにいたった。

一時は新撰組に生命《いのち》を狙われた恪二郎であったが、海舟が副長の土方歳三に大金を積み、ようやく解放される。その後、薩摩藩邸に世話になった彼は、明治三年（一八七〇）、西郷隆盛《さいごうたかもり》の口添えもあって、念願の佐久間家再興を果たした。

翌年五月、恪二郎は松代から「東京」に出ると、福沢諭吉の慶応義塾に学び、明治六年（一八七三）には司法省出仕四級判事補となっている。「恪《いそし》」と改名するが、もともと意志は薄弱、克己心も紙片のように薄い人物であった。たちまち己れの栄達に酔い、明治八年（一八七五）九月、恪二郎は泥酔して人力車夫と喧嘩をし、駆けつけた巡査まで殴打して、「罰金十円」をいい渡される。そして、愛媛県松山裁判所へ左遷となった。明治九年（一八七六）のことである。

翌年二月二十六日、彼は松山の「涼風亭」という料理屋で、鰻の蒲焼きを食べて急死したと伝えられている。河豚《ふぐ》にあたるのならともかく、鰻にあたるとは珍しい話である。享年は二十九であった。こんな人生もあったのである。

ジョン万次郎の帰国

運命に翻弄された人生ということなら、嘉永四年（一八五一）正月二日、琉球（現・沖縄県）の沖合で、アメリカ船からボートに乗り移り、摩文仁間切《まぶにまぎり》に上陸した三人の日本人も同断であったろう。

彼ら元漁師たちは十年ぶりに海外から戻り、祖国の土を踏んだのである。

その中のひとり、ジョン＝マンこと中浜万次郎はアメリカ本土を見てきた最初の日本人であり、しかもかの地で生活と勉強と労働を経験していた。彼がアメリカで得た知識・経験は、幕末・明治初期の日本にとっては重大なものばかりであった。

そもそも万次郎は、文政十年（一八二七）正月一日、土佐国幡多郡中浜《はたなかはま》の漁師・悦助の二男として生まれた。ごく平凡に父親と同様、自らも漁業についている。ところが天保十二年（一八四一）正月五日、十四歳のとき、彼は不意に数奇な運命の中に投げ込まれてしまう。

この日、万次郎は同じ土佐国の高岡郡宇佐浦《うさうら》の筆之丞《ふでのじょう》の船に雑用係として雇われ、四国沖の延縄《はえなわ》漁に出た。乗組員は総勢五名。船頭の筆之丞は三十六歳。その弟の重助《しげすけ》が二十三歳。末弟の五右衛門《ごえもん》が十五歳。この三兄弟のほかに、二十四歳の寅右衛門《とらえもん》と最年少の万次郎である。

宇佐浦を出船して二日後の正月七日、足摺《あしずり》岬の沖合六十四、五里のところまで漁をつづけていると、西北の風が強まり、波は高まって船が流されはじめた。船は木の葉のごとく波間を漂いはじめる。幸いにも、漂流七日目にして無人島に流れ着いた。周囲約一里の、アホウドリの群棲する鳥島《とりしま》であった。

五人はアホウドリを捕らえて生肉を食したり、干し肉にして飢えをしのぎ、約四ヵ月後、米捕鯨船ジョン・ホーランド号に救助される。この頃、アメリカの捕鯨業は最盛期を迎えており、多数の大型木造帆船が太平洋を所狭しと走りまわっていた。

ホーランド号は、救助した五人を乗せたまま捕鯨をつづけ、その年の十二月、ハワイのホノルルに到着する。ホイットフィールド船長は、上陸すると五人を現地のドクターに託すことにした。が、このとき、船中で万次郎の聡明さに気づくとともに愛着が募っていた船長は、筆之丞の了解をとりつけて、万次郎を本国へ連れていくことにしたのである。

三十日間の停泊後、再び航海がはじまった。仲間と別れた万次郎は、捕鯨乗組員として働いた。ホーランド号が母港とする東海岸のマサチューセッツ州ニューベッドフォード港へ到着したのは、一年半後の一八四三年五月のことであった。

——ここから、万次郎ならぬジョン＝マンのアメリカ暮らしがスタートする。

船長のもとから近くの塾に通い、改めて英語の読み書き、そして数学などを勉強。パートレット・アカデミーへ進学して高等数学から測量術、航海術まで万次郎は学ぶ幸運を手にした。この地は捕鯨の中心地であり、実践的な技術も習得できたようだ。

「ジョン＝マン、ジョン＝マン」

船長は万次郎のことをそう呼び、実の子のようにかわいがった。

二年五ヵ月の在学ののち、万次郎は優秀な成績でアカデミーを卒業。その後は、鯨油の樽製造技術者、捕鯨船乗組員、カリフォルニアの金山鉱夫として働いた。外輪船や汽車に乗ったのも、日本人では万次郎がおそらく最初だったに違いない。

そうこうするうちに、数年がたった。万次郎はホイットフィールド船長の励ましで、ハワイへ渡り、帰国の計画を立てることになる。

ハワイでは、筆之丞を改名した伝蔵《でんぞう》ら四人のうち、重助はすでに亡くなっており、寅右衛門は現地にとどまるというので、万次郎は伝蔵と五右衛門とともに帰国することにした。三人を乗せた米船サラボイド号が、ホノルルを発《た》ったのは一八五〇年十二月十七日である。帰国にあたって、万次郎は上陸用のボート、羅針盤、四分儀などを買い入れた。

沖縄の摩文仁間切に上陸した三人の、胸に去来するものは何だったろうか。

やがて三人は、琉球の役人から尋問を受けたのち、那覇へ送られ、さらに鹿児島へ移送された。薩摩藩は彼らを至れり尽くせりの待遇で歓迎した。

開明派の名君として知られる藩主・島津斉彬《なりあきら》は、藩士と船大工の中から数名を選んで万次郎の宿舎へ行かせ、造船術と航海術を学ばせている。また、捕鯨船の模型を作らせ、それをもとに小型の西洋帆船まで造らせたのである。万次郎は、薩摩藩が急速に洋式軍備を整えるガイド役を果たしたといっていい。

その後、薩摩藩は幕府の長崎奉行へ三人を送り届けた。

鎖国政策下では当然の措置だったが、長崎での牢屋暮らしもかなり寛大なものだったようだ。万次郎がようやく生まれ故郷の土佐・中浜へ帰れたのは、翌年の嘉永五年（一八五二）十月五日のことであった。故郷を離れてから、実に十二年の月日が経過していた。

しかしながら、時代は万次郎を漁村に安住させてはくれなかった。ペリーが日本へ迫っていたからだ。

なぜ、ジョン万次郎を太郎左衛門が引き取ったか

三日ばかりすると、土佐の高知城下に呼び出され、万次郎は武士に取り立てられる。

もちろん名字帯刀を許され、通称〝ジョン万次郎〟は中浜万次郎となった。仕事は城下の教授館の下

役である。さらにその翌年八月には、土佐藩から幕府へ召し出されることとなった。その二ヵ月前に、ペリーが日本へやってきたからである（詳しくは後述）。

それゆえの、登用であったのだが……。これは、老中首座・阿部正弘の要請によるもの。万次郎を正弘に推挙したのは、林大学頭復斎（詳しくは後述）。この人に万次郎のことを教えたのが、太郎左衛門の門人でもあった蘭学者の大槻《おおつき》磐渓《ばんけい》（清崇《きよたか》・仙台藩儒）であったといわれている。

土佐漂流者万次郎儀頗《すこぶ》る天才有之者にて、米利幹《アメリカ》留中殊之外国之者に寵愛被致学校に入、天文、測量、砲術等迄皆伝相受罷帰候由、土州侯に被仰渡急にお召寄に相成、阿蘭通辞同様に被仰付、此度の掛合役等に被召候はば彼国の事情にも通じ居候儀、必穏便之取扱出来可申。

右は、大槻磐渓の意見書である。ついでながら、この大槻の二男如電《じょでん》（清修）は、明治から昭和にかけての碩学《せきがく》とされた人。国語辞典『大言海』の著者・大槻文彦《ふみひこ》は磐渓の三男である。

さて、幕府に召された万次郎は十一月五日、普請役に抜擢されると二十俵二人扶持を給せられ、幕府直参として韮山代官の、江川太郎左衛門の手付となった。ときに、万次郎は二十七歳。

太郎左衛門は、長崎で没収された万次郎の所持品を返還してくれるように、と幕府に手続きをとり、彼を本所南割下水江川屋敷の長屋に入れた。移り住むにあたっては、すでにみた縁談を万次郎にすすめ、団野真帆斎《しんぼさい》の二女・鉄《てつ》（十六歳）をその妻に世話している。

これより前——いよいよペリー来航の近づいた幕府は、その情報をオランダより得るとともに、嘉永四年（一八五一）四月、下田の警備を太郎左衛門にも厳命していた。

だが、南出して三方海の伊豆においては、韮山の代官所の人数をいずれか一方に割くことができない。もともと、人数もなかった。

「なんとしても、農兵をお認めいただけぬことには、防備ができませぬ」

くり返す太郎左衛門だったが、相変わらず幕閣はその許可を出さなかった。

のみならず、嘉永五年（一八五二）九月に勘定奉行に就任した、旧知の川路聖謨すらもが、太郎左衛門の農兵制に危惧を抱いていることが、ほどなく知れる。

瞬時に人数を揃えられ、調練することで即席の兵になる「簡便実用な」点は認めつつも、農民に武器をもたせることで、一揆・反乱の懸念が払拭できず、川路も兵農分離は祖法だ、と太郎左衛門に真っ向から反対した。

そこへ、ペリーがやってくる。日本の嘉永六年（一八五三）六月三日、浦賀に四隻の黒船が来航した。

太郎左衛門は同日、午後五時すぎにペリー来日の情報を得、すぐさま下田警備にあたった。が、その彼に幕府勘定方からの、至急の呼び出しがきて、太郎左衛門は江戸城へ。十九日に登城すると、急遽、勘定吟味役格を命ぜられた。

筆者は思う。このとき、幕閣（老中首座・阿部正弘）は幕政の中枢に太郎左衛門を参画させ、江戸湾の防御策の立案と、ペリー再渡来のおりの応接掛を期待したのではないか、と。

ジョン万次郎が太郎左衛門の手付となったのは、そのおりのペリーとの通訳を、万次郎にさせる心づもりであったのだろう。おそらく、先にみた英艦マリナー号の交渉が、太郎左衛門の評価を著しく上げ、白羽の矢が立ったに違いない。

幕末最大のエポック、ペリーとの交渉は太郎左衛門参加の可能性が、きわめて高かったように思われる。だが……、史実はそうはならなかった。なぜであろうか。

二つの要因が、ペリー応接掛実現を阻んだのではないか、と筆者は疑っている。

幕閣に疑われた太郎左衛門

一つは、くり返された太郎左衛門の農兵建白であった。

海軍もなく、満足な砲台も築けない今の幕府を、外敵から救うには、上陸してくる欧米列強を陸上で迎え撃つ、陸軍――正しくは高島流砲術を習得した洋式部隊――しかない、と考えた太郎左衛門は、防衛能力の低下、劣化を防ぐためにも、農兵制の確立こそが最後の切り札だ、とくり返し建白した。

幕閣はその都度、困惑しつつも太郎左衛門の上申を握りつぶしてきたが、いよいよペリー来航が現実のものとなると、背に腹はかえられず、ついに嘉永六年（一八五三）五月十日、下田警備の足軽に関してのみ、農兵取り立ての許可を出すにいたった。

足軽ノ義ハ、専ラ農兵相用《あいもちい》、郷足軽トカ、又ハ村役人相当ノ名目ニテ差置候様ニモ取計《とりはからい》、農兵共ヘ苗字帯刀差許《さしゆるし》候義、非常ノ節ハ格別ニテ、平常ハ容易ニ差免《さしゆる》サズ。云々。


非常事態ゆえの処置だ、とわざわざことわっての発令であった。

ついに太郎左衛門の宿願は、条件付きながらここになったわけだ。

もっとも、この許可はすぐさま具体化されることはなかった。翌嘉永七年（安政元年・一八五四）に、下田は津波による被害を受け、肝心の太郎左衛門が病いに倒れ、ついに再起できなかったからだ。

農兵が実際に養成・訓練を受けたのは、幕末も沸点を迎えた文久三年（一八六三）十月のことであった。

——幕閣には、この農兵論を主張しつづけた太郎左衛門への、拭いきれない疑念があったのだろう。これが、彼の出番をさえぎった要因の一つ。

もう一つは、太郎左衛門自身にかけられた濡れ衣であった。

老中首座となった阿部正弘は、幕閣を率いた当初、太郎左衛門を水野忠邦の一派とみなしていた。なるほど、太郎左衛門は蛮社の獄において鳥居耀蔵の魔の手から、水野の判断で救われている。阿部正弘は寺社奉行として天保の改革に参加していた。水野が太郎左衛門をどうみていたか、承知していたであろう。

その証左に、正弘が老中になるや、太郎左衛門は鉄砲方を罷免されている。代官の役目だけやっていればよい、というのが正弘の見解であったかと思われる。

また、阿部幕閣の中で終始、勘定奉行勝手方（財政専門）をつとめ、まさに正弘の最も頼りとした松平近直《ちかなお》は、太郎左衛門の門に入り、率先して西洋流砲術を学んだものの、師の正論――なれど財政的に不可能な現実――に辟易《へきえき》しており、実はあまり太郎左衛門を評価していなかった。自らが海防掛となり、「内海台場普請」および「大筒鋳立掛」「軍制改正用掛」「大船製造掛」をつとめるようになって、ようやく太郎左衛門の主張の正しさが認識できたようだ。

それまでは、毛嫌いしていたといってよい。そのため、太郎左衛門の才覚を幕閣に重く用いるべきです、との川路聖謨の諮問も握りつぶし、本来なら勘定奉行としてその腕をふるわせてしかるべきを、その出世を阻み、嘉永六年（一八五三）には勘定吟味役格という中途半端な地位に、太郎左衛門を押しとどめた。これらは正弘―近直ラインによる決定であった。

のちになって近直は、幕府の軍制改革の中心にすわり、外国貿易取調掛も兼任するようになって、ようやく自らの浅はかさに気がついたようだ。

「我ガ不明ヲ悔ユルモ、泉下ノ（太郎左衛門の）霊ニ謝スルニ由ナシ」（『陸軍歴史』）

と反省し、太郎左衛門の遺児・英敏を後見したりしたが、それは後の祭りであろう。

そういえば、上司の阿部正弘も、次のような談話を残していた。

予、不明ニシテ江川坦庵ノ非凡ノ人物タル事ヲ知ルノ遅キニ過《す》ギ、嚮《さき》ニハ通常一偏ノ士トシテ之《こ》レヲ遇シ、今ヤ自ラノ不明ヲ悟リ、其ノ人物識量ニ服シ、重ク遇《ぐう》セント欲セハ忽《たちまち》ニシテ幽明境ヲ異ニス。自カラ人ヲ見ルノ明ナキヲ悔ユルモ謝スルニ其人《そのひと》ナシ。今ハ詮《せん》ナシ。只《ただ》彼カ嗣子《しし》（英敏）ト親交ヲ結《むす》ビ、我ガ丹心《たんしん》（まごころ）ヲ表白シテ萬一ノ情ヲ慰《なぐさ》メンニハ若《し》カズ。

おそらく農兵制と相俟《ま》って、正弘―近直には太郎左衛門が、少なくとも幕府に忠誠を尽くす誠実な幕臣には見えなかったのであろう。

ただし、幕閣には太郎左衛門を認める人々もいた。開明派の官僚しかり、水戸徳川家の斉昭のような人も。

正弘は、そのバランスをとるのに苦労していたのであろう。ただ、その目がやじろべえの重しの外見のみに執着し、その中味の吟味に達しなかったことが悔やまれる。

結局、この宰相は幕閣内外の〝バランス〟をとり、その最大公約数を導き出すことしかできなかったようだ。

終章

明治維新への遺言

ペリー

失意の太郎左衛門と憂鬱なペリー

嘉永六年（一八五三）の十二月より、万次郎を伴って韮山へ戻った太郎左衛門は、ペリー再来航の報せを待ったが、翌正月九日に「異国船再来航」との報せを下田から受けたものの、一向、次の指示が伝えられなかった。

（これはおかしい）

太郎左衛門は十一日に韮山を出立し、二日後に江戸に入ると、そのまま登城。夕方、江戸屋敷に下がったものの、それ以来、連日の登城を行なったものの、なかなか次の命令が下されない。

ようやく二十三日になって、

「亜墨利加《アメリカ》船、万一江戸近く乗入候も難レ計《はかりがたき》ニ付、其方《そのほう》早速出船いたし、精一はい申諭、為二乗戻一候様可レ被レ致候《いたさるべくそうろう》」

江戸城を下がった太郎左衛門は、その足で阿部正弘を福山藩邸に訪ねて懇談、ここで最終的には打ち合わせがなされた。

ところが、帰宅した太郎左衛門を追って、正弘の家臣・伴早太が慌ただしく現われ、

「万次郎通訳のこと、見合わせられたい」

と、いうのである。

その人物については、太郎左衛門が太鼓判を押してきたが、アメリカとの通訳にもちいるのを、反対しているのが水戸徳川家の斉昭だと聞いて、さしもの太郎左衛門も愕然《がくぜん》とする思いであったろう。

筆者はこのあたりで完全に、彼のペリー応接の目はなくなった、と推測している。

太郎左衛門は自らの鍛えた高島流の鉄砲組三十名を率いて、万次郎も連れ、浜御殿より羽田村、川崎宿を経て、神奈川宿に午後七時すぎに到着している。

この間も万次郎の任用に方々から圧力がかかり、抵抗したものの太郎左衛門も、ついには二十日に帰府。ここで彼の、外交活動への関与はすべて終わってしまった。

もし、ペリーとの交渉に太郎左衛門が参加していたとすれば、その様相はどのようなものとなったであろう。ペリーは太郎左衛門のあの大きな瞳を真っ向から受けて、交渉することができたであろうか。

そうしたことを思いながら、ペリー来航の一部始終を考えてみるのも、決して意味のないことではあるまい。

ところで、二度、日本を訪れたアメリカ合衆国の東インド艦隊司令長官マシュー＝カルブレイス＝ペリーは、当初いかなる作戦で臨むつもりでいたのだろうか。

彼が日本を目指し、はじめて汽走軍艦ミシシッピーを香港に投錨《とうびょう》させたのは、一八五三年四月七日のことであった。ペリーはこのあと、指揮下の十二隻からなる艦隊の集結を待って、日本へ向かう手筈《てはず》を考えていた。十二隻の艦隊は、無論、アジアからインドにまたがる海域において、欧米列強中、最大にして最強の威容を誇っていたといってよい。

しかし、出航を目前にして艦隊司令長官ペリーは、一向に冴《さ》えない表情をしていた。持病のリウマチを懸念してのこととも思えない。もともと、健康状態を気に病んで顔色を失するほど、ペリーはやわではなかった。

「ペリーは厳しく、不愉快なやつだ。利己的でなおかつ横暴で、他人の利益などは考えようともしない」

彼の部下で、マセドニアン艦長でもあったアボット大佐は、口をきわめて誹謗《ひぼう》している。この年、ペリーは五十九歳。威風堂々とした体軀、強固な意志を思わせる眉に、大きく褐色に輝く瞳。鼻すじは太く通っていて、口は常に真一文字に固く結ばれていた。みるからに、剽悍《ひょうかん》な風貌である。その彼をガラにもなく、憂鬱《ゆううつ》にさせていたのは、これから果たさねばならない大役への不安――政治的緊張によるものであった。大役とは、いうまでもない。国を閉ざして三百年近くにもなる「非キリスト教国唯一の文明国」で、「最古の歴史を誇る」日本に、「最も若い国」アメリカの代表として、開国への「扉を開ける」ことであった。

そのために、ペリーはあらゆる手立てを講じ、情報を収集した。が、航海の準備期間はわずか八ヵ月しかなく、その短い期間中に、艦隊の編成から乗組員の人選、教育・訓練までも実施しなければならなかった。彼の準備は、断片的にならざるを得ない。

アメリカの日本情報収集

まず、日本近海に出漁の経験をもつ捕鯨船長を訪れ、海流や沿岸の地形などについて教わり、貿易業者・学者・宣教師ら階層の異なる人々から、必要な知識を仕入れた。次には、航海のための海図や日本に関する書籍類も、ニューヨークとロンドンを中心に、手当たり次第に買い込んでいる。

日本に言及した書物としては、一七一九年、ダニエル＝デフォーの発表した『ロビンソン・クルーソー』と、ジョナサン＝スウィフトが一七二六年に世に送った『ガリバー旅行記』がある。

前者ではアフリカ、インド、中国を冒険したロビンソン＝クルーソーが、次なる日本へ向かおうとしたものの、

「日本人は嘘つきで、残酷な国民だ」

と忠告されて、訪問を断念したと記されている。

後者のガリバーは前後、四回の航海に出ているが、一回目の小人の国と二回目の巨人の国、四回目の馬の姿をした理性的動物の国の話に比べて、三回目の航海は、あまり知られていない。ガリバーは三回目の航海で、オランダ人になりすまし、一八〇九年五月、ザモスキという日本の東南の港に着いていた。

ガリバーは江戸に行き、「皇帝」(将軍)にお目通りを願い出て、ぜひ、長崎まで送り届けてほしい、と依頼。かつ「踏絵」は勘弁してほしい、と嘆願している。

すなわち、当時のヨーロッパでは、日本は鎖国とキリシタン禁教を強要する、〝残酷〟な国とみられていたのだろう。

ペリーは書物に大金を投じた。多くはオランダ経由で入手したものだが、それらの購入代金は三万ドルという膨大な金額にのぼっている。

嘉永七年（一八五四）、幕府とペリーの交渉によって、一ドルは、天保一分銀三枚と兌換《だかん》できることが定められた。一分銀四枚は、金一両である。一両を当時の物価から割り出して、仮に八万円と算出すると、銀三枚は六万円となる。つまり、この頃、すでに一ドルが六万円という、驚嘆すべき円安レートであったことになる。幕末も維新に近づくと、さらに相場は急騰、目を覆いたくなるような超インフレとなるのだが……。

もし、当時の日本人が、ペリーと同様の書籍を揃えようとすれば、十八億円が必要であったことになる。

高額であった日本関連資料の中でも、来日経験者シーボルトの著わした大作『ニッポン』（五〇三ドルで購入）を、ペリーは東洋への航海中、幾度となくくり返し熟読した。

さらには、かつて二回（一八四六、一八四九年）、アメリカ艦隊が日本に赴いたおりのデータを取り寄せ、詳細な検討も行なっている。

だが、そのいずれもが、ペリーのいまだ見ぬ日本を、正確に語ってはくれなかった。しかも彼は、これまでの長い海軍生活の中で、日本のみならず、アジアに渡航する機会をもたなかった。

日本国にいたる航海図は、そもそも、両国を結びつけた捕鯨船——アメリカは鯨をとりに来て、しばしば遭難し、その救助と食料などを日本に求めた——がもっていたが、日本の首都・エドを識る詳細な図面などはなかった。日本の国情も、いまひとつ明確ではない。

交渉に臨むにしても、言語に難があった。このたびの艦隊には、日本語が理解できるアメリカ人はひとりも乗船していなかったのだ。どの程度、話し合うことが可能なのか、戦争に及ぶ事態にはならないだろうか。そして、相手方の戦闘能力はどのくらいのものか。すべてが、未知のままであった。

アメリカに情報を提供してくれる、好意ある第三国も存在しない。

いわばペリーは、暗中模索の状態で、アジアの拠点・香港に乗り込んできたことになる。

目下のところ頼れるのは、率いる艦隊の武力＝艦載砲のみだが、「広範なる自由裁量権」を付与され、十二隻からなる堂々の艦隊を編成しつつも、ペリーには「開戦権」は与えられていなかった。相手側から、いきなり発砲でもされて、急ぎ撤退する場合の「自衛の発砲」の容認を除いては——。

さらに、旗艦に予定した新鋭艦サスケハナを、中国駐在公使マーシャルの要請にもとづき、上海へ振り向けねばならなくなる。港内に繋留《けいりゅう》する艦船は、ミシシッピー、プリマスの汽走軍艦に、帆走艦のサラトガ、サプライトだけで、後発の艦船は未着。ペリーの心中は、さぞや泣きたいばかりであったろう。

しかも、すでにこのとき、ペリーを東インド艦隊司令長官に任命し、このたびの重大な任務を命じた政府は、本国で瓦解していた。当然のことながら、情報伝達の遅いこの頃、ペリーはその事実を知る由もなかったが――。

アメリカ本国で行なわれた大統領選挙で、与党・共和党が敗れ、民主党のフランクリン＝ピアーズが当選。新政府の外交方針は一変した。前大統領フィルモアの政策は、ことごとく否定されたのである。フィルモアは、第十二代大統領テイラーの副大統領から、テイラーの死去に伴い、第十三代大統領となったため、選挙に勝って大統領となった人物ではなかった。

新政府からはペリーに、「占領政策の中止」を伝える訓令が発せられた。が、この伝達は、ペリーが中国を離れて日本へ向け、出航した後に上海へもたらされる。

日本の対アメリカ情報戦と恫喝外交

――他方、日本の幕府である。

通説によれば、安眠の夢をむさぼっていたとあるが、とんでもない話だ。オランダを介して、幕府はアメリカの最新の情報を収集し、分析していた。

列強の対アジア政策は、ほとんど解明しており、驚くべきことに、ペリーが香港に到着する以前に、前任司令長官オーリックスの更迭、ペリーの司令長官内定の情報を、オランダの植民地バタビアを経由して、すでに幕閣は察知していた形跡すらあった。

ペリーが、いまだ見ぬニッポンの研究に苦心惨憺《さんたん》しているとき、幕府は列強におけるアメリカの位置を、ほぼ正確につかみ、列強間の相互牽制の可能なことまで結論づけていた。

一八五三年七月二日——和暦に直せば、嘉永六年五月二十六日——ペリーは、途中で寄港した琉球の那覇を出帆。ところが、当初に編成予定されていた大艦隊は、わずか四隻の編成となっていた。

六日後、ペリーは日本の伊豆沖に到着、正午頃には相模湾沖に差しかかった。幕府は浦賀奉行の支配与力・香山栄左衛門《こうやまえいざえもん》、同・中島三郎助《なかじまさぶろうのすけ》、オランダ通辞の堀達之助《たつのすけ》を旗艦サスケハナに派遣する。

これに先立ってペリーは、日記に次のように記していた。

「一文明国が他の文明国にとる、然《しか》るべき儀礼を要求しよう。許可を得るような懇願は、決してせず、権利として主張しよう」

ほとんど、自暴自棄ととれなくもない。

この切羽詰まった段階で、ペリーの胸に去来したものは何であったろうか。敬虔なクエーカー教徒であったペリーは、神に祈ったかもしれない。あまり知られていないことだが、ペリーの家は、四代前のエドワード＝ペリーが、新天地アメリカへ移住して以来、代々、クエーカー教の洗礼を受けていた。独立戦争（一七七五～八三）に十四、五歳で参加した、ペリーの父・クリストファー＝レイモンド＝ペリーも同様であった。クリストファーは成人して船乗りになり、その影響からペリーも、その兄オリバー＝ハザードも、ともに海軍軍人となっている。

十四歳と九ヵ月で海軍士官候補生となったペリーは、米英戦争に初陣し、地中海に海賊と戦い、西インド艦隊にも参加。順調に昇進して、一八三七年に海軍大佐となった。

当時、アメリカはイギリス、フランスに比べ、海軍力は劣勢をきわめていた。ペリーはこの挽回策《ばんかい》に、「遠洋航海に耐え得る蒸気艦」の建造を力説、後年、その先見性は人々をしてペリーを、〝蒸気海軍の父〟と呼ばしめた。

一八四六年、メキシコに宣戦布告したアメリカは、ペリーに出撃命令を発し、メキシコ湾の制海権奪取を命じた。このとき、ペリーのとった戦法は、あるだけの艦船を湾岸沿いに浮かべ、

「無条件降伏か、それとも徹底抗戦か――」

と、二者択一を迫るものであった。

日本への使節の途次、中国の清朝と琉球を見たペリーは、日本人もこれまで自分が相手としてきた地中海の海賊やメキシコ人と大差あるまい、と類推した。

未開人（野蛮人）もしくは半開人は、何事によらず力ずくでその筋の最高責任者を、目先へひきずってくることが重要だと考えた。彼はニッポンの閣僚以下の者とは会わないと決め、艦長ビューキャナン、参謀アダムス、副官コンティらを応対に出した。そして、「国書は長崎で受領したい」とする幕府の言を一蹴《いっしゅう》し、高飛車に、

「もし、国書が然るべき高官によって受領されるのでなければ、十分な武力をもって捧呈《ほうてい》する」

と、欧米列強の伝家の宝刀をちらつかせた。

日本側はこの、ペリーの腕力にものをいわせようとする態度に驚き、目を見開き、首をかしげながらも、四日間の猶予を願う。が、ペリーに、

「江戸までは、汽船で一時間程度であろう」

といわれ、挙句は、三日後の返答を確約させられる始末。幕府の応答待ちの間、ペリーは湾内の測量を開始し、一方では沿岸を望遠鏡でうかがわせ、海図の作成に着手。また艦隊では臨戦態勢をとって、ニッポンを威圧しつづけた。いったん、威圧外交をはじめたからには、徹底しなければならない。

三日後、幕府は久里浜に応接所を設置し、

「一応、国書は当地で受け取るも、回答は長崎でオランダ人もしくは中国人を介して渡したい」

と告げる。ペリーはこれをも拒否すると、数日内の浦賀近辺での回答受領を主張し、

「万一、回答なき場合は、侮辱されたものとみなし、その責任は負えぬであろう」

と凄み、洋刀の柄に手をかけたと伝えられる。

恫喝《どうかつ》すること——これは、ペリーの体験から導き出された方法であるとともに、ヨーロッパからその分派である新興国家アメリカに持ち込まれ、植えつけられ、今日まで伝えられた方法論でもあった。

完全勝利を予測していたペリー

ペリーが多感な青年時代に属したジョン＝ロジャーズ提督は、一八一二年にアメリカがイギリスへ宣戦布告した戦争で、敵を軍艦の数と武力で圧倒し、威嚇して、戦火を交えず、敵艦を捕獲する戦術を最も得意としていた。

ロジャーズだけではない。一八一五年、ペリーの上官ディケーター提督は、十隻もの艦隊をアルジェに差し向け、その威力をみせつけることで、現地の太守《デク》を降参させている。

してみると、アメリカのやり口というのは、西部開拓期のインディアンに示したやり方以来、進歩がないようにも思われる。

おそらく欧米列強は、同じキリスト教を信仰する隣人以外とは、そもそも対等に付き合うつもりがないのであろう。インディオもチャイナも日本人も、彼らにとっては同じ——改宗させるべき対象＝支配するべきものでしかなかった。

アメリカ人ペリーが日本に到着以来、少しずつ元気を取り戻したのも、この原理、原則にたちかえったからにほかならなかった。

「船中の形勢、人気《じんき》の様子、非常の体《てい》を備え」

「異人一同、殺気を面《おもて》に顕《あらわ》す」

交渉にあたった香山は、のちにこう記している。

幕府はペリーの剣幕に、またもや譲歩した。

威圧する一方でペリーは、不足している日本に関するデータを補足すべく、返答をもち帰った香山らと宴席をともにしたが、ここでその礼儀の正しさ、おくゆかしさ、優れた教養と精神修養によって身につけた威厳、果ては落ち着いた態度など、アメリカでは見出せない価値を発見して首をひねった。

ペリーが日本人を他の民族と違うのではないか、とはじめて疑ったのはこのときであったかもしれない。
ペリーは日本の地に第一歩をしるすにあたっても、細心の注意を怠らなかった。四隻の軍艦に可能なかぎりの威容をもたすべく、久里浜海岸に向けて艦を一列横隊に遊弋《ゆうよく》させ、最大限の軍事的演出を試みた。

上陸するにあたっても、まず、水兵を上陸させて整列させると、ペリーの〝第一歩〟にあわせて、軍楽隊がアメリカ国歌を吹奏しはじめる。先頭に陸戦隊、ついで軍楽隊と水兵。なおも選《え》りすぐりの水兵二名に、国旗と軍艦旗を掲揚させ、ペリー自身は屈強な黒人に両脇を護衛させて、胸を張り、大股に、悠揚迫らぬ態度で歩を進めた。

余談ながら、このおりの日本代表たちは、なによりも、珍しい黒人の姿に心を奪われたようだ。戦国時代、織田信長が黒人奴隷を宣教師から譲り受け、「ヤスケ」と名付けて連れまわしたことを思うと、世界を鎖《とざ》したマイナス面が思われてならない。

国書の受け渡しには、さほど時間はかからなかった。ペリーは日本側の回答延期を了承したうえで、来年の四月か五月には再び来訪したい、このたびの軍艦四隻は、アメリカ艦隊のごく一部にすぎない、などと語った。あくまで威厳をつくろうべく、日本側との折衝に細心の気遣いをしたようだ。

会見終了後、ペリーは針路を北へ向けて、全艦を発進させる。

いうまでもなく、測量を行ないつつ、江戸湾深く侵入しようとしたのであった。明らかに、来春の渡航と、そのおりの談判をにらんでの威嚇であったといってよい。

この傍若無人の振る舞いに、幕府は香山らを差し向けて、厳しい抗議を行なっている。ペリーは珍品を提供することで、香山らを懐柔しようとしたが、香山はこのとき、羽織とともに腰に帯びていた太刀をアメリカ士官に渡し、

「これらの品々は、われらにとってもはや不要なれば、お受け取りいただきたい。必要なのは、この小刀のみでござれば……」

といい放つや、切腹して果てようとした。

ペリーは驚き、その直後に江戸湾を退出し、香山らを艦から降ろすと琉球へ立ち去った。わずかに八日の滞在ではあったが、彼はニッポンを実地に学習することで、香港での憂鬱も晴れたようである。本国へ向けて、誇らしげに第一回の成功を報じた。

ペリーの来航で、見落とせぬことが他にもあった。琉球である。彼は日本に到着する以前に那覇に寄港し、薪水・食料の供与と貯炭場設置を、得意とする威嚇外交で認めさせ、小笠原諸島の父島では、日本との交渉に失敗した場合を考慮し、中国航路の寄港地としての施設をすでに建設させていた。帰路においても、生鮮食料品の入手、貯炭所の借入、休憩所の継続使用を求め、それを拒絶しようとした琉球政府に対し、

「明正午までに要求を容れねば、首府の首里を占領する」

と脅した。琉球政府は、すべての要求を容れている。

ペリーは、中国や琉球を見て、ニッポン研究のアウトラインを引いたといってよさそうだ。

香港へ戻った彼は、そこでアメリカの政変をはじめて知った。つづいて、ロシア艦隊を率いるプチャーチンの訪問を受ける。

プチャーチンはペリーに、日本の開国を促すための共同作戦を提案した。が、ペリーはこれを断固、拒否している。なぜならば、すでにロシアとトルコが戦端を開き、英・仏両国もロシアと戦争するとの報がもたらされていたからだ。

また、イギリスが小笠原諸島の領有を主張し、ペリーの施設に対して苦情を呈する一幕もあった。ペリーはすでに学んでいた日本の歴史をひもとき、小笠原の主権は日本にあると反駁《はんばく》、イギリスを沈黙させている。同じ頃、アメリカ本国ではペリーの外交を中止する旨、書簡が送られていた（中国到着は、日米和親条約の締結後）。

政変により、本国政府の空気が消極的になりつつある、とみたペリーは、予定をくりあげると、一八五四年一月十四日――独自の判断で、すぐさま艦隊を江戸へ向けて香港から発進させた。

――今度は、十隻からなる堂々の艦隊である。

彼は、己れの完全勝利を確信していた。

ところが、彼を待ち受けていたのは、予想外に手強いニッポン側応接たちの反撃であった。

素早かった幕府の対応

「将軍家慶の死去に伴い、国書の回答を延期したい」

二度目の来航を控え、那覇に停泊中のペリー艦隊に、幕府からの公文書がオランダ東インド総督を介して伝えられた。

無論、ペリーにとって、素直に聞ける話ではない。延期を認めることは、アメリカ政府の外交政策の転換＝消極化からみて、条約自体の見直しにもつながりかねなかった。彼は、一言のもとにこれを拒絶。一八五四年一月二十三日付をもって、幕府へ予定通りの来航を通告した。

前回とは異なり、ペリーの表情には余裕がある。日本の国情も大概はつかめた。清国や他の半開国、未開国と同様に、〝恫喝外交〟を仕掛ければ、容易に屈服させ得るとの確信が彼にはあった。まして前回の四隻とは違って、今度は十隻もの艦隊を率いている。その演出効果はいうまでもあるまい。

「テーブルにさえ着かせれば、当方の勝ちである」

ペリーは交渉をスムーズに進める工夫として、自身の役職を拡大した肩書きまで準備していた。

漢文訳のサインは、

「亜美理駕《アメリカ》合衆国特命欽差大臣専到日本国兼管本国師船現泊日本海提督被理《ペリー》」

となっている。

二月十三日（和暦では嘉永七年正月十六日）午後三時、ペリーは前回の測量で、〝アメリカ停泊地〟と命名した横浜沖の、大艦隊の停泊予定地点に錨《いかり》を下ろした。

ところがその直前、指揮下の輸送船マケドニアが鎌倉沖で座礁、日本の漁民による救助が行なわれるといったハプニングが起きる。以前の不安な面持ちのペリーであれば、あるいは、不吉な前兆と受け取ったかもしれないが、このたびの彼は一向に気にもとめなかった。

——幕府側は、ペリーをあえて増長させていた形跡すらうかがえる。

この時点で幕府は、すべての手筈を整えていた。まず、ペリーからもたらされたアメリカ合衆国大統領の国書と書簡（いずれも漢文とオランダ文）は、すぐさま解析され、受理してから約半月後には、和訳での回覧を公にしている。

漢文の和訳にあたったのは、幕府の学問所・昌平黌の林大学頭僩斎《かんさい》（第十代・鳥居耀蔵の甥）であった。僩斎の漢文は、当時、中国人以上といわれ、老中の諮問に対しても、世界情勢が一変したのだから、大船建造禁止の令を解くべきだと主張、偏りのない国際情勢に対する判断力をもっていた。

さらに、幕府にとって幸いしたのは、ジョン万次郎という切り札をもっていたことである。

なにぶんにも、列強の中でも情報上、最後に日本に登場したアメリカについて、幕府は、『オランダ風説書』以上の情報に乏しかった。が、万次郎に援《たす》けられたことで、憂いは去る。

「アメリカとはどのような国か、来航の真の狙いは……」

切迫する情況下、幕府の諮問を受けた万次郎は、およそ次のような内容を語っている。

アメリカの地理と歴史に関しては、土地が広く、物産も多い。人口も増えつづけているとして、大船に乗っての漁業と、海外諸国との交易が繁盛している国であり、

「富饒《ふじょう》の国でした」

と述べている。

イギリスの植民地でありながら独立国となり、共和制の政治を三十四州に及ぼしているとも。

「しかし、体格はよいが、相撲はからっきしで、私ですら二、三人のアメリカ人を投げとばしてやりました」

という意味のことも、万次郎は誇らしげに語っていた。

アメリカには国王がいなくて、国中の人民が〝入札〟によって人を選び、在職四年で交代する。ただし、事情によっては、八年間の在職も可能だと告げた。

また、彼の国は、日本と和親の約を結び、同時に通商も意図しているが、その真の狙いとするところまでは不明だといい、さらには、江戸が北京、ロンドンとともに、世界で第一等の繁盛の地であること、日本の刀剣は天下無双であること、日本という国は異国船が近寄ると大砲を撃つと、評判となっていることなどを告げた。

なかでも興味を惹《ひ》くのは、

「鉄砲はアメリカの最上の利器であり、砲術の訓練は怠らない。おそらく砲撃戦となれば敵対し難いかもしれない。だが、アメリカ人は刀槍の訓練は行なっていないから、〝手詰めの勝負〟になれば、日

本人は一人でアメリカ人三人を相手にできよう」

という意味のことを語ったくだりだ。

また、万次郎は、アメリカ人は大洋を航行するのは恐れないが、浅瀬や暗礁といったものを最も恐れるので、測量は欠かせないことも指摘している。

条約草案の落とし穴

幕府はさらに、長崎のオランダ商館にも役人を派遣、アメリカの望むものが第一に石炭貯蔵所と船舶の修理場所、第二が通商であることを知った。

大船建造禁止の令が解除され、オランダへ汽走軍艦（蒸気船）が発注される。幕府は、太郎左衛門の農兵制も含め、打てるかぎりの手はすべて打っていたのである。

ただ、厳選を重ねたペリー再航に際する応接掛をめぐって、もつれた形跡があった。

「立派な容姿、寛仁《かんじん》の様子と丁重な態度で、いささか沈鬱《ちんうつ》な表情」

とペリー側が批評した林大学頭が、最終的に応接掛の首席となった。

もっとも、このおりの大学頭は、四ヵ月ばかり以前に逝去した僴斎の叔父――諱を韑《あきら》、号を復斎と称した人物（鳥居の実弟）。寛政十二年（一八〇〇）の生まれで、ときに五十四歳であった。とかく通史では、軟弱外交の張本人のごとくいわれているが、そうした悪評は必ずしも正しいものではない。筆者は江川太郎左衛門に勝るとも劣らぬ人物であった、と思っている。

この林復斎をサポートしたのが、町奉行・井戸《いど》対馬守《つしまのかみ》覚弘《さとひろ》と浦賀奉行・伊沢《いざわ》美作守《みまさかのかみ》政義、目付・鵜《う》殿《どの》民部少輔《みんぶのしょうゆう》長鋭《ながとし》、復斎直属の部下で儒役の松崎満太郎《まつざきまんたろう》らであった。

彼らは、老中首座・阿部正弘に厳選された人々であった。ペリーの祝砲——将軍への二十一発、応接掛への十七発——にも、応接掛の面々は顔色ひとつ変えることはなかったといわれている。

幕府側はくり返し、将軍の死去に伴う混乱のため、即答はできない、五年は待ってほしい、そのかわりにきたる正月からは長崎への寄港を認める、との返書を手渡した。

だが、ペリーはこれらを無視する。

「乗組員一名が発病したので、夏島に葬りたい」

と、一方では唐突な提案を突きつけた。応接掛は外国人を恐れ嫌う国民世論を慮って、「浦賀灯明台下」を主張。ペリーは遠すぎる、と拒絶した。

「では、この横浜の地に埋葬するよう手配しましょう」

林復斎は、間髪を入れず断を下した。

ペリーは意表を突かれ、驚いたという。

〝ぶらかし〟を得意とするニッポン外交にしては、スピーディーな対応であったからだ。ペリーは、いささか慌て気味で、交渉のペースをつかむべく、一挙に威嚇外交を開始した。日本の鎖国政策を人道に反すると決めつけ、激しく非難。アメリカがいかに強大国であるかを強調し、

「――もし貴国において、これまでの政策を見直さなければ、多数の人命にも関わることなので、敵国とみなすよりほかはない。敵となれば戦争に訴え雌雄を決せねばならないが、当方にはその準備も十分にできている。わがアメリカ合衆国は、先年、隣国メキシコと戦い、首府までも攻略した。貴国もこと次第によっては同じことになるやもしれぬ」

こうしたペリーの猛々しさに、復斎は沈黙などしてはいなかった。

「時機によっては戦争も辞さぬ――」

と切り返し、しかし、わが国が人命を尊重し、善政をしいているにもかかわらず、〝非道の政治〟と決めつけられては迷惑千万である。貴国が人命を重んじるのであれば、双方ともに積年の恨みがあるわけでもない。強いて戦争に訴えるまでもないと思われるが、いかがか。

逆に、ペリーが沈黙した。彼には、儒学に培われた教養人・林復斎がまぶしかったに違いない。以後の交渉においてもペリーは、温厚で、しかも筋を通す復斎の言に、押されることが少なくなかった。

筆者は、この復斎に日本を含む中国の思潮――非ヨーロッパ主義の、ひとつの偶像をみる思いがした。合理主義を追求しない思潮には、逆に心の豊かさがあった。あるいは、ペリーは精神的な敗北を復斎に感じとったかもしれない。

昼食を間にして、いよいよペリーから条約草案が提示された。漢文である。併せて彼は「望厦《ワンホア》条約」の漢文の写しも手渡している。

条約草案の冒頭に記された日付は、三月一日――すなわち一週間前の日付であった。おそらくペリーは、差し出すタイミングを計っていたのだろう。

幕府はこれを受け取ったものの、すでに〝ぶらかし〟が利かないのは、前回で実験ずみ――応接掛には老中から、かなりの権限（即答をしてもよい、といったもの）が与えられていたようである。

追い詰められたペリー

林復斎は条約草案を一瞥《いちべつ》しただけであったが、その実、彼の明晰な頭脳はフル回転していた。アメリカの条約草案と望厦条約の比較、解析が、一字一句もらさず行なわれている。これは、几帳面な日本人のお家芸といってもよいだろう。

幕府の応接掛は、漢学の総本山・林復斎以下、漢学素養のエリート官僚たちである。さして時間もかけず検討を終えた。

“Treaty of Peace, Amity and Commerce”

アメリカが平和・友好・通商の三点を柱とする条約の締結を、希望していることが知れた。

ここで復斎の慧眼《けいがん》は、望厦条約が全文三十四条からなっているのに、アメリカの条約草案が二十四条と少ない点に着目する。

もとよりこれは、ペリーが日米間においては不要と判断し、削除したものであったが、復斎は逆に、なぜ日米間では不要とされ、削除されたかを熟考した。

――そしてついに、ペリーの思惑、ひいてはアメリカの矛盾を発見する。「望厦条約」において「五港」とあるのが、草案では「其港《そのみなと》」となっている。この「其」は何を指すのか。応接掛の人たちは瞬時に、平和・友好・通商のニュアンスの相違に思いいたった。

元来、「望厦条約」は、イギリスが清国との間に締結した南京条約（一八四二年）と、その翌年の追加条約に対する、アメリカの最恵国待遇を主張して結ばれたものであった。

換言すれば、アヘン戦争によってもたらされた英・清国の外交成果を、アメリカは戦争することなく、手に入れたことになる。

「日本国はアメリカ国と戦争はしていない。したがって、和平を求めるとは、おかしいのではないか」

戦争の帰結としての平和（Peace＝和平）と、平時における友好（Amity＝親睦）は異なるものである。「其港」もまた同断。つまり、日米は戦争もしなかったし、したがって、終戦協定も必要ないのに、開港について論議が行なえるはずがないではないか。現段階では応接場所が決定されたばかりであり、開港などの交渉もこれからの課題でしかない。

「――アメリカ側の提示した草案は、そもそも、前提条件に欠けている」

幕府の代表者たちは、見事に、反論の根拠を得たのであった。

この期に及んでの、ペリーらしからぬ不覚は、彼が外交や法律の専門家を同行しなかったところにあった。艦隊指揮がスムーズに行なえるようにと、軍人らしい判断から、ペリーは政府高官や著名人の同乗を拒んでアメリカを発《た》っている。艦隊には合衆国海軍軍人を除くと、中国語（漢文）の通訳と宣教師ウィリアムス、中国人秘書・羅森《らしん》ぐらいしか、文官と称せる者は乗船していなかったのだ。

「望厦条約」が、著名な法律家カシングの作成によるものであったことを思えば、明らかにこれは、ペリーの手抜かりであったといえよう。彼は日本側が、条約草案の矛盾や弱点を踏まえ、独自の草案作成に着手したのを知らなかった。相変わらずの強硬な姿勢を保持しつづけ、アメリカの先進的な科学技術や発明品を贈呈することで、アメリカの国力を誇示しようとしていた。

三月十五日、幕府は日本側の条約草案をまとめあげると、アメリカの条約草案の矛盾を衝《つ》くことなく、「条約草案そのものを、許容し難い」と一蹴する挙に出た。

「欠乏せる物資の供与、漂流民の救助、以上の二項より他は応じられない。その他すべては長崎にて――」

一方的ともいえる意向を、羅列したにすぎなかった。

簡単にいえば、オランダ並みの権利はアメリカにも与えよう、というわけである。

ペリーはここにいたって、はじめてしたたかな日本の官僚の本性をみた。この回答に承服できるはずもない。日・米の交渉は、ここでデッドロックに乗りあげた。

ペリーは焦りはじめる。示威行動として、アメリカ水兵を上陸させ、その半面で、幕府の応接掛らを艦隊に招待し、揺さぶりをかけた。

三月二十五日、ペリーは汽走軍艦ポーハタンで、幕府の応接掛を招き盛大な宴を催した。

とくに、念入りにと命じられたコック長は、材料を惜しむことなく、腕によりをかけて、山海の珍味を並べ、飲み物もふんだんに提供した。

すると、どうであろう。日頃はつつましいサムライたちが、生まれてこのかた、はじめて口にする料理に目の色を変え、果ては争ってむさぼり食ったという。

ペリー艦隊の水兵たちによる演劇にも、サムライたちは大声で笑い興じ、日米双方の人々の雰囲気は大いに盛りあがった。なかでも、儒役の松崎満太郎などは、酩酊《めいてい》のあまり、

「アメリカ人も日本人も、皆、心は同じ。ＯＫ？」

とわめきながら、千鳥足よろしく、あろうことかペリーの首に腕をまわし、抱きつかんばかりの態――酒臭い息をペリーに吹きかけ、並居る同伴の日本人を大いに慌てさせた。

するとペリーは、

「条約さえ調印してくれるのであれば、キスぐらいさせてやってもよい」

片目をつぶってみせたという。

日本主導で終わった日米交渉

ペリーにすれば、それほど条約調印は切実であったわけだ。彼の残した松崎評は、

「ひょろ長く痩せた身体、黄色く胆汁質で不愉快な消化不良らしい顔、それにひどい近視眼のため、さして立派でもない容貌を、さらに歪めた五十歳くらいの男」

と手厳しい。もっとも、日本側でも、ただひとり、泰然《たいぜん》自若《じじゃく》として、料理のすべてを十分に賞味し、数多《あまた》のワインに舌つづみを打ち、それでいて素面《しらふ》のような、林復斎のごとき豪傑もいた。

饗応の宴も終わり、下艦するサムライたちに、アメリカ側では日本の風習に従い、残された料理を持ち帰るようにすすめたところ、若鶏の丸焼きをそのまま懐紙に包み、懐にねじ込んで持ち帰った者もいた、と記録にある。

一方、ペリー以下、アメリカ合衆国海軍の将兵たちに、ことあるごとに肉体的ハンデ＝体軀の差をみせつけられた幕府の役人たちは、このままではアメリカ側に侮られると思い、贈呈品の中に、それまでは予定にはなかった米俵を急遽、加えることとした。

儀礼上からも贈呈品は、艦隊まで届けなければならない。そこで幕府役人は、相撲の力士を五十人起用することにしたのである。つまり、米俵（六十キロ）を二俵肩へ、さらに二俵を小脇に抱え、都合、二百四十キロを一人で運ぶ、途方もない力自慢を、アメリカ側にみせつけようと目論《もくろ》んだ。

力士を目の当たりにしたアメリカ艦隊の水兵の中には、力比べを挑んだ者もあったが、なにぶんにも力士はプロである。とても、素人の水兵たちの勝てる相手ではなかった。

なぜ、それほどの怪力をもち得たのか、と不思議そうな面持ちで尋ねるアメリカの水兵に、力士たちは、

「日本の上等な白米を食べ、上等の米で造った上等の酒を飲んでいるからだ」

と答え、胸を反らせた。幕府の役人たちは、涙を流さんばかりに感激したことであろう。

条約締結交渉は、なおも続行されているが、史実は明白に幕府応接掛の余裕を伝えていた。復斎らはあらかじめ譲歩の限界を、箱（函）館・下関の開港とし、成り行きに応じて、後退をくり返す策に出た。この二港の開港には、太郎左衛門の意見も採用された可能性は高い。

しかも、この場合の開港は、自由貿易を許可するものではなく、あくまでアメリカ人漂流者の救済、物資欠乏による、人道上の配慮＝アメリカ船入港の、可能な〝場所〟という限定された内容であり、開国といい切れず、祖法の延長といった解釈の成り立つ範疇《はんちゅう》を出ることはなかった。

条約の調印は、西暦三月三十一日（和暦三月三日）に行なわれた。全文十二条からなり、この中には、アメリカ人は日本の「正直な法度には服従する」との条項もあった。

また、「居留」などの具体的問題については、条文化を避け、将来における新たな交渉に、「十八ヵ月以降、アメリカの領事または代理人の駐在」――双方が求めるならば――を認めたので、今後の課題としてとどめられている（この解釈をめぐって、やがてハリスが来日。日米修好通商条約となるが、これは別の話である）。

アメリカの条約草案に対し、日本は戦争の結果である「平和」を無視して、「友好」のみを認め、「通商」を今後の交渉に譲り、今回は見送ることにした。

しかも、林復斎は、この条約の第三条に、

「アメリカ人および日本人がいずれの国の海岸に漂着した場合でも救助され、これに要する経費は相殺される」

と定めた。

これは、日本人漂流者のほとんどが、廻船や漁船の乗組員であり、当時の厳格な身分制度（士・農・工・商）の中では、卑賤《ひせん》に属する者であったが、それを、彼らとて「我国之人」といい切ったところに、復斎がいかに進取の人であったか、その人柄を彷彿《ほうふつ》させるものがある。とても、あの鳥居の実弟とは思えない。

いまひとつ――条約文書の交換にあたり、その直前になって復斎は、

「われわれは、外国語で書かれたいかなる文書にも、署名することは国法上できない」

とアメリカ側の虚を衝き、ペリーの反論の余地も与えず儀式＝交換式を、己れのペースで進める離業もやってのけた。

したがって、一般にはあまり知られていないことだが、ここで調印された日米和親条約のうち、日本語による条約文書のみ、応接掛の署名があり、漢文あるいはオランダ語による同文書については、幕府通訳の署名だけしかなかったのである。

日米和親条約は、日本側にとって、決して不利な条約とはいえなかった。これが不平等条約となるのは、三年後、日米修好通商条約の批准をめぐる紛争の過程であったといってよい。

その後のジョン万次郎

日米修好通商において、日本は非ヨーロッパ諸国共通の「信義」「礼節」といった徳目をもってアメリカ側に接しようとした。だが、すでにみたように、相手であるアメリカは従わねば武力を用いる、という恫喝外交を採用。ときの幕府応接掛は驚嘆し、呆れ、茫然自失の状態に陥り、まるで異星のものに接したようなショックを受けた。その間、気がつけばアメリカ側の強引な腕力にふりまわされていた、というわけである。

ともあれ、たとえ、ショックのあまりの譲歩であったとしても、対アメリカ交渉のうえでは、譲歩は敗北と同義語でしかない。

林復斎（日本）とマシュー＝カルブレイス＝ペリー（アメリカ）の条約締結交渉は、昨今の日・米あるいはヨーロッパ外交の、反面教師そのものであったのかもしれない。

ヨーロッパやアメリカは、容易なことで対等のテーブルに着くことはない。もし、対等の外交を望むなら、情報の収集・解析を徹底し、先方と同じ合理主義を用いて、感情を度外視した交渉をしなければなるまい。

――ところで、万次郎である。

ペリーとの交渉の通訳をつとめられなかった彼は、江川太郎左衛門の死後、外国使臣からの書簡の翻訳に従事し、ついで江戸築地の軍艦操練所の教授となって後進の指導にあたった。

安政六年（一八五九）には、幕府から「鯨漁之御用」を命ぜられ、万次郎は捕鯨のための準備に奔走したり、日本が開国して最初の英会話辞書ともいうべき『英米対話捷径』を編み、時代の要請に応えるべく渾身《こんしん》の努力を傾注している。

しかし、何はともあれ彼の面目躍如たるのは、翌七年（一八六〇）正月、木村摂津守喜毅《よしたけ》（芥舟《かいしゅう》）を提督、勝海舟を艦長とする咸臨丸が、遣米使節の随行艦としてアメリカに派遣されたおり、これに通弁（通訳）主任として乗り込み、日本とサンフランシスコとの間を往復したことではあるまいか。

帰りの航海で咸臨丸がハワイに寄港したとき、ホノルルに停泊中の一日、万次郎はかつて己れを取材してくれた『フレンド』誌のデーマン牧師を訪ねている。親しく挨拶を交わし、腰の刀を牧師に贈ると、恩人であるホイットフィールド船長にも、日本から用意してきた着物と手紙を届けてくれるように、と牧師に依頼した。

帰国後の万次郎は、幕府の小笠原諸島の開拓調査にあたって、通弁として再び咸臨丸に乗船。このおりには父島と母島を視察すると、移住していた外国人たちに、これらの島が日本の領土であることを伝えている。

元治元年（一八六四）、薩摩藩が藩士教育のための開成所を開設すると、彼は招かれて英学を講じた。さらに土佐藩が開成館を設けると、鹿児島から帰省していた万次郎は、今度は土佐藩に召されて新知百石を賜わり、教授となって英語のほか航海術、測量術、捕鯨術などを教授している。

この土佐藩に召し抱えられたのは、「慶応」も「明治」と改まった年（一八六八）の十月のことであった。

明治新政府は、各藩の有能な者を江戸に召集すると、「徴士」としてそれぞれの役につけたが、万次郎も召されると開成学校の教授に任ぜられた。明治二年（一八六九）三月のことである。

開成学校は現在の東京大学の前身――幕府が安政二年（一八五五）に設けた洋楽所にはじまり、蕃書取調所、洋書取調所、さらに開成所と改名して、明治新政府に引き継がれたものであった。

翌三年（一八五六）八月、万次郎は大山巌、品川《しながわ》弥二郎《やじろう》らとともに、普仏戦争観戦のためヨーロッパに出張したが、帰国後は健康がすぐれず、自適の生活をしばらく送って、明治三十一年（一八九八）十一月十二日、東京の長男（東一郎）宅で没した。七十一歳であった。

その半生は、近代日本にどれほど幸いしたかしれない。

もし、あのとき、邪魔が入らずに江川太郎左衛門とコンビを組んで、ペリーに立ち向かっていたならば、もしかすると、より以上の大きな成果を、日本へもたらすことができたかもしれない。ハリスに乗り込んでこられる根拠（条約文の解釈の相違）も、生まれなかった可能性は大きい。思えば、残念なことであった。

もっとも、ペリー来航前後の太郎左衛門の多忙さは、尋常なものではなかったろう。

三月三日、日米和親条約が締結され、下田・箱館の開港が決まったかと思えば、その直後の二十三日には、今度はロシアのプチャーチンが、またしても長崎に姿を現わした。

――ここで太郎左衛門は、最後の働きをすることとなる。

分析されていた「ロシア人の日本観」

ロシアの第三次遣日使節（全権）に選ばれた海軍中将プチャーチンは、別な意味でペリー同様、顔色がよくなかった。彼は傍目《はため》にも滑稽なほど、〝蒸気船〟が嫌いであったのだ。

日本へ出発する前、旗艦フリゲート艦パルラーダ号の随艦として、蒸気スクーナー一隻（東洋号《ヴォストーク》）を購入するよう、ロシア政府から命じられたおりも、露骨に渋い顔をしたといわれている。余程、蒸気船が性に合わないのだろう。

ピョートル大帝が開いた数学航海学校を出発点とする名門――貴族もしくは、それに準ずる階級の出身者のみが入学できる――の海軍学校に学んだプチャーチンは、イギリス式海軍の教育を受け、その後、少尉に任官するとラザレフの世界一周航海にも参加していた。

当時、世界周航は、大いなる国家プロジェクトであったといっていい。容易になし得るものではなく、成功すれば国家にとって最も輝かしい名誉とされていた。

ロシアは「皇帝《ツァーリ》」の威信をかけ、雄渾《ゆうこん》の行動力をもって、十九世紀に何度か世界をめぐり、その都度、航海を無事成功させる、という壮挙を成し遂げていたが、おおむねは帆船での航海であった。

そして、これらの大航海の大半が、日本を目的地としたものであったことは、すでに触れた。

ついでながら、ロシア帝国が最後に行なった大航海、プチャーチンの嫌悪する大型汽走軍艦を主力とした艦隊も、目的とするところは日本にあった。日本の連合艦隊を撃滅するために、ロジェストウェンスキー中将が率いたバルチック艦隊は、今日なお日本人の記憶に鮮明である。

——話を、戻そう。

レザノフに次いで一八〇七年、V＝M＝ゴロウニン少佐がディアナ号一隻で大航海のすえ、国後島に到達したものの、部下とともに一八一一年、日本人に捕縛され、箱館へ送られて投獄されたことは、先にも述べた。のちに帰国したゴロウニンは、手記を皇帝の勅許で出版している。西暦一八一六年（和暦では文化十三年）のことであった。彼はその回想録の中で、次のように述べている。

「もしこの人口多く、聡明犀利《さいり》で模倣力があり、忍耐強くて仕事好きな、何でも出来る国民の上に、わが国のピョートル大帝ほどの王者が君臨したならば、日本の胎内にかくされている余力と富源は、その王者のもと多年を要せず、日本を全東洋に君臨する国家たらしめるであろう」（『日本幽囚記《にほんゆうしゅうき》』第三編「日本と日本人」より）

また、ゴロウニンの釈放に尽力した友人であり、ディアナ号の副長でもあったリコルド少佐は、一八一五年に別の手記を発表したが、その中で、

「日本とロシアは、二つの大国である」

と記し、両国には人間の営みに必要なものが、すべて揃っていて何の不足もない。しかし、隣人であるわれわれロシア人と友好的な関係をもたないのは、あなた方日本人にとってよくないことであり、罪

である、と述べた。

「――貴国からの距離にしても、行動からしても、ヨーロッパのすべての国の中で、ロシアほどあなた方に近い国がありましょうか」

ロシア側の日本に対する、長年の思いが伝わってくるようだ。

ところで、江戸期の日本であるが、国を閉ざしていたわりには、幕府は実にしたたかな情報収集力をもっていた。ゴロウニンの手記刊行の六年後には、そのオランダ語訳を入手。二年の歳月を費やして、「遭厄《そうやく》日本紀事」（馬場貞由、杉田立郷、青地林宗訳）と題する和訳を完成していた。

つまり、ロシア側の対日観を詳細に分析していたといえる。

このゴロウニン少佐の世界周航のおり、プチャーチンはわずかに四歳でしかなかった。プチャーチンは、ゴロウニンやリコルドと同僚であったラザレフの門下生として、海軍での実績を積み重ね、一八五二年――ゴロウニンの出航から四十五年後――日本を目指して、ロシア帝国三度目の世界一周に挑んだわけである。

嘉永六年（一八五三）七月十八日、プチャーチンがペリーに一ヵ月ばかり遅れて、長崎に上陸するまでの間に、日本側は長い歳月、先行されていたロシアの対日研究に匹敵するだけの、質量ともに優れたロシア研究を、ほぼ完了していた。このあたり、江川太郎左衛門や佐久間象山をあげるまでもなく、日本人研究者は凄い。

温和外交の方策

情報入手の窓口は、例によってオランダ商館――とくに、日本におけるロシア研究者たちは、ピョートル大帝の実績に大きな関心を寄せていた。後進国であったロシアを、西欧諸国に列する国家にまで創りあげた過程が、日本の現状に多大な示唆をもたらしてくれるように、彼らは思ったようだ。

カラフト、サハリンを離島として描いた「日本辺界略図」（一八〇九年）や間宮海峡の調査報告にもとづく「新訂万国全図」の作成（一八一〇年）など、この頃になると千島列島も明確に認識されていた。

ロシア語についても、ロシアへ漂流し帰国した者から学び、あるいは先のゴロウニン幽閉中に積極的に習得して、飛躍的な進歩を遂げていたのである。ロシアとすれば、いま少し早く、日本の準備が整う前に来るべきであったかもしれない。

前出のリコルドは一八五〇年、七十五歳のおりに「対日関係樹立に関する覚書」を皇帝に提出、日本への派遣を願い出ている。

「もし、日本が通商を拒むとき、松前海峡（津軽海峡）に軍艦を派遣すれば、日本人は屈服するであろう」

とリコルドは予見している。

プチャーチンも出発の九年前、日本・中国への遠征隊を送るべし、との意見書をシベリア委員会に提案していた。では、なぜそれらは実行に移されなかったのか。

イギリスとアメリカが提携し、ロシアの国策会社「魯米会社」を圧迫しつづけていたからである。一八二一年九月、アレクサンドル一世はロシアの権益擁護のために、植民地海域における外国船の来航を禁止する、「植民地鎖国令」とも呼ぶべき命令を発したが、アメリカはモンロー宣言を出し、ロシア植民地でのアメリカ資本の通商を制限（一八二三年）。そのためにロシアの北米植民地は著しく削減し、ついに魯米会社は英米資本の前に屈することとなった。

加えて、アヘン戦争のイギリス勝利（一八四二年）が伝えられた。南京条約が締結され、清国の開港によってアジアの情勢は、ますますロシアに不利となった。

ロシアの外交政策は、質的転換を迫られた。英米に対抗するのではなく、強い者には逆らわず、むしろその仲間になろうと変質したわけだ。だが、一方でロシアは黒海・対トルコの問題を抱えていた。

プチャーチンの来航も、一度は財政逼迫《ひっぱく》を理由に中止となり、二度目の決断を促した切り札も、実はアメリカ艦隊の訪日情報であったといっていい。ロシアは思っていたようだ、大英帝国には勝てないが、同レベルの新興国アメリカには敗けたくない、と。おそらくは本音であったろう。

プチャーチンはペリーより先に、日本に到達することを目指していた。だが、財政赤字のロシア海軍が、彼に割り当てた中古の帆走船パルラーダ号は、出航の途次、イギリスのポーツマスで修理に二ヵ月を費やし、スタートから彼は後手にまわってしまう。

航海の途中、香港に寄港したプチャーチンは、すでにペリー艦隊が琉球方面にあるのを知り、方針を転換してペリー艦隊に合流すべく画策する。しかし、間に合わなかった。プチャーチンが江戸を目指して香港を出発したまさにその日、ペリーは浦賀に到達し投錨していたのである。

国家財政に恵まれず、いままた天候からも見放されたプチャーチンは、小笠原諸島でむなしく、後続のヴォストーク号、オリヴーツァ号（カムチャツカ艦隊所属）、メンシコフ公爵号（輸送艦）を待った。

ところがここで、ちょっとしたハプニングが起きる。プチャーチンにすれば、曙光《しょこう》がみえた、といってよいかもしれない。知日家のP＝F＝シーボルトがロシア政府を動かし、

「日本の国法を侵さぬように——」

と交渉地を長崎に変更させ、軟和な態度をもって日本と交渉するアドバイスに成功したのである。

ロシア政府はシーボルトの露日条約案を参考に、独自の条約案を作成して、輸送船でプチャーチンのもとへ送り届けてきた。また、このおりに千島諸島方面の問題とともに、樺太での分界問題を強調することが、追加訓令として伝えられている。

ロシアにとってのシベリア問題は、球の投げ方ひとつで、そのまま対日問題となった。

一八五三年八月二十二日＝嘉永六年七月十八日、マストに皇帝全権の旗を掲げた旗艦パルラーダ号は、三隻の随艦を従えて長崎港に入港した。

長崎奉行所から応接掛が出迎え、艦隊は水先案内に誘導されて、午後六時に投錨——。

魯日同盟論と太郎左衛門

入港後、直ちにプチャーチンは来日の目的を質《ただ》された。

彼は恫喝と威嚇に終始したペリーに比べ、優等生的に振る舞い、役人たちへの回答も日本の国情に沿ったものとして、長崎奉行所の面々を感激させることに成功する。日本の役人たちは、アメリカとロシアとの比較を心の中で試みたに違いない。

老中首座・阿部伊勢守正弘は、ペリー来日のおりと同様に、国書は受理するが、返事はオランダ商館長を経由するとの訓令を発した。すると、幕府の一部からこのとき、「日魯同盟」案、「反米親魯」の主張が、にわかに台頭したという。しかも、その熱心な一人が江川太郎左衛門であった、との説がある。

「ロシア人は丁寧であるから、これと結んでそのかわりに断固としてアメリカを拒むがよい。もしロシアをも拒絶すれば、日本は腹背に敵を受けて容易ならざる仕儀となる」

とまで太郎左衛門は進言したという。

これまでもみてきたように、彼の対外思想は日本を守るための技術に終始していた。おそらく、牽制策として、このような発言をしたのであろう。それにしても、今からふり返れば、日本は可憐《かれん》であった。国際政治の恐ろしさ、不条理にまだ思いがいたっていない。

それはさておき、国書の受領は九月二十一日（八月十九日）。幕府はすぐさま、この内容を翻訳した。

「貴国最北の極界を何処の島に限るか約定のこと」

開発問題以上に厄介な――日本側では当然、予想していた――項目があった。

ここで幕府は交渉のための、正式代表を長崎へ送ることとなる。

西丸留守居・筒井《つつい》肥前守政憲《まさのり》を大目付格とし、勘定奉行・川路左衛門尉聖謨、目付・荒尾《あらお》土佐守成允《しげまさ》の三人が、ロシアへの応接掛を拝命した。儒者・古賀謹一郎《こがきんいちろう》も同行している。ときに、筒井は七十六歳。交渉役の中心は五十三歳の川路になるであろうことは、すでに一致した見方であったようだ。

ついでながら、プチャーチンは川路より二歳の年少となる。

川路は当初、ロシアとの国交を主張したが、水戸藩主・徳川斉昭（このとき幕府海陸参与）の反対にあい、伝統の〃ぶらかし〃を使うこととなった。川路は悲壮である。自らの主張でもない方針を貫かねばならず、もし、譲歩でもしようものなら、大変なことになる。

「わが大和魂で、海外の事態のわからない者たちが、勃然争議を起こし、一連の人の罪を鳴らし、老中も世に立つことはできず、自分のような者まで切腹するほか、恥をそそぐ方法がない」

と彼は落涙したという。

嘉永六年（一八五三）十月三十日、川路らは江戸を出発。プチャーチンはこの日本のお家芸〃ぶらかし〃に対し、あくまで忍耐強く対処するつもりで待ち受けた。

「われわれに対する（幕府側の）丁寧な態度と心配りに表わされた思考様式からして、教養あるヨーロッパ人とほとんど変わらない。とくに二人目の人物（川路）は、その活発な、健全な知性と巧みな討論法をもってすれば、あらゆるヨーロッパ社会で傑出した人物となるだろう」

これはプチャーチンの印象である。

十二月二十日、長崎奉行所の西役所において第一回の交渉がもたれた。

この間、五ヵ月。プチャーチンは辛抱強く待つかたわら、十月二十三日から十二月五日まで、艦隊を率いて上海まで渡航している。クリミア戦争が、近づいていたのだ。

トルコのカトリック教徒を保護する名目で、まもなくフランスのナポレオン三世がロシアに仕掛けることになるこの戦争は、ロシアの膨張を恐れるイギリス、サルディーニヤなども荷担し、ロシアはトルコのギリシャ正教徒を守るためにも、戦端を開かねばならなくなっていた。

プチャーチンはこの切迫した事態を掌握すべく、情報収集のために上海へ赴いたのである。

残念ながら日本は、情報収集の質量、分析力においては抜群であったものの、情報収集源をオランダに頼っていたため、オランダの国益に関わることは知らされず、クリミア戦争の情報もその初頭において、まったく伝えられていなかった。

ペリー来航のおりも、すでにアメリカの政党が替わっていたことを知ったのは、かなり後のことであり、そのためにペリーにまんまとしてやられたともいえる。

もし、このプチャーチン来航のおり、クリミア戦争に関する情報を、独自に入手していれば、のちの国境問題にしても違った駆け引きができたであろう。ロシア側は書簡をもって、国境を千島列島と樺太島上の二つの面で決定しようとしていた。

日露の領土問題

つまり、北千島はロシアに、択捉島以南を日本領とする。その一方で樺太は原住民（オロッコ族やアイヌ）はロシアの支配を望んでいること、三ヵ月以内にロシア皇帝の命により、軍隊を常置したことなどを理由に、島の南部のアニワ湾を国境とし、

「両国官員合同シテ、其所在地分ヲ画定スル」

その承認を、日本側に求めようとした。

会談は五次にわたって行なわれたが、日本側はこれを認めず、双方の主張は平行線のまま。国境については、日露両国が現地調査を実施することで覚書を作成するにとどまった。

これはあまり伝えられていないことだが、このときの川路の交渉は実に理路整然としており、さすがに死を賭しているだけに毅然としたものがあったという。

「蝦夷の千島は、残らずわが国の属島である」

「アイヌは蝦夷人のことで、蝦夷は日本所属の人民だから、アイヌのいるところはすなわち、日本領である」

川路はときに皮肉を交えて、プチャーチンを攻めたてたこともあった。

ゴロウニンが来て五十年、樺太の久春古丹《くしゅんこたん》および択捉島への乱暴からも五十年、この間、音沙汰もな

かった国（ロシア）が、今度は急に交渉というのも理解できない、と川路は発言している。

年が明けた嘉永七年（一八五四）正月、プチャーチンは再び艦隊を率いて長崎を出ると、艦隊編成を解き、各々を情報収集に向かわせ、自身はマニラに赴いた。

この年の三月二十八日、フランスとイギリスはロシアに対して、宣戦を布告する。プチャーチンは交戦状態の中を、イギリス艦隊の目を逃れつつ、日本へ戻ってきた。三月二十三日（新暦四月十八日）のことである。

プチャーチンは三月二十八日付で、筒井、川路の両使節に書簡を送り、国境画定のための両国委員の会合を、六月下旬に樺太で開催するよう提案した。幕府側は目付・堀《ほり》織部正《おりべのしょう》利熙《としひろ》と勘定吟味役・村垣《むらがき》与《よ》三郎《さぶろう》範正《のりまさ》を樺太に派遣したが、ロシア側は来航せず会合は実現しなかった。

無理もない。すでに英・仏の連合艦隊が周辺を遊弋しており、防衛の困難を知るプチャーチンは、ロシア人哨所をいちはやく撤去していたのである。

日本はクリミア戦争を、まったく知ることがなかった。ロシアとの交渉が中断している間に、幕府はアメリカと日米和親条約を締結。箱館が下田とともに開港されることとなった。

嘉永七年八月三十日、プチャーチンはこの箱館にディアナ号に乗って入港すると、ここではじめてクリミア戦争について語り、そのうえで大坂湾へディアナ号を回航する。これは英・仏艦隊の追跡を避けるためでもあったが、日露条約の締結を急がせるための、デモンストレーションでもあった。

プチャーチンもついに、ヨーロッパ外交の伝家の宝刀＝〝恫喝外交〟に転じたわけだ。

さすがにプチャーチンは、日本の天子《みかど》の住む都に近い大坂へ、ロシアの軍艦が現われることの効果を知っていた。

案の定、幕府は慌てた。下田への回航を求め、再び筒井、川路らによる交渉がはじめられる。十一月三日から再開された会談は、十二月二十一日までの間に五度に及び、日露和親条約が締結されたときは、元号は「安政」と変わっていた（十一月二十七日改元）。

この交渉中、川路たちは重大なミスを犯してしまう。前回の覚書を交わした段階で、「此未定我邦於て、若し通商差許すにも相成り候はば、貴国（ロシア）を以《もっ》てはじめとなすべし」とプチャーチンに約束しておきながら、幕府はペリーとの間で、日米和親条約を締結してしまった。この内容をプチャーチン側は、幕府のオランダ語通訳を買収して知り、席上、突然にこれを持ち出した。もし、不心得なニッポンの下級官吏がいなければ、川路はもう少しは踏ん張れたかもしれない。思わぬところで、同胞に足を引っ張られた格好となった。

国境は択捉島を日本領と認め、樺太については必ずしもロシア領を明確にせずともよい——要するに、問題を将来に残す形となった。

だが、クリミア戦争終結後、ロシアの樺太進出は一挙に強化され、安政五年（一八五八）には日本人居留区域にまで入り込み、両国衝突の恐れは日増しに高まっていく。

やはり日本の紳士的な発想法——こちらが誠意を示しているのだから、相手も理解してくれるに違いない、という思い込み——では、ヨーロッパのやり口を押しとどめることはできなかった。ロシアはクリミア戦争を経験して、ますます国力充実の重要性を学んだようだ。少しでも隙をみせたら、欧米列強はいずこも飛びかかってくる。

この年、プチャーチンは日露修好通商条約を締結すべく日本を訪れるが、樺太問題に関しては権限がないことを理由に、交渉はまったく進展をみなかった。

その後、ロシアは清国から黒竜江地方を獲得し、さらに南下を強めて、ついには樺太全島の領有を主張。北緯五十度説をとる日本と意見は対立、日本側は北緯四十八度まで譲歩したものの、これも進展をみることなく明治維新を迎えるにいたった。

この間、ロシアは北京条約で沿海州を得て、ウラジオストックを建設。よりいっそう腕力にものをいわせて、ついには明治八年（一八七五）、樺太・千島交換条約をなかば無理やり調印させるにいたった。プチャーチンを相手に頑張った川路聖謨は、このことを知らない。彼は江戸開城の頃、自邸でピストル自殺を遂げていた。ときに、六十八歳であった。

当のプチャーチンは、日本の明治十六年（一八八三）まで生きている。伯爵に昇位し、文部大臣となり、ロシア帝国参議院議員に任ぜられた。享年八十。

最後のご奉公

――プチャーチンの来航は、思わぬ置き土産を日本に残すことになった。

わが国初の西洋型船＝君沢型の原型となる「戸田号」の建造である。

嘉永七年（一八五四）十一月四日、現在の午前八時すぎに、大地震が大津波を伴い下田を襲った。その被害は全国的なもので、九州から東北にかけての太平洋沿岸全域に及んでいる。

日露交渉の行なわれていた最中、下田ではプチャーチンの乗船していたディアナ号が座礁、船底を大破してしまう。

下田警備を任されていた江川太郎左衛門は、大地震の災害報告を受けると、十一月八日には韮山へ戻り、支配地の各地の救済活動を開始。その指揮をとりつつ、下田に赴いたのは十八日のことであった。

川路聖謨と善後策を協議し、ロシア船の修理地を君沢郡戸田《へだ》村（現・静岡県沼津市戸田）に指定、その全権を委任される。

もっとも、これ以前において、ディアナ号の艦長レソースキーと同乗のモジャイスキー大尉、コロコリツォフ少尉、工学士＝技術者ヒョードドリュワーナ、オロウドウィチョらは、カッター（一本マストの小型船）で伊豆西海岸を北上、戸田港での修復を願い出ていた。

ところが十一月二十六日、ディアナ号は回航の途中、駿河国富士郡宮島村三軒屋の沖（現・静岡県富士市沖）で、動けなくなってしまう。この軍艦を救出しようと、多くの人々が駆り出されたが、うまくいかない。しかたなく乗組員四百人のみを救助して、彼らを付近の寺院や急造のバラックに収容した。

その後、ロシア人たちはとりあえず戸田村へ向かったものの、ここでディアナ号の代船を建造することは、事実上、不可能だということを知り、彼らは暗澹たる思いにとりつかれる。

なにしろ、ディアナ号は木造船としては世界最大級——船長三十三間余＝約六十メートル、船幅八間余＝約十四メートル、吃水《きっすい》七間余＝約十二・七メートル、搭載砲五十二門、そして二千トン——この軍艦と同じ規模のものを建造する能力が、当時の日本にあるはずもなかった。

造船所すら、満足なものをもっていなかったのが、この頃の日本である。

悲嘆に暮れるロシア人に対して、

「できる範囲で協力します。船を造りましょう」

語りかけたのは、これまでも海軍創設を説いてきた太郎左衛門であった。

「二千トンは無理だろうが、百トンなら……」

スクナー船が設計・建造されることになった。

幕府はプチャーチンとの間に、竣工正味百日との約定を交わした。

村内の大工棟梁七人（上田寅吉、緒明嘉吉、石原藤蔵、堤藤吉、佐山太郎兵衛、鈴木七助、渡辺金右衛門）を世話掛に、周辺各地から続々と船大工、人足が集められ、期せずして日本の近代洋式造船の第一歩が、この戸田村で踏み出された。

無論、太郎左衛門の門下生たちも参加している。肥田浜五郎たちの姿もあった。

安政二年（一八五五）三月、総工費三千百両二分余をもって、スクナー船「戸田号」は竣工した。船長八十一尺一寸、幅二十三尺、吃水九尺五寸、二本マストの船であった。

百トンほどの船体のため、ロシア人乗員は全員が乗船できず、幕府のチャーターしたアメリカ商船で帰国の途につき、さすがにプチャーチンと皇族アレキサンドル＝スリゲートの二人は、アメリカ国籍の船に乗ることを潔しとせず、四十七人のロシア水兵とともに「戸田号」でロシアに向かった。三月十八日のことである。

ロシア政府は、よほど嬉しかったのだろう。「戸田号」に五十二門の大砲を添えて、日本に返還してきた。ロシア軍艦オリヴッツ号が「戸田号」を曳航《えいこう》して下田に入ってきたのは、翌安政三年（一八五六）十月十一日のことである。

残念ながらこのとき、すでに太郎左衛門はこの世の人ではなかった。

「戸田号」はしばらくの間、それでも江川家の所轄とされたが、韮山の反射炉と同様、時代の勢いに取り残されるように、後年は箱館に係留されたまま腐朽したという。

ただし、このロシアのスクナー船の技術を、幕府は無駄にはしなかった。すぐさま太郎左衛門の嗣子・英敏に命じて、六艘のスクナー船が建造されている。

君沢型と呼ばれた一番船から六番船までで、黎明期の幕府海軍に寄与したことは間違いない。

また、このとき建造に関わった大工棟梁七人は、すでに水戸斉昭によって開設されていた石川島造船所で働き、途中で長崎海軍伝習所に派遣されたり、それぞれ日本の造船工業近代化の先駆けになった。

ちなみに、この石川島造船所が現在の、日本を代表する株式会社ＩＨＩとなる。

太郎左衛門、その死

多忙と重責——とくにディアナ号の座礁、「戸田号」の建造——が、太郎左衛門の健康を奪ったことは、間違いなかった。

韮山へ戻って二日もすると、江戸表から至急の登城を命じてくる。そのくり返しであった。

幕府はどうやら、太郎左衛門が生身の人間であることを、忘れていたのかもしれない。悲鳴をあげるように、いつ、いかなるときにも見境なく、太郎左衛門を江戸城に召し、助言を乞うた。

それに本人も、懸命に応えている。このときも憔悴した顔を改めると、

「お上《かみ》のお召しじゃ。いそぎ輿を用意いたせ」

力を振り絞るようにいい、出発している。

安政元年（一八五四）十二月十三日、この年の二月頃から激しくなっている頭痛をおして、病勢悪化の中、出府督促を受けた太郎左衛門は、寒天のもとを江戸を目指した。

しかし、途中の箱根あたりからは積雪に見舞われ、富士山から吹き下ろす寒風がことのほかひどく、寒気は病軀にこたえ、小田原に泊まったときには高熱を発し、十五日には江戸に入ったものの、本所の江川邸に着いたおりには、ますます病状は進んでいた。

とても、登城どころの騒ぎではない。診察した医師・大槻俊斎《しゅんさい》は、渡辺崋山・高野長英・小関三英

の同志。のちに幕府医官となった名医であるが、その診断は腸胃性リウマチス熱であった。

高熱にうなされながら、太郎左衛門はときおり、

「だめじゃ、この程度では……」

「これでは海防の役には立たぬ」

「水戸さまへ、阿部老中へ……」

「……これ、馬を……、馬を用意せよ」

大声でいい、空に拳を振り上げることもあったようだ。

年が明けた。しかし、その病状は募るばかり。風邪に肺炎を併発した、との説もある。

この間、家族は韮山にあったが、主人の許しがないため、江戸へ向かうことができずにいた。

そこへ、江戸から家来の望月大象が戻ってくる。

「危急の場合です。君命、君命とはいっておられませぬ」

そういって、彼は江川家の人々、「金谷十三軒」の主だった人々を急《せ》きたてるように、江戸へ上った。

すでに伊東玄朴・織田研斎・島立甫《しまりゅうほ》・竹内玄同《たけうちげんどう》・三宅艮斎《みやけごんさい》・林洞海《どうかい》・辻本崧庵《つじもとすうあん》・戸塚静海《とつかせいかい》・伊東貫《かん》斎《さい》（玄朴の養子）・榊原玄瑞《げんずい》・青木春台・原長川・肥田春安・矢田部卿雲――錚々《そうそう》たる名医・蘭方医が総動員して太郎左衛門の看病にあたっていた。

韮山からの一行が到着したときも、太郎左衛門には意識がなく、看護は妹の擣箍法尼ひとりが付き添いを許されていた。ついに、昏睡状態に入る。

事ここにいたって、江川家の人々はその病床に駆け込んだ。脈をとる医師たちの眉宇《びう》がくもっている。このとき、太郎左衛門が不意に瞼《まぶた》を開いた。あの特徴のある巨眼を開いて、ただ一言、

「読経をたのむ」

と、彼はいった。

最初は擣箍院の「壽量品《じゅりょうぼん》」の読経の声が、小さく誦《ず》されたが、これに望月大象が合誦し、居並ぶ人もそれにならった。ゆっくりと太郎左衛門の瞳が閉じられ、それが臨終となった。安政二年（一八五五）正月十六日のことである。この一代の英傑は、五十五歳であった。

その死は当初、嗣子家督相続の手続きのこともあり、固く秘されて喪は発せられなかったが、太郎左衛門の棺が長持に納められ、二十三日に江戸を発すると、どこで漏れたものか、

〝韮山代官没す〟

という悲報は、疾風のごとく伊豆へ、全国へ風聞された。

韮山へ太郎左衛門の棺が向かう途々《みちみち》、噂を聞いて街道に集まってきた老若男女は、互いに支えあい、互いにいたわりあいながら、それでいてわれ先に、沿道に並んで地上にひれ伏し、声をあげて、声をしのんで泣きながら、ある者は念珠をつまぐった。

失ってはならない人を、失ってしまった――人々の慟哭《どうこく》は、その悔しさであったかもしれない。二十五日、韮山に到着。二日後、本立寺に太郎左衛門は葬られ、二月二十五日になってはじめて、正式の喪が発せられた。

太郎左衛門の生命《いのち》を奪うことになった強行出府は、勘定奉行への昇進であった可能性が高かった。

ようやく、老中首座の阿部正弘も勘定奉行勝手方の松平近直も、江川太郎左衛門という韮山の代官が、得難い忠義の幕臣であることを認めたのであろう。

ただ、遅すぎた。否、これでよかったのかもしれない。

『論語』にいう、

「士は以て弘毅ならざるべからず」（士たる者は、度量はあくまでも広くなければならない。意志はどこまでも強固でなければならない）

そして、

「任重くして道遠し」

士たる者の責務は重く、その前途ははるかである。それを覚悟して使命感に徹しろ、と『論語』は説いた。そのうえでいう。

「死して後《のち》に已《や》む」（死んではじめて終わる。死ぬまでは自分のなすべきことに精進しなければならない。それが人間なのだ）

と。

琴をつま弾いた代官

――ふと、思い浮かんだ場面がある。

水戸斉昭に度々拝謁し、常にその諮問に答え、よどむところのない太郎左衛門の、才覚に敬服しつつも、「それにしても――」と、その研鑽と努力にいささか嫉妬した斉昭が、いたずら心から、ぜひ一度、何でもできる太郎左衛門に、

「それればかりはできませぬ」

「ご勘弁ください」

と頭を下げさせてやりたい、と企てをしたことがあった。

あるとき、その邸に太郎左衛門を招いた斉昭は、酒盃を傾けつつ、

「――ときに、江川どの、貴殿は多芸多能で国防の枢機から大工仕事まで、およそできないというものはないと聞くが、どうであろう、今日は琴など一曲、奏《ひ》いてはくれまいか」

と口火を切った。

斉昭にすれば、いかに天下の江川太郎左衛門でも、まさか婦女子のやる琴を弾けはしまい、と考え、はやく閉口して降参するところを見たいものよ、とそっと盃をふくみつつ、太郎左衛門の顔を盗み見た。

すると案の定、困惑したような顔で太郎左衛門は、

「恐れ入りましてございます。それがしも武士のはしくれ、武芸は一とおり、曲がりなりにもいたしましたけれど、琴は……、こればかりは平にご容赦を願いとうございます」

と、にこやかに頭を下げた。

すると斉昭は、ここでやめておけばいいものを、会心の笑みを浮かべて、

「ま、そのようにご謙遜を。遠慮はご無用。ぜひ、ぜひに一曲を――」

斉昭は居並ぶ侍臣に目配せをして、すでに用意していた一張りの琴を、次の間から運び入れて、太郎左衛門の前に置いた。

（これは……端《はな》から謀るおつもりであったか……）

斉昭の心底を察した太郎左衛門は、「それればかりはできませせぬ」とはいわず、少し宙《くう》に目をあそばせるようにして、

「ならば、まことに不調法ではございますが――」

そういって爪を手にとり、琴に向かった。

その場の人々は、いっせいに息を呑んだ。まさか、いくらなんでも……と人々は互いの顔を見合い、斉昭に視線をはしらせ、少しその場がざわついたが、やがて水を打ったように静かになった。

調子を整えた太郎左衛門は、遠くを見るような目をして、おもむろに六段の調《しらべ》を奏した。高く低く、あざやかな音色は風となり、水の音となって御殿の内を流れていく。

一瞬こわばった斉昭の顔も、聞き惚れるような面持ちに変わり、会場は粛として、呼吸するのも忘れ

たように、その感動に浸っていた。

一曲、終わった。ハッとわれに返る人々に、太郎左衛門は恥ずかしそうに顔を染め、

「――幼少の頃、わが母が妹どもに手ほどきするのを見て、なんとなく覚えた、つたない一曲でございました」

そういって、かたわらの盃をほし、笑った。

――これが、江川太郎左衛門なのだ、と筆者は実感したものだ。

もし、無事泰平の世にこの人が生まれ、代々の代官を継いでいたならば、それこそ実直真面目で領民のために尽くす、良吏として一生を無名に終えていたであろう。

趣味は手先の器用さを活かして、大工仕事から狩りまで、何でも自らやるような、そんな多芸多能な、素朴な人生を送ったに違いない。

だが、幸か不幸か彼は、幕末の動乱――それも兆しの時代に生を受け、国難に立ち向かわねばならなくなった。つとめて、死地に赴こうとする者はいない。そうせざるを得ない代官の責務が、太郎左衛門をして混乱の幕末を奔走させた。

もしかすると、斉昭の前で奏でられた琴は、専門家からみれば未熟なものであったかもしれない。おそらく、完璧な調べではなかったろう。だが、太郎左衛門は臆せず、自らも母を追慕しながら、おそらくは楽しそうにその一曲を奏でたのだろう。

日本の幕末、ペリーやプチャーチンの来航する局面において、日本は韮山代官・江川太郎左衛門をも

ち得たことに、感謝すべきである。

幕府財政の破綻、内憂で遅れた外患への手当て、不十分な理解。そうしたことから太郎左衛門は、自らが構想する国防、海防の十分の一をも実現することができなかった。

だが、彼が土くれの中から拾いあげ、育て、教育した弟子たちは、この師を生涯、神仏のごとく崇拝し、その死後も叱咤激励を聞きながら、黎明期の日本を支え、明治の潤滑油となって、それを己れの使命としつつこの世を去っていった。

「敬慎第一実用専務」

その誰もが目を背けることなく、生涯、師の墓標として仰いだのが、

「敬慎第一実用専務」

の八字の教訓であった。

「敬慎第一」の「敬」は、『論語』にいう「事《こと》を執《と》りて敬」、程子《ていし》の「所謂敬《いわゆるけい》とは一を主《しゅ》にして適《ゆ》く事《こと》なり」を意味し、何事であれ事をなすにあたっては、専心専念一心不乱、全神経を集中し、全力を傾注し、全身全霊で行なわなければならない、との意だが、これはそのまま太郎左衛門の生涯を語っていたように思われる。

およそ人のもてる力は、きわめて霊妙（神秘的な尊さ）なものであり、死に物狂い、必死の力は四方

八方に影響力を与えるもので、一事一面への集中が波紋を呼び、多方面へ波及するものだ、と太郎左衛門は考えていたようだ。

「人間の努力の中には、驚くべき偉力が秘められている」

と、彼はいいたかったのかもしれない。

少なくとも太郎左衛門は生涯、何事をも極め尽くすという姿勢を変えなかった。

次の字の「慎」は、「心の真《しん》を行《おこな》う」との意であろう。良心の命ずるがままに思い、考え、実行に移しても、心の真を養っていなければ、すべては上辺だけの飾りとなってしまいかねない。「慎」は、人格修行の根底と理解すればいいのではないか。

そして太郎左衛門は、この「敬」と「慎」の両道を第一に——まっしぐらに精進すれば、必ず至誠の霊境（霊験あらたかな地）に達することができる、と考えた。

この霊境は、宗教上の信仰における境涯に、あるいは似ているかもしれない。

「実用専務」は何事によらず、その事物の目的とするところをよく考え、時と場合、周囲の条件を吟味し、最も適当と思われる方法を用いることを説いていた。

無駄のない、最も有効な方法論をさぐることは、世にいう「実用」＝無味乾燥な金儲けのことをいっているのではなかった。

イギリス艦マリナー号と談判に及んだおりの、用いた錦繍《きんしゅう》の装束は決して単なる贅沢品ではなく、外交の必需品であり、歩兵操練に用いられる一挺の最新の銃は、いかに高価なものであっても、国防のためには買わなければならない必須の品――。

大砲も、軍艦も、「実用」のものであった。

この「実用専務」の思想は、考えてみれば「敬慎第一」の精神を内外《うちそと》の〝内〟とした場合、〝外〟からみた同義語になるのではあるまいか。

かつて天保の改革のおり、同志の渡辺崋山や高野長英が鳥居耀蔵に逮捕され、自らは韮山に蟄居同然となった不遇の中で、太郎左衛門は次のような痛憤の詩を作っていた。

人生は朝露の如く　離別《りべつ》は眼前に在り
丘を攀《よじ》て直《ただち》に瞻望《せんぼう》すれば　雲霧《うんむ》は山川を阻《へだ》つ
蒲柳《ほりゅう》の秋、何ぞ早からん　落葉は正に蹁躚《へんせん》（くるくると軽やかに）す
君を思へば中腸《ちゅうちょう》を断ち　戚々流年《せきせきるねん》を送る
慷慨《こうがい》、復道《またい》わず　佇立《ちょりつ》して蒼《そう》天に対す

太郎左衛門はこの詩を崋山に贈ったが、一方では己れにも贈りたかったのではあるまいか。

明治維新は彼の死後、十三年にして訪れた。

主要参考文献

『江川坦庵』　仲田正之著　吉川弘文館　昭和六十年
『江川坦庵全集』　戸羽山瀚編　江川坦庵全集刊行会　昭和二十九年
『江川坦庵』　坂本敬介著　興亜文化協会　昭和十八年
『崋山全集』　崋山会編　韮山会　明治四十三年
『勝海舟』　勝部眞長著　上・下巻　ＰＨＰ研究所　平成四年
『勝海舟全集』　勝部眞長編　全二十一巻　勁草書房　昭和四十五〜五十七年
『勝海舟と坂本龍馬』　加来耕三著　出版芸術社　平成二十一年
『火砲の起源とその傳流』　有馬成甫著　吉川弘文館　昭和三十七年
『窪田治部右衛門の賦』　西澤隆治著　私定本　昭和五十五年
『佐久間象山』　大平喜間多著　吉川弘文館　昭和三十四年
『佐久間象山』　宮本仲著　岩波書店　昭和七年
『実傳　江川坦庵』　戸羽山瀚編　堺屋書店　昭和十二年
『増訂豆州志稿・伊豆七島誌』　長倉書店　昭和四十二年
『高島秋帆』　有馬成甫著　吉川弘文館　昭和三十三年

『高野長英傳』　高野長雲編　史誌出版社　昭和三年
『日本外交イソップ物語』　加来耕三著　世界文化社　平成四年
『日本海防史料叢書』　住田正一編　巌松堂　昭和七年
『日本人は何を失《なく》したのか　西郷隆盛が遺したこと』　加来耕三著　講談社　平成二年
「韮山反射炉関係史料」　山本武夫著　『東京大学史料編纂所報』三号　昭和四十四年
「幕末における農兵制とその新展開」　大山敷太郎著　『立命館大学論叢』第五輯　昭和十七年
『幕末文化の研究』　林屋辰三郎編　岩波書店　昭和五十三年
『幕末洋学史の研究』　原平三著　新人物往来社　平成四年
『反射炉に学ぶ』　山田寿々六《すすむ》著　私定本　平成九年
『藤田東湖』　鈴木暎一著　吉川弘文館　平成十年
『水野忠邦』　北島正元著　吉川弘文館　昭和四十四年
『洋学史研究序説』　佐藤昌介著　岩波書店　昭和三十九年
『洋学史の研究』　佐藤昌介著　中央公論社　昭和五十五年
『渡辺崋山』　佐藤昌介著　吉川弘文館　昭和六十一年

著者紹介

加来耕三（かく・こうぞう）

昭和33年（1958）、大阪市に生まれる。奈良大学文学部史学科を卒業。同大研究員を経て、歴史家・作家として、正しく評価されない人物・組織の復権をテーマに、著述活動を行なっている。「歴史研究」編集委員。内外情勢調査会講師。中小企業大学校講師。

〈主要著書〉

『交渉学　相手を読み切る戦術』『将帥学　信長・秀吉・家康に学ぶ人を使う極意』『後継学　戦国父子に学ぶ』『新参謀学　戦略はいかにして創られるか』（いずれも、時事通信社）、『名君の条件　熊本藩六代藩主細川重賢の藩政改革』（グラフ社）、『日本創業者列伝』『日本補佐役列伝』『日本創始者列伝』『日本再建者列伝』『日本経営者列伝』（いずれも、学陽書房）、『直江兼続と関ヶ原の戦いの謎〈徹底検証〉』（講談社）、『坂本龍馬事典　〈虚構と真実〉』（東京堂出版）など多数。

評伝《ひょうでん》　江川太郎左衛門《えがわたろうざえもん》
～幕末《ばくまつ》・海防《かいぼう》に奔走《ほんそう》した韮山代官《にらやまだいかん》の軌跡《きせき》～

2009年11月11日　発行

著　者　加来耕三

発行者　北村　徹

発行所　株式会社　時事通信出版局

発　売　株式会社　時事通信社
〒104-8178　東京都中央区銀座5-15-8
電話　東京03(3501)9855 http://book.jiji.com

印刷／製本　株式会社　太平印刷社

ISBN978-4-7887-0983-6　C0021　Printed in Japan

時事通信社の本

＜加来耕三の本＞

将帥学―信長・秀吉・家康に学ぶ人を使う極意―

（日本図書館協会選定図書）

46判　316頁　定価1785円

歴史は活用してこそ意義を持つ。大変革期において、組織を率い、生き残るためにリーダー＝将帥には何が必要なのか。信長・秀吉・家康の３人から日本人のリーダー像を探り出す。

後継学―戦国父子に学ぶ―

46判　316頁　定価1890円

いかに後継者を育て、事業をつなげるのか。先代に学ぶ後継者、先代を否定した後継者、承継が断絶したケースなど、歴史上のさまざまな「後継」のドラマを取り上げ、組織が生き残り、繁栄が持続するための条件を探る。

新参謀学―戦略はいかにして創られるか―

46判　316頁　定価1890円

企業・個人が生き残るための戦略とは何か？　戦国時代の歴史をひもとけば、個人と集団をつかさどる原理・原則が見えてくる。「風林火山」武田軍団の頭脳であった山本勘助ら、乱世を生き抜いた軍師から、その叡智を学ぶ。